Table des matières

Partie I.
Bases de calcul à avoir pour réussir en ECG

Chapitre 1

Fractions

Il est fondamental que vous soyez à l'aise dans la manipulation des fractions (calculs, simplifications, réduction au même dénominateur, etc.). La calculatrice étant interdite au concours, vous ne pourrez pas vous reposer dessus pour faire les calculs. Les problèmes rencontrés dans les sujets de concours ne portent pas spécifiquement sur les fractions, mais il s'agit là d'une notion que vous serez amenés à manipuler régulièrement, comme un outil nécessaire pour répondre à une question dans un problème donné.

Sommaire

1.1 Rappel de cours

Définition (Fraction)

Soient a, b deux entiers tels que $b \neq 0$.
On appelle fraction toute quantité qui s'écrit sous la forme $\frac{a}{b}$.

Remarques

- $a = \frac{a}{1}$.
- $\frac{0}{a} = 0$, mais $\frac{a}{0}$ n'a aucun sens ! On ne divise jamais par 0.

Proposition (Opérations sur les fractions)

Soient a, b, c, d des entiers tels que $b \neq 0$ et $c \neq 0$.

- **Simplification de fractions**

$$\frac{c \times a}{c \times b} = \frac{a}{b}.$$

- **Addition de fractions**

$$\frac{a + d}{c} = \frac{a}{c} + \frac{d}{c}.$$

- **Produit de deux fractions**

$$\frac{a}{b} \times \frac{d}{c} = \frac{a \times d}{b \times c}.$$

Erreurs à éviter

- $\dfrac{a}{b+c} \neq \dfrac{a}{b} + \dfrac{a}{c}$ en général.
  Par exemple, $\dfrac{1}{1+1} = \dfrac{1}{2}$ *n'est pas égal à* $\dfrac{1}{1} + \dfrac{1}{1} = 1 + 1 = 2$.
- $\dfrac{c+a}{c+b} \neq \dfrac{a}{b}$ en général.
  Par exemple, $\dfrac{2+7}{2+9} = \dfrac{9}{11}$ *et n'est pas égal à* $\dfrac{7}{9}$.
- $\dfrac{a+d}{c+b} \neq \dfrac{a}{c} + \dfrac{d}{b}$ en général.
  Par exemple, $\dfrac{3+4}{1+2} = \dfrac{7}{3}$ *et n'est pas égal à* $\dfrac{3}{1} + \dfrac{4}{2} = 3 + 2 = 5$.

1.2 Méthodes

1.2.1 Simplifier des fractions

Méthode

Pour simplifier une fraction, pensez à décomposer les deux dénominateurs en produit de nombres premiers (entiers qui ne sont pas divisibles par d'autres entiers, tels que 2, 3, 5, 7, ...). Il est important pour cela de bien connaître ses tables de multiplication. On en profitera donc pour les réviser.
On peut alors ensuite simplifier les termes communs qui sont en facteur à la fois au numérateur et au dénominateur, en utilisant la formule

$$\frac{\cancel{c} \times a}{\cancel{c} \times b} = \frac{a}{b}.$$

On appelle **fraction irréductible** une fraction qui ne peut plus être simplifiée.

Erreurs à éviter

$\dfrac{c+a}{c+b} \neq \dfrac{a}{b}$ en général.
On ne peut simplifier par c que si c est en facteur (produit et non somme) au numérateur et au dénominateur.

Exemple 1.1

$$\frac{42}{30} = \frac{2 \times 21}{3 \times 10} = \frac{\cancel{2} \times \cancel{3} \times 7}{\cancel{2} \times \cancel{3} \times 5} = \frac{7}{5}\,.$$

1.2.2 Diviser par une fraction

Méthode

On utilisera le fait que

$$\frac{a}{b} = \frac{a}{1} \times \frac{1}{b} = a \times \frac{1}{b}.$$

En d'autres termes, la division de a par b est égale à la multiplication de a par l'inverse de b qui est $\frac{1}{b}$.

De manière générale, l'inverse de $\frac{b}{c}$ étant $\frac{c}{b}$ (car $\frac{b}{c} \times \frac{c}{b} = 1$), on a

$$\frac{a}{\left(\frac{b}{c}\right)} = a \times \frac{c}{b}.$$

On retiendra que diviser par une fraction revient à multiplier par son inverse.

Erreurs à éviter

De manière générale, $\dfrac{1}{\left(\frac{a}{d} + \frac{b}{c}\right)} \neq \dfrac{d}{a} + \dfrac{c}{b}.$

Le raisonnement précédent ne marche que lorsque l'on a une fraction unique au dénominateur, mais pas avec une somme de fractions.

Dans ce cas, il faut d'abord réduire les fractions au dénominateur et simplifier (cf. la méthode présentée à la Sous-section 1.2.3).

Exemple 1.2

$$\frac{\left(\frac{3}{4}\right)}{5} = \frac{3}{4} \times \frac{1}{5} = \frac{3}{20} \text{ et } \frac{3}{\left(\frac{4}{5}\right)} = 3 \times \frac{1}{\frac{4}{5}} = \frac{3}{1} \times \frac{5}{4} = \frac{15}{4}.$$

1.2.3 Écrire sous forme d'une fraction irréductible une somme de fractions

Méthode

Pour écrire sous forme d'une fraction irréductible une somme de fractions, on procède comme suit :

1. Décomposer les deux dénominateurs en produit de nombres premiers (entiers qui ne sont pas divisibles par d'autres entiers, tels que 2, 3, 5, 7, ...).
2. Chercher le dénominateur commun le plus petit.
   Le dénominateur commun le plus petit sera composé des nombres premiers apparaissant dans chacun des deux dénominateurs initiaux mis à la plus grande des puissances apparaissant dans les dénominateurs initiaux.
3. Réduire au même dénominateur.
4. Simplifier.

Exemple 1.3

Écrire sous forme d'une fraction irréductible $\frac{2}{18} - \frac{1}{12}$.

On pourrait choisir comme dénominateur commun 18×12, puis calculer $\frac{2 \times 12}{18 \times 12} - \frac{1 \times 18}{12 \times 18}$, mais cela engendre de gros calculs.

Étant donné que la calculatrice est interdite au concours, il vaut mieux chercher le dénominateur commun plus petit, de manière à avoir les calculs les plus simples possibles.

1. **Dénominateur commun le plus petit**
   On a : $18 = 2 \times 9 = 2 \times 3^2$ et $12 = 3 \times 4 = 3 \times 2^2$.
   D'où, le dénominateur commun le plus petit est $2^2 \times 3^2 = 36$.
   En effet, les entiers apparaissant dans 18 ou 12 sont 2 et 3.
   Dans 18, 2 apparaît à la puissance 1 et dans 12 à la puissance 2.
   D'où la plus grande puissance de 2 intervenant est $\mathbf{2^2}$.
   Dans 18, 3 apparaît à la puissance 2 et dans 12 à la puissance 1.
   D'où la plus grande puissance de 3 intervenant est $\mathbf{3^2}$.
   Le dénominateur commun le plus petit sera donc $2^2 \times 3^2 = 4 \times 9 = 36$.
2. **Réduction au même dénominateur**
   On va donc écrire $\frac{2}{18}$ et $\frac{1}{12}$ sur le même dénominateur 36.
   On a $36 = 18 \times \mathbf{2}$.
   D'où $\frac{2}{18} = \frac{2 \times \mathbf{2}}{18 \times \mathbf{2}} = \frac{4}{36}$.

De même, on a $36 = 12 \times \mathbf{3}$.
D'où $\dfrac{1}{12} = \dfrac{1 \times \mathbf{3}}{12 \times \mathbf{3}} = \dfrac{3}{36}$.

3. **Simplification**
Ainsi, $\dfrac{2}{18} - \dfrac{1}{12} = \dfrac{4}{36} - \dfrac{3}{36} = \dfrac{4-3}{36} = \dfrac{1}{36}$.
Remarque : on peut ensuite regarder si on ne pourrait pas encore simplifier la fraction obtenue à la fin, de manière à la rendre irréductible.

Exemple 1.4 (Généralisation)
Soit $x \in \mathbb{R} \setminus \{-3; -2\}$.
Réduire au même dénominateur $\dfrac{2}{(x+3)^2} - \dfrac{x+1}{(x+2)(x+3)}$.

On peut généraliser la méthode précédente à des expressions littérales.
On procède comme avec des valeurs numériques, en repérant les facteurs communs aux deux dénominateurs et leur puissances respectives, afin de déterminer le dénominateur commun le plus petit.
Ici le dénominateur commun le plus petit sera $(x+2)(x+3)^2$.
On peut alors écrire :

$$\begin{aligned}\frac{2}{(x+3)^2} - \frac{x+1}{(x+2)(x+3)} &= \frac{2 \times \boldsymbol{(x+2)}}{(x+3)^2 \times \boldsymbol{(x+2)}} - \frac{(x+1) \times \boldsymbol{(x+3)}}{(x+2)(x+3) \times \boldsymbol{(x+3)}} \\ &= \frac{2(x+2)}{(x+2)(x+3)^2} - \frac{(x+1)(x+3)}{(x+2)(x+3)^2} \\ &= \frac{2(x+2) - (x+1)(x+3)}{(x+2)(x+3)^2} \\ &= \frac{2x+4-(x^2+4x+3)}{(x+2)(x+3)^2} \\ &= \frac{-x^2-2x+1}{(x+2)(x+3)^2}.\end{aligned}$$

La résolution d'(in)équations avec quotients (cf. Chapitre 5) nécessite de savoir faire ce genre de chose sans se tromper.

1.3 Pour s'entraîner

1.3.1 Exercices

Exercice 1.1
Écrire sous la forme d'une fraction irréductible les quantités suivantes :

1. $\dfrac{36}{12}$. 2. $\dfrac{45}{27}$. 3. $\dfrac{24}{320}$. 4. $\dfrac{280}{49}$.

Exercice 1.2
Écrire sous la forme d'une fraction irréductible les quantités suivantes :

1. $\dfrac{1}{6}-\dfrac{1}{15}$. 2. $\dfrac{5}{12}-\dfrac{1}{15}$. 3. $\dfrac{2}{9}+\dfrac{1}{15}$. 4. $\dfrac{3}{14}-\dfrac{1}{21}$.

Exercice 1.3
Écrire sous la forme d'une fraction irréductible les quantités suivantes :

1. $A=\dfrac{\left(\frac{6}{35}\right)}{3}$.
2. $B=\dfrac{6}{\left(\frac{35}{3}\right)}$.
3. $C=\dfrac{\left(\frac{6}{35}\right)}{\left(\frac{3}{5}\right)}$.
4. $D=\dfrac{3\times\frac{5}{2}-\frac{1}{4}}{\left(\frac{1}{3}-4\right)^2}$.

Exercice 1.4
Calculer les expressions suivantes et donner le résultat sous la forme d'une fraction irréductible :

1. $A=\dfrac{3}{12}+\dfrac{2}{16}-\dfrac{1}{2}$.
2. $B=\left(\dfrac{7}{5}-\dfrac{2}{4}\right)-\left(\dfrac{21}{15}-1+\dfrac{2}{3}\right)$.
3. $C=\dfrac{\frac{1}{9}-\frac{1}{3}}{\frac{5}{18}-\frac{1}{27}}$.
4. $D=\dfrac{1+\frac{1}{2}}{1+\frac{1}{1+\frac{1}{2}}}$.

1.3.2 Corrigés

Solution 1.1

a

1. $\dfrac{36}{12}=\dfrac{\cancel{4}\times 9}{\cancel{4}\times 3}=\dfrac{9}{3}=\dfrac{\cancel{3}\times 3}{\cancel{3}\times 1}=3.$
2. $\dfrac{45}{27}=\dfrac{\cancel{9}\times 5}{\cancel{9}\times 3}=\dfrac{5}{3}.$
3. $\dfrac{24}{320}=\dfrac{6\times 4}{10\times 32}=\dfrac{\cancel{2}\times 3\times\cancel{4}}{5\times\cancel{2}\times 8\times\cancel{4}}=\dfrac{3}{5\times 8}=\dfrac{3}{40}.$
4. $\dfrac{280}{49}=\dfrac{28\times 10}{7\times 7}=\dfrac{3\times\cancel{7}\times 2\times 5}{\cancel{7}\times 7}=\dfrac{30}{7}.$

Solution 1.2

1. Calculons $\dfrac{1}{6}-\dfrac{1}{15}$.
   Cherchons le dénominateur commun plus petit.
   On a : $6=2\times 3$ et $15=3\times 5$.

D'où, le dénominateur commun le plus petit est $2 \times 3 \times 5 = 30$.
Or, $30 = 6 \times \mathbf{5}$ et $30 = 15 \times \mathbf{2}$.
Ainsi : $\dfrac{1}{6} - \dfrac{1}{15} = \dfrac{1 \times \mathbf{5}}{6 \times \mathbf{5}} - \dfrac{1 \times \mathbf{2}}{15 \times \mathbf{2}} = \dfrac{5}{30} - \dfrac{2}{30} = \dfrac{5-2}{30} = \dfrac{3}{30} = \dfrac{1}{10}$
et on ne peut pas simplifier plus.

2. Calculons $\dfrac{5}{12} - \dfrac{1}{15}$.
Cherchons le dénominateur commun le plus petit.
On a : $12 = 4 \times 3 = 2^2 \times 3$ et $15 = 3 \times 5$.
D'où, le dénominateur commun le plus petit est $2^2 \times 3 \times 5 = 60$.
Or, $60 = 12 \times \mathbf{5}$ et $60 = 15 \times \mathbf{4}$.
Ainsi : $\dfrac{5}{12} - \dfrac{1}{15} = \dfrac{5 \times \mathbf{5}}{12 \times \mathbf{5}} - \dfrac{1 \times \mathbf{4}}{15 \times \mathbf{4}} = \dfrac{25}{60} - \dfrac{4}{60} = \dfrac{25-4}{60} = \dfrac{21}{60} = \dfrac{\cancel{3} \times 7}{\cancel{3} \times 20}$
et on ne peut pas simplifier plus.

3. Calculons $\dfrac{2}{9} + \dfrac{1}{15}$.
Cherchons le dénominateur commun le plus petit.
On a : $9 = 3^2$ et $15 = 3 \times 5$.
D'où, le dénominateur commun le plus petit est $3^2 \times 5 = 9 \times 5 = 45$.
Or, $45 = 9 \times \mathbf{5}$ et $45 = 15 \times \mathbf{3}$.
Ainsi : $\dfrac{2}{9} + \dfrac{1}{15} = \dfrac{2 \times \mathbf{5}}{9 \times \mathbf{5}} + \dfrac{1 \times \mathbf{3}}{15 \times \mathbf{3}} = \dfrac{10}{45} + \dfrac{3}{45} = \dfrac{10+3}{45} = \dfrac{13}{45}$
et on ne peut pas simplifier plus.

4. Calculons $\dfrac{3}{14} - \dfrac{1}{21}$.
Cherchons le dénominateur commun le plus petit.
On a : $14 = 2 \times 7$ et $21 = 3 \times 7$.
D'où, le dénominateur commun le plus petit est $2 \times 3 \times 7 = 42$.
Or, $42 = 14 \times \mathbf{3}$ et $42 = 21 \times \mathbf{2}$.
Ainsi : $\dfrac{3}{14} - \dfrac{1}{21} = \dfrac{3 \times \mathbf{3}}{14 \times \mathbf{3}} - \dfrac{1 \times \mathbf{2}}{21 \times \mathbf{2}} = \dfrac{9}{42} - \dfrac{2}{42} = \dfrac{7}{42} = \dfrac{\cancel{7}}{\cancel{7} \times 6} = \dfrac{1}{6}$
et on ne peut pas simplifier plus.

Solution 1.3

a

1. $A = \dfrac{\left(\frac{6}{35}\right)}{3} = \dfrac{6}{35} \times \dfrac{1}{3} = \dfrac{6 \times 1}{35 \times 3} = \dfrac{6}{35 \times 3} = \dfrac{2 \times \cancel{3}}{35 \times \cancel{3}} = \dfrac{2}{35}$.

   Remarques :

   (a) *L'inverse de* 3 *est* $\dfrac{1}{3}$.

   (b) *Avant de calculer* 35×3, *on regarde s'il n'y a pas des simplifications à faire.*

2. $B = \dfrac{6}{\left(\frac{35}{3}\right)} = 6 \times \dfrac{3}{35} = \dfrac{6 \times 3}{35} = \dfrac{18}{35}$.

   Remarque :
   On ne peut pas simplifier plus car $6 \times 3 = 2 \times 3^2$ *et* $35 = 5 \times 7$ *et il n'y a donc pas de facteurs communs qui puissent se simplifier.*

3. $C = \dfrac{\left(\frac{6}{35}\right)}{\left(\frac{3}{5}\right)} = \dfrac{6}{35} \times \dfrac{5}{3} = \dfrac{6 \times 5}{35 \times 3} = \dfrac{2 \times \cancel{3} \times \cancel{5}}{\cancel{5} \times 7 \times \cancel{3}} = \dfrac{2}{7}.$

4. $D = \dfrac{3 \times \frac{5}{2} - \frac{1}{4}}{\frac{1}{3} - 4} = \dfrac{\frac{15}{2} - \frac{1}{4}}{\frac{1}{3} - \frac{12}{3}} = \dfrac{\frac{30}{4} - \frac{1}{4}}{-\frac{11}{3}} = \dfrac{\frac{29}{4}}{-\frac{11}{3}} = -\dfrac{29}{4} \times \dfrac{3}{11} = -\dfrac{29 \times 3}{4 \times 11} = -\dfrac{87}{44}.$

Remarque :
On ne peut pas simplifier plus car 29×3 *ne se décompose pas.*

Solution 1.4

a

1. Calculons $A = \dfrac{3}{12} + \dfrac{2}{16} - \dfrac{1}{2}.$
On a $12 = 2^2 \times 3$ et $16 = 2^4$.
Le dénominateur commun le plus petit est donc $2^4 \times 3 = 48$.

$$\begin{aligned} A &= \frac{3 \times 4}{12 \times 4} + \frac{2 \times 3}{16 \times 3} - \frac{1 \times 24}{2 \times 24} \\ &= \frac{12 + 6 - 24}{48} = \frac{-6}{48} \\ &= -\frac{6}{6 \times 8} \\ &= -\frac{1}{8}. \end{aligned}$$

Remarque :
Si vous aviez pensé à simplifier d'abord les fractions intervenant dans A*, le calcul aurait été plus simple. En effet,*

$$\begin{aligned} A &= \frac{3}{3 \times 4} + \frac{2}{2 \times 8} - \frac{1}{2} \\ &= \frac{1}{4} + \frac{1}{8} - \frac{1}{2} \\ &= \frac{2}{8} + \frac{1}{8} - \frac{4}{8} \\ &= -\frac{1}{8}. \end{aligned}$$

2. Calculons B.
On a $\dfrac{2}{4} = \dfrac{\cancel{2}}{\cancel{2} \times 2} = \dfrac{1}{2}.$
Et $\dfrac{21}{15} = \dfrac{\cancel{3} \times 7}{\cancel{3} \times 5} = \dfrac{7}{5}.$
D'où :

$$\begin{aligned} B &= \left(\frac{7}{5} - \frac{2}{4}\right) - \left(\frac{21}{15} - 1 + \frac{2}{3}\right) \\ &= \left(\frac{7}{5} - \frac{1}{2}\right) - \left(\frac{7}{5} - 1 + \frac{2}{3}\right) \\ &= \cancel{\frac{7}{5}} - \frac{1}{2} - \cancel{\frac{7}{5}} + 1 - \frac{2}{3} \\ &= -\frac{1}{2} + 1 - \frac{2}{3} \\ &= \frac{1}{2} - \frac{2}{3} \\ &= \frac{3}{6} - \frac{4}{6} \\ &= -\frac{1}{6}. \end{aligned}$$

3. Calculons C.

$$\begin{aligned} C &= \frac{\frac{1}{9}-\frac{1}{3}}{\frac{5}{18}-\frac{1}{27}} \\ &= \frac{\frac{1}{9}-\frac{3}{9}}{\frac{5\times 3}{18\times 3}-\frac{1\times 2}{27\times 2}} \\ &= \frac{-\frac{2}{9}}{\frac{15}{54}-\frac{2}{54}} \\ &= \frac{-\frac{2}{9}}{\frac{13}{54}} \\ &= -\frac{2}{9}\times\frac{54}{13} \\ &= -\frac{2\times \cancel{9}\times 6}{\cancel{9}\times 13} \\ &= -\frac{12}{13}. \end{aligned}$$

4. Calculons D.

$$\begin{aligned} D &= \frac{1+\frac{1}{2}}{1+\frac{1}{1+\frac{1}{2}}} \\ &= \frac{\frac{3}{2}}{1+\frac{1}{\frac{3}{2}}} \\ &= \frac{\frac{3}{2}}{1+\frac{2}{3}} \\ &= \frac{\frac{3}{2}}{\frac{5}{3}} \\ &= \frac{3}{2}\times\frac{3}{5} \\ &= \frac{9}{10}. \end{aligned}$$

Remarque :
Ici l'ordre des opérations est très important.

Chapitre 2

Puissance entière et racine carrée d'un nombre réel

Il est important de savoir manipuler et simplifier des puissances. Cela vous sera très utile en ECG, notamment dans les chapitres portant sur la récurrence, l'étude de suites, le calcul de sommes finies, l'étude de séries, ainsi que lorsque vous aurez à calculer les puissances de certaines matrices. De même, vous pourrez être amenés à manipuler des racines carrées de nombres réels dans ces chapitres.

Sommaire

2.1 Rappel de cours

2.1.1 Puissance entière d'un nombre réel

Définition (Puissance)

Soit $x \in \mathbb{R}$ et $n \in \mathbb{N}$.
On définit $x^n = \underbrace{x \times x \times \cdots \times x}_{n}$ pour $n \geq 1$.
Par convention $x^0 = 1$ pour $x \neq 0$.
Si de plus $x \neq 0$, on définit $x^{-n} = \dfrac{1}{x^n}$.

Exemple 2.1
$2^3 = 2 \times 2 \times 2 = 8, \qquad 2^{-3} = \dfrac{1}{2^3} = \dfrac{1}{8}, \quad x^{-2} = \dfrac{1}{x^2} = \dfrac{1}{x \times x}, \quad x^1 = x.$

Propriétés (Règles de calcul)

Soit $n \in \mathbb{Z}, m \in \mathbb{Z}$, $x \in \mathbb{R}^*$ et $y \in \mathbb{R}^*$.
- $x^n \times x^m = x^{n+m}$
- $(x^n)^m = x^{n \times m} = x^{m \times n}$
- $(x \times y)^n = x^n \times y^n$
- $\dfrac{x^n}{x^m} = x^{n-m}$.

Exemple 2.2
$2^3 \times 2^4 = 2^{3+4} = 2^7, \quad (3^2)^5 = 3^{2\times 5} = 3^{10}, \quad 2^3 \times 7^3 = (2 \times 7)^3 = 14^3,$
$\dfrac{7^2}{7^5} = 7^{2-5} = 7^{-3} = \dfrac{1}{7^3}.$

Erreurs à éviter

- Les formules des puissances fonctionnent bien avec **le produit et la division.**
- Par contre, en général, **on ne peut rien dire sur la somme de puissance.**
  Faites attention à éviter l'erreur classique qui consiste à dire que :

$$x^n + y^n = (x + y)^n.$$

Contre exemple : $(x + y)^2 \neq x^2 + y^2$.
En effet, $(x + y)^2 = x^2 + 2xy + y^2$.

2.1.2 Racine carrée d'un nombre réel

Définition (Racine carrée)

Soit $x \in \mathbb{R}_+$. La racine carrée de x est le nombre réel positif, noté $\sqrt{x}$, dont le carré est égal à x. Autrement dit, il vérifie

$$\sqrt{x} \times \sqrt{x} = (\sqrt{x})^2 = x.$$

Exemple 2.3
$\sqrt{0} = 0$, $\sqrt{9} = 3$ car $3^2 = 9$, $\sqrt{16} = 4$ car $4^2 = 16$.

Propriétes (Règles de calcul)

Soit $x \in \mathbb{R}_+$ et $y \in \mathbb{R}_+$.
On a :

$$\sqrt{xy} = \sqrt{x}\sqrt{y}, \quad \frac{\sqrt{x}}{\sqrt{y}} = \sqrt{\frac{x}{y}} \text{ si de plus } y \neq 0.$$

Exemple 2.4
$\sqrt{2}\sqrt{6} = \sqrt{2 \times 3} = \sqrt{6}$, $\dfrac{\sqrt{15}}{\sqrt{5}} = \sqrt{\dfrac{15}{5}} = \sqrt{3}$.

Erreurs à éviter

- De même que pour les puissances, **il n'y a pas de formule pour la somme et la différence de racines carrées.**
- Faites attention à éviter l'erreur qui consiste à écrire que :

$$\sqrt{x+y} = \sqrt{x} + \sqrt{y}.$$

Contre exemple : $\sqrt{2+2} = \sqrt{4} = 2 \neq \sqrt{2} + \sqrt{2} = 2\sqrt{2}$.

Définition (Expression conjuguée)

Soit $x \in \mathbb{R}_+$ et $y \in \mathbb{R}_+$.
$\sqrt{x} - \sqrt{y}$ est appelée l'**expression conjuguée** de $\sqrt{x} + \sqrt{y}$ et vérifie

$$(\sqrt{x} - \sqrt{y})(\sqrt{x} + \sqrt{y}) = (\sqrt{x})^2 - (\sqrt{y})^2 = x - y,$$

en utilisant l'identité remarquable $(a - b)(a + b) = a^2 - b^2$.
L'expression conjuguée permet de simplifier le dénominateur des fractions de la forme $\dfrac{1}{\sqrt{x} + \sqrt{y}}$ ou $\dfrac{1}{\sqrt{x} - \sqrt{y}}$.
Ainsi,

$$\frac{1}{\sqrt{x} + \sqrt{y}} = \frac{\sqrt{x} - \sqrt{y}}{(\sqrt{x} + \sqrt{y})(\sqrt{x} - \sqrt{y})} = \frac{\sqrt{x} - \sqrt{y}}{x - y}.$$

Exemple 2.5

$$\frac{1}{\sqrt{3} + \sqrt{2}} = \frac{\sqrt{3} - \sqrt{2}}{(\sqrt{3} + \sqrt{2})(\sqrt{3} - \sqrt{2})} = \frac{\sqrt{3} - \sqrt{2}}{3 - 2} = \sqrt{3} - \sqrt{2}.$$

2.2 Méthodes

2.2.1 Simplifier des puissances

Méthode

On décompose les entiers sous la puissance en produit de nombres premiers (entiers qui ne sont pas divisibles par d'autres entiers, tels que 2, 3, 5, 7, ...), puis on utilise les propriétés des puissances pour simplifier.

Exemple 2.6

- $\dfrac{3^2 \times 12}{2^3 \times 3^4} = \dfrac{3^2 \times 3 \times 4}{2^3 \times 3^4} = \dfrac{3^{2+1} \times 2^2}{2^3 \times 3^4} = \dfrac{3^3}{3^4} \times \dfrac{2^2}{2^3} = 3^{3-4} \times 2^{2-3} = 3^{-1} \times 2^{-1}.$

- $\dfrac{10^3}{5^5} = \dfrac{(2 \times 5)^3}{5^5} = \dfrac{2^3 \times 5^3}{5^5} = 2^3 \times \dfrac{5^3}{5^5} = 2^3 \times 5^{3-5} = 2^3 \times 5^{-2} = 8 \times \dfrac{1}{5^2} = \dfrac{8}{25}.$

2.2.2 Lien entre racine carrée et puissance

Méthode

Soit $x \geq 0$.

- On peut identifier $\sqrt{x}$ à $x^{\frac{1}{2}}$, en étendant les propriétés des puissances entières aux fractions.
  Une telle identification est possible, car $\sqrt{x}$ est le réel positif qui élevé au carré donne x.
  Or, $(x^{\frac{1}{2}})^2 = x^{\frac{1}{2}\times 2} = x^1 = x$.
- Cette notation peut aider à simplifier des calcul, car on peut étendre les propriétés des puissances entières avec la puissance $\frac{1}{2}$.
  En ECG, vous verrez d'ailleurs comment étendre ces propriétés à des puissances réelles.

Exemple 2.7
Soit $x \geq 0$. $\sqrt{x}^6 = (x^{\frac{1}{2}})^6 = x^{\frac{1}{2}\times 6} = x^3$.

2.2.3 Simplifier des racines carrées

Méthode

La méthode est la même que celle à employer pour simplifier des puissances. Il s'agit de décomposer l'entier sous la racine en produit de nombres premiers (entiers qui ne sont pas divisibles par d'autres entiers, tels que 2, 3, 5, 7, ...), puis d'utiliser les propriétés des racines pour simplifier.

Exemple 2.8
$\sqrt{9}\sqrt{5}\sqrt{15}\sqrt{12} = 3\sqrt{5}\sqrt{3\times 5}\sqrt{4\times 3} = 3\sqrt{5}\sqrt{3}\sqrt{5}\sqrt{4}\sqrt{3} = 3\times 2\times(\sqrt{5})^2(\sqrt{3})^2 = 6\times 5\times 3 = 90$.

2.3 Pour s'entraîner

2.3.1 Exercices

Exercice 2.1
Simplifier au maximum les expressions suivantes :

1. $A = \dfrac{12^5}{3^4 2^{11}}$.
2. $B = \dfrac{18 \times 10^{-4}}{3 \times 10^{-3}}$.
3. $C = \dfrac{15^2 \times 5^{-2} \times 7^3 \times 6 \times 2^{-5}}{10^2 \times 21 \times 5^{-3} \times (2^{-2})^3}$.

Exercice 2.2
Simplifier au maximum les expressions suivantes :

1. $A = (\sqrt{7} - 3)(\sqrt{7} + 3)$.
2. $B = \sqrt{6} \times \sqrt{14} \times \sqrt{7}$.
3. $C = \sqrt{\dfrac{4}{9}}$.
4. $D = \sqrt{\dfrac{5}{2}} + 3\sqrt{\dfrac{20}{18}} - \sqrt{\dfrac{45}{32}}$.

Indications :

- *Pour A pensez à utiliser une identité remarquable.*
- *Pour B, pensez à utiliser que* $\sqrt{14} = \sqrt{7 \times 2} = \sqrt{7}\sqrt{2}$ *et faire de même pour* $\sqrt{6}$.
- *Pour C procéder comme pour B.*

Exercice 2.3
Écrire les nombres suivants sous la forme $3^n \times 2^p$ avec n et p des entiers relatifs que l'on précisera :

1. $A = (3^2 \times 16^3)^3$.
2. $B = (\sqrt{3} \times \sqrt{2})^4$.
3. $C = 0,25$.
4. $D = \dfrac{9}{8}$.
5. $E = \sqrt{3^6 \times 2^4}$.
6. $F = \dfrac{3^{-2} \times 27}{(3^2)^3 \times 3^{-1}}$.

Exercice 2.4

1. Calculer $(-1)^0$, $(-1)^1$, $(-1)^2$, $(-1)^3$, $(-1)^4$. Que peut-on en déduire sur $(-1)^n$, où $n \in \mathbb{N}$?
2. Soit $n \in \mathbb{N}$. Simplifier $4 \times \dfrac{3^{n+1} - 1}{2} + 3 \times \dfrac{3^n - 1}{2}$.

Exercice 2.5
Écrire sans racines carrées au dénominateur les fractions suivantes :

1. $\dfrac{3}{\sqrt{3} - 2}$.
2. $\dfrac{\sqrt{7} + \sqrt{5}}{\sqrt{7} - \sqrt{5}}$.

2.3.2 Corrigés

Solution 2.1

a

1. a

$$A = \frac{12^5}{3^4 2^{11}} = \frac{(2^2 \times 3)^5}{3^4 2^{11}} = \frac{2^{10} \times 3^5}{3^4 2^{11}} = \frac{2^{10}}{2^{11}} \times \frac{3^5}{3^4} = 2^{10-11} \times 3^{5-4} = 2^{-1} \times 3^1 = \frac{3}{2}.$$

2. a

$$B = \frac{18 \times 10^{-4}}{3 \times 10^{-3}} = \frac{2 \times 3^2 \times (2 \times 5)^{-4}}{3 \times (2 \times 5)^{-3}} = \frac{2 \times 3^2 \times 2^{-4} \times 5^{-4}}{3 \times 2^{-3} \times 5^{-3}} = \frac{2 \times 2^{-4}}{2^{-3}} \times \frac{3^2}{3} \times \frac{5^{-4}}{5^{-3}} = 2^{1-4-(-3)} \times \frac{3^2}{3} \times \frac{5^{-4}}{5^{-3}}$$

$$= 2^0 \times 3^{2-1} \times 5^{-4-(-3)} = 1 \times 3^1 \times 5^{-1} = 3 \times \frac{1}{5} = \frac{3}{5}.$$

3. a

$$C = \frac{15^2 \times 5^{-2} \times 7^3 \times 6 \times 2^{-5}}{10^2 \times 21 \times 5^{-3} \times (2^{-2})^3} = \frac{(3 \times 5)^2 \times 5^{-2} \times 7^3 \times 2 \times 3 \times 2^{-5}}{(2 \times 5)^2 \times 3 \times 7 \times 5^{-3} \times 2^{-6}} = \frac{3^2 \times 5^2 \times 5^{-2} \times 7^3 \times 2 \times 3 \times 2^{-5}}{2^2 \times 5^2 \times 3 \times 7 \times 5^{-3} \times 2^{-6}} = \frac{2^{-4} \times 3^3 \times 7^3}{2^{-4} \times 3 \times 5^{-1} \times 7}$$

$$= 3^2 \times 5 \times 7^2 = 9 \times 5 \times 49 = 2205.$$

Solution 2.2

a

1. $A = (\sqrt{7} - 3)(\sqrt{7} + 3) = \sqrt{7}^2 - 3^2 = 7 - 9 = -2.$
2. $B = \sqrt{6} \times \sqrt{14} \times \sqrt{7} = \sqrt{2 \times 3} \times \sqrt{2 \times 7} \times \sqrt{7} = \sqrt{2} \times \sqrt{3} \times \sqrt{2} \times \sqrt{7} \times \sqrt{7} = (\sqrt{7})^2(\sqrt{2})^2 \times \sqrt{3} = 7 \times 2 \times \sqrt{3} = 14\sqrt{3}.$
3. $C = \sqrt{\frac{4}{9}} = \frac{\sqrt{4}}{\sqrt{9} = 3}\frac{2}{3}.$

4. a

$$\begin{aligned} D &= \sqrt{\frac{5}{2}} + 3\sqrt{\frac{20}{18}} - \sqrt{\frac{45}{32}} \\ &= \sqrt{\frac{5}{2}} + 3\sqrt{\frac{4}{9} \times \frac{5}{2}} - \sqrt{\frac{9}{16} \times \frac{5}{2}} \\ &= \sqrt{\frac{5}{2}} + 3\sqrt{\frac{4}{9}}\sqrt{\frac{5}{2}} - \sqrt{\frac{9}{16}}\sqrt{\frac{5}{2}} \\ &= \sqrt{\frac{5}{2}} + 3 \times \frac{2}{3}\sqrt{\frac{5}{2}} - \frac{3}{4}\sqrt{\frac{5}{2}} \\ &= \left(1 + 2 - \frac{3}{4}\right)\sqrt{\frac{5}{2}} \\ &= \frac{9}{4}\sqrt{\frac{5}{2}}. \end{aligned}$$

Solution 2.3

a

1. $A = (3^2 \times 16^3)^3 = (3^2)^3 \times (16^3)^3 = 3^6 \times 16^9 = 3^6 \times (2^4)^9 = 3^6 \times 2^{36}$.
2. $B = (\sqrt{3} \times \sqrt{2})^4 = (\sqrt{3})^4 \times (\sqrt{2})^4 = ((\sqrt{3})^2)^2 \times ((\sqrt{2})^2)^2 = 3^2 \times 2^2$.
3. $C = 0,25 = \dfrac{1}{4} = \dfrac{1}{2^2} = 2^{-2} = 3^0 \times 2^{-2}$.
4. $D = \dfrac{9}{8} = \dfrac{3^2}{2^3} = 3^2 \times 2^{-3}$.
5. $E = \sqrt{3^6 \times 2^4} = \sqrt{3^6} \times \sqrt{2^4} = \sqrt{(3^3)^2}\sqrt{(2^2)^2} = 3^3 \times 2^2$.
6. $F = \dfrac{3^{-2} \times 27}{(3^2)^3 \times 3^{-1}} = \dfrac{3^{-2} \times 3^3}{3^6 \times 3^{-1}} = \dfrac{3}{3^5} = 3^{-4} = 3^{-4} \times 2^0$.

À retenir : $4 = 2^2,\ 8 = 2^3,\ 16 = 2^4,\ 9 = 3^2,\ 27 = 3^3$.

Solution 2.4

Je vous invite à travailler les deux points de cet exercice qui vous seront utiles plus tard.

1. Soit $n \in \mathbb{N}$.
   $(-1)^0 = 1,\ (-1)^1 = -1,\ (-1)^2 = (-1)\times(-1) = 1,\ (-1)^3 = (-1)^2\times(-1) = -1,\ (-1)^4 = (-1)^3 \times (-1) = (-1) \times (-1) = 1$.
   On peut donc en déduire que $(-1)^n = 1$ pour n pair et $(-1)^n = -1$ pour n impair.
   À retenir : $(-1)^n = 1$ *pour* n *pair et* $(-1)^n = -1$ *pour* n *impair.*
2. Soit $n \in \mathbb{N}$.
   On a $4 \times \dfrac{3^{n+1} - 1}{2} + 3 \times \dfrac{3^n - 1}{2} = \dfrac{4 \times 3^{n+1} - 3^{n+1} - 4 + 3}{2} = \dfrac{3^{n+2} - 1}{2}$.

Solution 2.5

1. a
$$\begin{aligned}\frac{3}{\sqrt{3}-2} &= \frac{3(\sqrt{3}+2)}{(\sqrt{3}-2)(\sqrt{3}+2)}\\ &= \frac{3(\sqrt{3}+2)}{(\sqrt{3})^2-2^2}\\ &= \frac{3(\sqrt{3}+2)}{3-4}\\ &= -3(\sqrt{3}+2).\end{aligned}$$

2. a
$$\begin{aligned}\frac{\sqrt{7}+\sqrt{5}}{\sqrt{7}-\sqrt{5}} &= \frac{(\sqrt{7}+\sqrt{5})(\sqrt{7}+\sqrt{5})}{(\sqrt{7}-\sqrt{5})(\sqrt{7}+\sqrt{5})}\\ &= \frac{(\sqrt{7}+\sqrt{5})^2}{(\sqrt{7})^2-(\sqrt{5})^2}\\ &= \frac{(\sqrt{7})^2+2\sqrt{7}\sqrt{5}+(\sqrt{5})^2}{7-5}\\ &= -\frac{7+2\sqrt{14}+5}{2}\\ &= -\frac{12+2\sqrt{14}}{2}\\ &= -(6+\sqrt{7}\sqrt{14}).\end{aligned}$$

Chapitre 3

Trinômes du second degré

Il est impératif de savoir résoudre les yeux fermés des équations et inéquations de degré deux et leurs cas particuliers, sans se tromper dans les calculs. En effet, vous aurez à résoudre très souvent de telles équations et inéquations, notamment lorsque vous vous intéresserez au domaine de définition d'une fonction ou au signe de sa dérivée afin d'en étudier ses variations.

Sommaire

3.1 Rappel de cours

Soit $x \in \mathbb{R}$.

3.1.1 Équation du second degré

Théorème (Équation du second degré)

Soient $a, b, c \in \mathbb{R}$ avec $a \neq 0$ et $\Delta = b^2 - 4ac$.

- Si $\Delta > 0$, l'équation $ax^2 + bx + c = 0$ admet deux solutions $\begin{cases} x_1 = \frac{-b+\sqrt{\Delta}}{2a} \\ x_2 = \frac{-b-\sqrt{\Delta}}{2a} \end{cases}$.
- Si $\Delta = 0$, l'équation $ax^2 + bx + c = 0$ admet une solution $x_0 = -\frac{b}{2a}$.
- Si $\Delta < 0$, l'équation $ax^2 + bx + c = 0$ n'admet aucune solution.

Proposition (Cas particulier)

Soit $a \in \mathbb{R}$. L'équation $x^2 = a$ n'a de sens que si $a \geq 0$.
Plus précisément :

- Si $a > 0$, l'équation $x^2 = a$ admet deux solutions $\sqrt{a}$ et $-\sqrt{a}$.
- Si $a = 0$, l'équation $x^2 = a$ admet une seule solution 0.
- Si $a < 0$, l'équation $x^2 = a$ n'admet aucune solution réelle.

La meilleure façon de retrouver ces résultats et d'avoir la représentation graphique ci-dessous en tête.

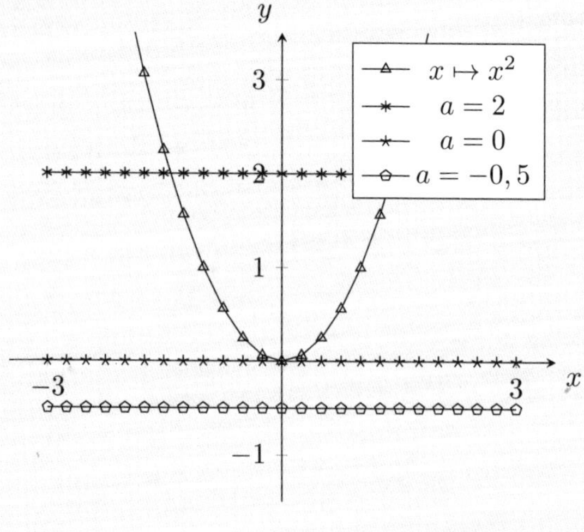

3.1.2 Inéquation du second degré

Théorème (Inéquation du second degré)

Soient $a, b, c \in \mathbb{R}$ avec $a \neq 0$ et $\Delta = b^2 - 4ac$.

- Si $\Delta > 0$, le nombre réel $ax^2 + bx + c$ est du signe de a à l'extérieur des racines et du signe de $-a$ ailleurs.
- Si $\Delta \leq 0$, alors le nombre réel $ax^2 + bx + c$ est toujours du signe de a.

Les tableaux suivants résument le signe de $ax^2 + bx + c$ en fonction de Δ :

$\Delta > 0$

x	$-\infty$		x_1		x_2		$+\infty$
$ax^2 + bx + c$		signe de a	0	$-$signe de a	0	signe de a	

$\Delta = 0$

x	$-\infty$		x_0		$+\infty$
$ax^2 + bx + c$		signe de a	0	signe de a	

$\Delta < 0$

x	$-\infty$		$+\infty$
$ax^2 + bx + c$		signe de a	

Proposition (Cas particulier)

Soit $a \geq 0$.

- $x^2 \leq a \Leftrightarrow -\sqrt{a} \leq x \leq \sqrt{a}$.
- $x^2 \geq a \Leftrightarrow x \geq \sqrt{a}$ ou $x \leq -\sqrt{a}$.

Proposition (Cas particulier (suite))

La meilleure façon de retrouver ces résultats est d'en faire la représentation graphique.

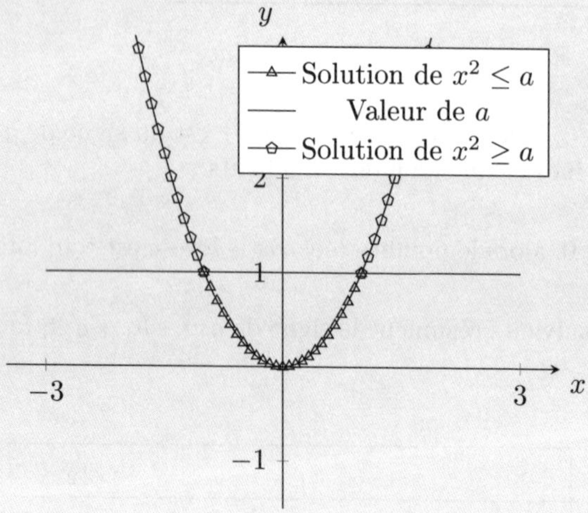

La portion de courbe avec les triangles correspond aux solutions de l'inéquation $x^2 \leq a$ et celle avec les pentagones aux solutions de l'inéquation $x^2 \geq a$.

Remarques

- Soit $a \geq 0$.
  - ⋆ $-\sqrt{a} \leq x \leq \sqrt{a} \Leftrightarrow x \in [-\sqrt{a}; \sqrt{a}]$.
  - ⋆ $x \geq \sqrt{a}$ ou $x \leq -\sqrt{a} \Leftrightarrow x \in]-\infty; -\sqrt{a}] \cup [\sqrt{a}; +\infty[$.

- Soit $a < 0$.
  - ⋆ $x^2 \leq a$ est impossible, d'où l'ensemble des solutions de cette inéquation est l'ensemble vide.
  - ⋆ $x^2 \geq a$ est toujours vrai, d'où l'ensemble des solutions de cette inéquation est $\mathbb{R}$.

3.2 Méthodes

3.2.1 Résoudre une équation du second degré

Nous présentons ici, à l'aide d'exemples, les étapes à suivre pour résoudre une équation du second degré.

Méthode

Lorsque l'on a à résoudre une équation du type $ax^2 + bx + c = 0$ (avec $a \neq 0$), deux cas de figures peuvent se présenter :

1. $b \neq 0$, auquel cas on passe par le calcul du discriminant pour déterminer les solutions.
2. $b = 0$, auquel on peut se ramener à une équation du type $x^2 = d$, que l'on résout directement en appliquant le cours.

Exemple 3.1 (Cas général)
Résoudre l'équation (E) : $2x^2 + x - 6 = 0$.

1) Ensemble de définition de (E)
Soit $x \in \mathbb{R}$.
2) Résolution
L'équation $2x^2 + x - 6 = 0$ est de la forme $ax^2 + bx + c = 0$ avec $a = 2$, $b = 1$ et $c = 6$.
Son discriminant Δ vaut :

$$\Delta = b^2 - 4ac = 1^2 - 4 \times 2 \times (-6) = 1 + 48 = 49 > 0.$$

D'où $\sqrt{\Delta} = \sqrt{49} = 7$ et l'équation $2x^2 + x - 6 = 0$ admet deux solutions qui sont

$$x_1 = \frac{-b - \sqrt{\Delta}}{2a} = \frac{-1 - 7}{4} = -\frac{8}{4} = -2$$

et

$$x_2 = \frac{-b + \sqrt{\Delta}}{2a} = \frac{-1 + 7}{4} = \frac{6}{4} = \frac{3}{2}.$$

Attention à ne pas oublier de diviser par $2a$ et non par 2, lorsque a est différent de 1.
3) Conclusion
$S = \left\{-2; \frac{3}{2}\right\}$.
4) Vérification
$2 \times (-2)^2 - 2 - 6 = 0$. De même pour $\frac{3}{2}$.

Exemple 3.2 (Cas particulier)
Résoudre l'équation (E) : $x^2 - 8 = 0$.

Soit $x \in \mathbb{R}$.
$x^2 - 8 = 0$ est un cas particulier de trinôme du second degré avec $a = 1$, $b = 0$ et $c = -8$.
On résout ce type d'équation sans passer par un calcul de discriminant qui serait lourd ici, mais plutôt en écrivant tout simplement

$$x^2 - 8 = 0 \Leftrightarrow x^2 = 8 \Leftrightarrow x = -\sqrt{8} \text{ ou } x = \sqrt{8}.$$

D'où $S = \left\{-\sqrt{8}; \sqrt{8}\right\}$.

Remarque : $\sqrt{8} = \sqrt{4 \times 2} = \sqrt{4} \times \sqrt{2} = 2\sqrt{2}$.

3.2.2 Résoudre une inéquation du second degré

Nous présentons ici, à l'aide d'exemples, les étapes à suivre pour résoudre une inéquation du second degré.

Méthode

Lorsque l'on a à résoudre une inéquation du type $ax^2 + bx + c \geq 0$ (avec $a \neq 0$), deux cas de figures peuvent se présenter :

1. $b \neq 0$, auquel cas on passe par le calcul du discriminant et le tableau de signe pour déterminer les solutions.
2. $b = 0$, auquel on peut se ramener à une équation du type $x^2 \geq d$, que l'on résout directement en appliquant le cours.

Exemple 3.3 (Cas général)
Résoudre l'inéquation (I) : $-2x^2 - x + 6 \geq 0$.

1) Ensemble de définition de (I)
Soit $x \in \mathbb{R}$.
2) Résolution
Le trinôme $-2x^2 - x + 6$ est de la forme $ax^2 + bx + c$ avec $a = -2$, $b = -1$ et $c = 6$.
Son discriminant Δ vaut :

$$\Delta = b^2 - 4ac = (-1)^2 - 4 \times (-2) \times 6 = 1 + 48 = 49 > 0.$$

D'où $\sqrt{\Delta} = \sqrt{49} = 7$ et le trinôme $2x^2 + x - 6$ admet deux racines qui sont

$$x_1 = \frac{-b - \sqrt{\Delta}}{2a} = \frac{1 - 7}{-4} = \frac{6}{4} = \frac{3}{2}$$

et
$$x_2 = \frac{-b+\sqrt{\Delta}}{2a} = \frac{1+7}{-4} = \frac{6}{4} = -2.$$
D'où le tableau de signe suivant :

x	$-\infty$ $\quad$ -2 $\quad$ $\frac{3}{2}$ $\quad$ $+\infty$
$-2x^2 - x + 6$	$-$ $\quad$ 0 $\quad$ $+$ $\quad$ 0 $\quad$ $-$

Attention à ne pas oublier qu'ici on est du signe contraire de $a = -2$ entre les racines, c'est-à-dire de signe positif.
3) Conclusion
$S = \left[-2; \frac{3}{2}\right]$
Remarque : pensez à vérifier la cohérence de votre ensemble de solutions en prenant un élément x dans ce dernier, en calculant $-2x^2 - x + 6$ et en vérifiant que le signe correspond bien à celui recherché (cela peut permettre de détecter des erreurs de signe).

Exemple 3.4 (Cas particulier)
Résoudre l'inéquation (I) : $x^2 \geq 3$.

Soit $x \in \mathbb{R}$.
On a directement, d'après le cours, $x^2 \geq 3 \Leftrightarrow x \leq -\sqrt{3}$ ou $x \geq \sqrt{3}$.
D'où, $S = \left]-\infty; -\sqrt{3}\right] \cup \left[\sqrt{3}; +\infty\right[$.

3.3 Pour s'entraîner

3.3.1 Exercices

Exercice 3.1
Résoudre dans $\mathbb{R}$ les équations suivantes :

1. $x^2 + x - 6 = 0$.
2. $x^2 - x = 18$.
3. $3x^2 + 3x - 18$.
4. $-x^2 + 3x - 2 = 0$.
5. $2 - x^2 = 1$.

Exercice 3.2
Résoudre dans $\mathbb{R}$ les inéquations suivantes :

1. $2 - x^2 \geq 0$.
2. $x^2 + x + 1 < 0$.
3. $-x^2 + 3x - 2 > 0$.

3.3.2 Corrigés

Solution 3.1

a

1. Soit $x \in \mathbb{R}$.
   Le discriminant du trinôme x^2+x-6 vaut $\Delta = 1^2-4\times1\times(-6) = 1+24 = 25 > 0$.
   Donc l'équation $x^2+x-6=0$ admet deux solutions qui sont :
   $$x_1 = \frac{-1+\sqrt{25}}{2\times1} = \frac{-1+5}{2} = 2 \quad \text{et} \quad x_2 = \frac{-1-\sqrt{25}}{2\times1} = \frac{-1-5}{2} = -3.$$
   D'où : $S = \{-3; 2\}$.
   Remarque : n'oubliez pas de vérifier vos solutions à la fin.
2. Soit $x \in \mathbb{R}$.
   On a $x^2 - x = 18 \Leftrightarrow x^2 - x - 18 = 0$.
   Le discriminant du trinôme $x^2 - x - 18$ vaut $\Delta = (-1)^2 - 4\times1\times18 = 1+72 = 73 > 0$.
   Donc l'équation $x^2 - x - 18 = 0$ admet deux solutions qui sont :
   $$x_1 = \frac{1-\sqrt{73}}{2} \quad \text{et} \quad x_2 = \frac{1+\sqrt{73}}{2}.$$
   D'où : $S = \left\{\frac{1-\sqrt{73}}{2}; \frac{1+\sqrt{73}}{2}\right\}$.
3. Soit $x \in \mathbb{R}$.
   Le discriminant du trinôme $3x^2+3x-18$ vaut $\Delta = 3^2 - 4\times3\times(-18) = 225 > 0$.
   On peut poursuivre les calculs en remarquant que $\sqrt{225} = 15$. Mais d'une part il faut le voir et d'autre part le calcul des racines fait intervenir ensuite lui-même de grandes valeurs, augmentant le risque d'erreur de calcul puisque les calculs doivent se faire de tête, la calculatrice étant interdite aux concours.
   Ici il était plus judicieux de voir que l'on pouvait dès le départ simplifier l'équation par 3.
   En effet, $3x^2+3x-18=0 \Leftrightarrow x^2+x-6=0$ et on est alors ramené à la première équation de l'exercice.
   L'ensemble des solutions est donc le même.
   D'où : $S = \{-3; 2\}$ directement.
4. Soit $x \in \mathbb{R}$.
   Le discriminant du trinôme $-x^2+3x-2$ vaut $\Delta = 3^2 - 4\times(-1)\times(-2) = 9-8 = 1 > 0$.
   D'où l'équation $-x^2+3x-2=0$ admet deux solutions qui sont :
   $$x_1 = \frac{-3-1}{-2} = 2 \quad \text{et} \quad x_2 = \frac{-3+1}{-2} = 1.$$

D'où : $S = \{1; 2\}$.

Remarques :

(a) Attention ici à bien diviser par -2 à cause du -1 devant x^2.

(b) Afin d'éviter toutes erreurs de signe, il aurait été plus judicieux de voir que $-x^2+3x-2=0 \Leftrightarrow x^2-3x+2=0$ (en multipliant par -1 l'équation, ce qui revient à changer tous les signes) et de résoudre cette dernière équation.
Je vous conseille de toujours procéder ainsi lorsque vous avez un coefficient négatif devant x^2, cela vous évitera des erreurs de calcul dues à des erreurs de signe.

5. Soit $x \in \mathbb{R}$.
$2 - x^2 = 1 \Leftrightarrow x^2 = 1 \Leftrightarrow x = -\sqrt{1}$ ou $x = \sqrt{1} \Leftrightarrow x = -1$ ou $x = 1$.
D'où : $S = \{-1; 1\}$.

Solution 3.2

a

1. Soit $x \in \mathbb{R}$.
$2 - x^2 \geq 0 \Leftrightarrow x^2 \leq 2 \Leftrightarrow -\sqrt{2} \leq x \leq \sqrt{2}$, en utilisant directement le cours (car $2 \geq 0$).
D'où : $S = \left[-\sqrt{2}; \sqrt{2}\right]$.

2. Soit $x \in \mathbb{R}$.
Le discriminant du trinôme $x^2 + x + 1$ vaut $\Delta = 1^2 - 4 \times 1 \times 1 = -3 < 0$.
D'où, $x^2 + x + 1$ est toujours du signe de 1 (qui est le coefficient devant x^2), c'est-à-dire strictement positif.
D'où : $S = \emptyset$.

3. Soit $x \in \mathbb{R}$.
Le discriminant du trinôme $-x^2 + 3x - 2$ vaut $\Delta = 3^2 - 4 \times (-1) \times (-2) = 9 - 8 = 1 > 0$.
Donc $-x^2 + 3x - 2$ admet deux racines qui sont :

$$x_1 = \frac{-3+1}{-2} = 1 \quad \text{et} \quad x_2 = \frac{-3-1}{-2} = 2.$$

D'où le tableau de signe suivant :

x	$-\infty$ 1 2 $+\infty$
$-x^2+3x-2$	$-$ 0 $+$ 0 $-$

Attention on est du signe de -1 (le coefficient devant x^2) à l'extérieur des racines.
D'où, $S =]1; 2[$.

Remarque : afin d'éviter des erreurs de signe, il aurait pu être judicieux de résoudre l'inéquation $x^2 - 3x + 2 < 0$ plutôt que $-x^2 + 3x - 2 > 0$, les deux inéquations ayant le même ensemble de solution puisqu'elles sont équivalentes.

Remarque générale : on ne peut pas vérifier l'ensemble des solutions qui contient souvent une infinité de solutions, mais pensez quand même à prendre une solution particulière dans l'ensemble que vous avez trouvé et à vérifier la cohérence de vos résultats en vérifiant le signe du trinôme pour cette valeur donnée.

Chapitre 4

Développer et factoriser

Ce chapitre présente des méthodes permettant de développer et de factoriser des expressions données. Développer ne pose généralement pas de problème, contrairement à la factorisation qui n'est pas toujours intuitive. Pourtant il est fondamental de savoir factoriser des expressions de manière à pouvoir en étudier leur signe. C'est un outil à maîtriser parfaitement, car il sera très utile comme nous le verrons plus loin lorsque vous serez amenés à résoudre des inéquations plus générales, par exemple dans le cadre de l'étude du signe d'une fonction ou de sa dérivée (pour étudier ses variations).

Sommaire

4.1 Rappel de cours

4.1.1 Définition

Définition (Développer/Factoriser)

1. **Développer** signifie transformer un produit en une somme ou une différence.
   Soit a, b et c trois réels : $c(a+b) = ca + cb$.

2. **Factoriser** signifie transformer une somme ou une différence en un produit.
   Soit a, b et c trois réels : $\mathbf{c}a + \mathbf{c}b = \mathbf{c}(a+b)$.

Factoriser est l'opération inverse de développer.

4.1.2 Identités remarquables

Nous rappelons ici les trois identités remarquables de degré deux qu'il faut connaître par cœur et qui permettent dans un sens de développer et dans l'autre de factoriser des expressions.

Proposition (Identités remarquables de degré deux)

Soient $a \in \mathbb{R}$ et $b \in \mathbb{R}$. On a :

$$(a+b)^2 = a^2 + 2ab + b^2.$$

$$(a-b)^2 = a^2 - 2ab + b^2.$$

$$(a+b)(a-b) = a^2 - b^2.$$

4.1.3 Factorisation des trinômes du second degré

Théorème (Trinômes du second degré)

Soient $a, b, c \in \mathbb{R}$, avec $a \neq 0$ et $\Delta = b^2 - 4ac$.

- Si $\Delta > 0$, l'équation $ax^2 + bx + c = 0$ admet deux solutions $\begin{cases} x_1 = \frac{-b+\sqrt{\Delta}}{2a} \\ x_2 = \frac{-b-\sqrt{\Delta}}{2a} \end{cases}$ et on a la factorisation
$$ax^2 + bx + c = a(x - x_1)(x - x_2).$$
- Si $\Delta = 0$, l'équation $ax^2 + bx + c = 0$ admet une solution $x_0 = -\frac{b}{2a}$ et on a la factorisation
$$ax^2 + bx + c = a(x - x_0)^2.$$
- Si $\Delta < 0$, l'équation $ax^2 + bx + c = 0$ n'admet aucune solution et il n'y a pas de factorisation possible.

4.2 Méthodes

4.2.1 Développer

Méthode

Pour développer :

1. On utilise les propriétés de distributivité de la somme.
2. On simplifie les calculs, en utilisant si besoin, les propriétés des puissances, des racines, etc.

Remarque

S'il y a un signe moins en facteur, attention à ne pas vous tromper dans les signes en développant et à bien changer l'ensemble des signes des termes en facteur.
Exemple : $-2(x - x^2) = -2x + 2x^2$.

Exemple 4.1
Développer $A = (x^3 + x^2 + x + 1)(x^2 + 2x + 1)$.

On a :

$$\begin{aligned} A &= (x^3 + x^2 + x + 1)(x^2 + 2x + 1) \\ &= x^5 + 2x^4 + x^3 + x^4 + 2x^3 + x^2 + x^3 + 2x^2 + x + x^2 + 2x + 1 \\ &= x^5 + 3x^4 + 4x^3 + 4x^2 + 3x + 1, \end{aligned}$$

en utilisant le fait que $x^3 \times x^2 = x^{3+2} = x^5$, etc.

4.2.2 Factoriser quand le facteur commun est évident

Méthode

Pour factoriser :

- On repère dans l'expression le ou les facteurs communs à tous les termes intervenant dans la somme.
- On écrit ce terme ou ces termes en facteur devant, multiplié par les autres termes en produit de ce facteur mis entre crochet, en respectant les signes + et − intervenant dans l'expression.
- On simplifie ensuite le crochet.

Pensez à la fin à vérifier vos résultats en développant l'expression obtenue.

Exemple 4.2
Factoriser $A = (x-5)(x+2) - (2x+3)(x+2)$.

On a :

$$\begin{aligned} A &= (x-5)\boldsymbol{(x+2)} - (2x+3)\boldsymbol{(x+2)} \\ &= \boldsymbol{(x+2)}[(x-5) - (2x+3)] \\ &= (x+2)[x - 5 - 2x - 3] \\ &= (x+2)[-x-8] \\ &= (x+2)[\boldsymbol{(-1)} \times x + \boldsymbol{(-1)} \times 8] \\ &= (x+2)\boldsymbol{(-1)}(x+8) \\ &= -(x+2)(x+8). \end{aligned}$$

4.2.3 Factoriser à l'aide des identités remarquables

Méthode

- Lorsqu'on souhaite factoriser une expression, on cherche d'abord à repérer des termes communs dans l'expression à factoriser.
- Si aucun terme en commun n'apparaît, on peut alors regarder si on ne pourrait pas faire apparaître une identité remarquable, comme par exemple celle de la forme $a^2 - b^2$, que l'on pourra ensuite factoriser en $(a-b)(a+b)$.

Remarque : n'hésitez pas à bien poser les valeurs de a et b au brouillon afin de ne pas vous tromper dans la factorisation.

Exemple 4.3
Factoriser $A = (x^2 - 4x + 1)^2 - (6x^2 - 3x + 1)^2$.

On a :

$$\begin{aligned} A &= (x^2 - 4x + 1)^2 - (6x^2 - 3x + 1)^2 \\ &= \left[(x^2 - 4x + 1) + (6x^2 - 3x + 1)\right]\left[(x^2 - 4x + 1) - (6x^2 - 3x + 1)\right] \\ &= (7x^2 - 7x + 2)(-5x^2 - x) \\ &= -x(5x + 1)(7x^2 - 7x + 2). \end{aligned}$$

On a ici utilisé l'identité remarquable : $a^2 - b^2 = (a+b)(a-b)$, avec $a = x^2 - 4x + 1$ et $b = 6x^2 - 3x + 1$.

4.2.4 Factoriser des trinômes du second degré

Méthode

Lorsqu'on ne voit pas de facteurs communs évidents et que dans l'expression à factoriser interviennent des trinômes du second degré, on cherchera d'abord à les factoriser de manière à voir si cela ne permettrait pas de faire apparaître des facteurs communs.

Exemple 4.4
Factoriser $B = (x - 5)(x + 2) - (x^2 + 4x + 4)(x - 2)$.

Comme on ne voit pas de facteurs communs évidents, on va d'abord chercher à factoriser $x^2 + 4x + 4$.
Le calcul du discriminant montre que ce trinôme admet une unique racine qui vaut -2.
D'où $x^2 + 4x + 4 = 1 \times (x - (-2))^2 = (x + 2)^2$.

Remarque :
On aurait pu aussi voir directement que $x^2+4x+4 = x^2+2\times 2\times x+2^2$ *et en déduire que* $x^2+4x+4 = (x+2)^2$*, en utilisant l'identité remarquable* $a^2+2ab+b^2 = (a+b)^2$*, avec* $a = x$ *et* $b = 2$*.*

On peut alors écrire

$$\begin{aligned} B &= (x-5)\boldsymbol{(x+2)} - \boldsymbol{(x+2)}^2(x-2) \\ &= \boldsymbol{(x+2)}[(x-5)-(x+2)(x-2)] \\ &= (x+2)[x-5-(x^2-4)] \\ &= (x+2)[-x^2+x-1]. \end{aligned}$$

Regardons si $-x^2+x-1$ peut encore se factoriser.
Le discriminant de ce trinôme vaut -3 et on ne peut donc pas le factoriser plus.
Ainsi nous avons obtenu la factorisation maximale pour B.

4.2.5 Factoriser par un terme donné

Méthode

Il peut arriver que l'on souhaite factoriser par un terme donné qui n'apparaît pas en tant que facteurs communs de tous les termes d'une somme. Ce sera par exemple le cas dans certaines situations où vous souhaiterez déterminer la limite d'une fonction (cf. Sous-section 17.2.2 du Chapitre 17).
Dans ce cas, la factorisation consiste à mettre ce terme en facteur devant multiplié par, entre crochets, les termes de l'expression initiale divisés par ce dernier.

Exemple 4.5
Factoriser x^2-3x+1 par x^2.

On a :

$$x^2-3x+1 = x^2\left(\frac{x^2}{x^2}-\frac{3x}{x^2}+\frac{1}{x^2}\right) = x^2\left(1-\frac{3}{x}+\frac{1}{x^2}\right).$$

Exemple 4.6
Factoriser $\dfrac{x^5-2x^3+x}{x^4+1}$ par le terme x^5 au numérateur et x^4 au dénominateur et simplifier.

On a : $$\frac{x^5-2x^3+x}{x^4+1} = \frac{x^5\left(\dfrac{x^5}{x^5}-\dfrac{2}{x^2}+\dfrac{1}{x^4}\right)}{x^4\left(\dfrac{x^4}{x^4}+\dfrac{1}{x^4}\right)} = x\frac{\left(1-\dfrac{2}{x^2}+\dfrac{1}{x^4}\right)}{\left(1+\dfrac{1}{x^4}\right)}.$$

4.3 Pour s'entraîner

4.3.1 Exercices

Exercice 4.1
Développer les expressions suivantes :

1. $A = (x^2 + 2x + 1)(x + 3)$.
2. $B = (-x + 2)^2$.
3. $C = (3x + 3)^2 - (-6 + x)^2$.
4. $D = (x - 3)^3$.
5. $E = (2 + x)^2 + (2 - x)(2 + x)$.

Exercice 4.2
Factoriser les expressions suivantes :

1. $A = (3x - 1)(4x + x^2) - x(3x - 1)$.
2. $B = x^2 - 9 + 3(x - 3)$.
3. $C = (2x - 1)^3 - (2x - 1)$.
4. $D = (x^2 - 4)(x - 1) - (x^2 - 3x + 2)(x + 3)$.

4.3.2 Corrigés

Solution 4.1

1. $A = x^3 + 3x^2 + 2x^2 + 6x + x + 3 = x^3 + 5x^2 + 7x + 3$.
2. $B = (-x)^2 + 2 \times (-x) \times 2 + 2^2 = x^2 - 4x + 2$.

   Remarque :
   Nous avons utilisé ici l'identité remarquable $(a + b)^2 = a^2 + 2ab + b^2$ avec $a = -x$ et $b = 2$.
   Attention cette façon de procéder induit souvent des erreurs de signe à cause du signe moins.
   Ici il vaut mieux procéder en remarquant que $(-x + 2)^2 = (2 - x)^2$ et en utilisant l'identité remarquable $(a - b)^2 = a^2 - 2ab + b^2$ avec $a = 2$ et $b = x$. Ainsi a et b ne font pas intervenir de signe $-$ susceptibles de causer des erreurs de signe.
3. $C = (9x^2 + 18x + 9) - (x^2 - 12x + 36)$,
   car $(-6 + x)^2 = (x - 6)^2 = x^2 - 2 \times x \times 6 + 6^2 = x^2 - 12x + 36$ (cf. remarque ci-dessus).
   D'où $C = 9x^2 + 18x + 9 - x^2 + 12x - 36 = 8x^2 + 30x - 27$.
   Remarque :
   Attention à bien changer tous les signes à l'intérieur de la parenthèse $(x^2 - 12x + 36)$ lorsque vous distribuez -1 dans $-(x^2 - 12x + 36)$.
4. $D = (x - 3)^3 = (x - 3)^2(x - 3) = (x^2 - 6x + 9)(x - 3) = x^3 - 3x^2 - 6x^2 + 18x + 9x - 27 = x^3 - 9x^2 + 27x - 27$.

5. $E = 4 + 4x + x^2 + 4 - x^2 = 8 + 4x$,
   en utilisant deux identités remarquables.

Solution 4.2

1. On a :
   $A = \mathbf{(3x-1)}(4x+x^2) - x\mathbf{(3x-1)}$
   $= \mathbf{(3x-1)}\left[(4x+x^2)-(x)\right]$
   $= (3x-1)(\boldsymbol{x}^2+3\boldsymbol{x})$
   $= (3x-1)\boldsymbol{x}(x+3)$.
2. En repérant l'identité remarquable $x^2 - 9 = x^2 - 3^2 = (x-3)(x+3)$, il vient :
   $B = \mathbf{(x-3)}(x+3) + 3\mathbf{(x-3)}$
   $= \mathbf{(x-3)}((x+3)+3)$
   $= (x-3)(x+6)$.
3. On a :
   $C = \mathbf{(2x-1)}\left[(2x-1)^2-1\right]$
   $= (2x-1)(4x^2-4x+1-1)$
   $= (2x-1)(4\boldsymbol{x}^2-4\boldsymbol{x})$
   $= (2x-1)4\boldsymbol{x}(x-1)$.
4. Ici il n'y a pas de facteurs communs évidents.
   D'où, nous allons d'abord factoriser les trinômes du second degré qui interviennent dans les expressions.
   D'une part, $x^2 - 4 = (x-2)(x+2)$ en repérant une identité remarquable.
   D'autre part, en calculant son discriminant, on trouve que x^2-3x+2 admet deux racines 1 et 2.
   D'où, $x^2 - 3x + 2 = 1 \times (x-1)(x-2) = (x-1)(x-2)$.
   Ainsi :
   $D = (x^2-4)(x-1) - (x^2-3x+2)(x+3)$
   $= \mathbf{(x-2)}(x+2)\mathbf{(x-1)} - \mathbf{(x-1)(x-2)}(x+3)$
   $= \mathbf{(x-2)(x-1)}\left[(x+2)-(x+3)\right]$
   $= (x-2)(x-1)(-1)$
   $= -(x-2)(x-1)$.

Chapitre 5

Résoudre des équations et inéquations

Ce chapitre ne contient pas de rappel de cours à proprement parlé, mais il rappelle la méthode globale à appliquer lorsque l'on a une (in)équation à résoudre. Avant d'entamer ce chapitre, nous invitons le lecteur a bien travaillé le Chapitre 3 sur la résolution des équations et inéquations de degrés deux, ainsi que le Chapitre 4 sur la factorisation, car les points abordés dans ces chapitres seront nécessaires pour mener à bien les résolutions d'(in)équations de manière générale. La résolution des (in)équations est au cœur du Chapitre 7 portant sur l'étude de fonctions, car leur résolution intervient notamment dans la recherche du domaine de définition d'une fonction et dans l'étude du signe de sa dérivée (afin d'en étudier ses variations).

Sommaire

5.1 Rappel de cours

Nous commençons par rappeler les règles de calcul sur les inégalités, qui seront utilisés lors de la résolution des inéquations.

5.1.1 Inégalités

Proposition (Règles de calcul sur les inégalités)

Soient a, b, c trois réels.

- Si $a \leq b$ et $b \leq c$ alors $a \leq c$.
- Si $a \leq b$ alors $a + c \leq b + c$ et $a - c \leq b - c$.
- Si $a \leq b$ et $c \geq 0$ alors $ac \leq bc$.
- Si $a \leq b$ et $c \leq 0$ alors $ac \geq bc$.
- **Passage à l'inverse**
  Si $0 < a \leq b$ alors $0 < \dfrac{1}{b} \leq \dfrac{1}{a}$.
  Si $a \leq b < 0$ alors $\dfrac{1}{b} \leq \dfrac{1}{a} < 0$.

Remarques

- On ne change pas le sens de l'inégalité lorsqu'on ajoute, soustrait ou multiplie par un réel **positif** les deux membres d'une inégalité.
- Par contre, **il faut bien penser à changer le sens de l'inégalité lorsqu'on multiplie par un réel négatif**.
- Concernant le passage à l'inverse, **on peut passer à l'inverse dans une inégalité à condition que les réels soient non nuls et de même signe** : il faut alors juste changer le sens de l'inégalité.

Exemple 5.1
Sachant que $2 \leq x \leq 3$, déterminer un encadrement des nombres suivant :

1. $7x + 3$.
2. $-x + 1$.
3. $\dfrac{1}{7x + 3}$.

1. On a :

$$\begin{array}{lll} & 2 \leq x \leq 3 & \\ \Rightarrow & 14 \leq 7x \leq 21 & \text{en multipliant par 7 qui est positif} \\ \Rightarrow & 17 \leq 7x + 3 \leq 24 & \text{en ajoutant 3.} \end{array}$$

2. On a :

$$\begin{array}{lll} & 2 \leq x \leq 3 & \\ \Rightarrow & -3 \leq -x \leq -2 & \text{en multipliant par } -1<0 \\ & & \text{(il faut donc changer le sens de l'inégalité)} \\ \Rightarrow & -2 \leq -x+1 \leq -1 & \text{en ajoutant 1.} \end{array}$$

3. On a :

$$\begin{array}{lll} & 17 \leq 7x+3 \leq 24 & \\ \Rightarrow & \dfrac{1}{24} \leq \dfrac{1}{7x+3} \leq \dfrac{1}{17} & \text{en prenant l'inverse} \\ & & \text{(il faut donc changer le sens des inégalités).} \end{array}$$

5.1.2 Analyse globale

Ci-dessous est présentée la méthode générale à appliquer lorsque l'on souhaite résoudre une (in)équation, à relire après avoir travaillé les méthodes générales présentées ci-après.

1. **Recherche du domaine de définition**
   Même si ce n'est pas explicitement demandé dans l'énoncé, il faut toujours commencer par donner le domaine de résolution de l'(in)équation, c'est-à-dire l'ensemble des nombres réels pour lesquels les quantités présentent dans l'(in)équation sont bien définies. Cette recherche est particulièrement importante en présence d'(in)équations comportant des quotients, de racines carrées et de logarithmes, pour lesquels le domaine de définition ne sera pas nécessairement tout $\mathbb{R}$.
2. **Mise en forme de l'(in)équation**
   - Regrouper tous les termes dans un même membre de manière à obtenir une expression de la forme $A(x) = 0$, $(\geq, \leq, <, >)$.
   - S'il y a des fractions qui interviennent dans l'expression de $A(x)$, mettre tout sous forme d'une fraction unique en réduisant au même dénominateur.
   - Factoriser au maximum au numérateur et au dénominateur (s'il y en a un), de manière à faire apparaître des facteurs de degré un (de la forme $ax + b$) ou deux (de la forme $ax^2 + bx + c$).
3. **Résolution**
   - **Pour une équation :** on utilise le fait qu'un produit de facteurs est nul si et seulement si un des facteurs est nul.
   - **Pour les inéquations :** on étudie le signe de chacun des facteurs et on fait un **tableau de signe**.

   D'où l'intérêt de la factorisation en facteurs de degré un ou deux, car on sait parfaitement résoudre des équations ou inéquations de degré un ou deux.
4. **Vérification**
   Une fois la résolution effectuée, il faut conserver uniquement les solutions qui appartiennent à l'ensemble de définition de l'(in)équation.
   À la fin pensez toujours à vérifier vos résultats !

5.2 Méthodes

5.2.1 Encadrer les solutions d'une équation de degré deux avec des racines

Méthode

Il se peut que les solutions d'une équation de degré deux fassent intervenir des racines carrées que l'on ne peut simplifier.
Dans ce cas, il est intéressant d'être capable de donner un encadrement le plus précis possible de ces solutions, afin d'avoir une idée de leur valeur et/ou de leur signe (la calculatrice étant interdite au concours).
Par exemple, l'équation $x^2 - x - 18 = 0$ admet deux solutions qui sont $x_1 = \frac{1-\sqrt{73}}{2}$ et $x_2 = \frac{1+\sqrt{73}}{2}$.
Afin d'avoir une idée des valeurs de ces deux solutions, nous allons encadrer $\sqrt{73}$.
Pour encadrer une racine carrée $\sqrt{a}$ (où $a \geq 0$), on procède comme suit :

1. Encadrer a entre les deux carrés parfaits les plus proches (c'est-à-dire deux entiers dont la racine carrée est lui-même un entier).
2. Composer l'inégalité par la fonction racine carrée, en utilisant le fait qu'elle est strictement croissante sur $\mathbb{R}_+$.

Ainsi, pour revenir à l'exemple précédent, on a :

$$\begin{aligned} & 64 \leq 73 \leq 81 \\ \Rightarrow\ & \sqrt{64} \leq \sqrt{73} \leq \sqrt{81} \\ \Rightarrow\ & 8 \leq \sqrt{73} \leq 9. \end{aligned}$$

On peut alors ensuite en déduire un encadrement des solutions en utilisant les inégalités présentées dans la Sous-section 5.1.1.

Exemple 5.2

1. Justifier que $5 \leq \sqrt{29} \leq 6$.
2. Résoudre dans $\mathbb{R}$ l'équation $x^2 - x - 7 = 0$ et donner un encadrement des solutions.

1. On a :

$$\begin{aligned} & 25 \leq 29 \leq 36 \\ \Rightarrow\ & \sqrt{25} \leq \sqrt{29} \leq \sqrt{36} \text{ car la fonction racine carrée est croissante sur } \mathbb{R}_+ \\ \Rightarrow\ & 5 \leq \sqrt{29} \leq 6. \end{aligned}$$

D'où, $5 \leq \sqrt{29} \leq 6$.

2. Résolvons l'équation du second degré $x^2 - x - 7 = 0$.
Son discriminant vaut $\Delta = (-1)^2 - 4 \times 1 \times (-7) = 1 + 28 = 29 > 0$. Cette

équation admet donc deux solutions qui sont

$$x_1 = \frac{1-\sqrt{29}}{2} \quad \text{et} \quad x_2 = \frac{1+\sqrt{29}}{2}.$$

Or d'après la question 2), on a :

$$\begin{aligned} & 5 \leq \sqrt{29} \leq 6 \\ \Rightarrow \quad & 6 \leq 1+\sqrt{29} \leq 7. \\ \Rightarrow \quad & 3 \leq \frac{1+\sqrt{29}}{2} \leq \frac{7}{2}. \end{aligned}$$

Par ailleurs,

$$\begin{aligned} & 5 \leq \sqrt{29} \leq 6 \\ \Rightarrow \quad & -5 \geq -\sqrt{29} \geq -6. \end{aligned}$$

pensez à changer le sens des inégalités, car on multiplie par -1<0

$$\begin{aligned} \Rightarrow \quad & -6 \leq -\sqrt{29} \leq -5 \\ \Rightarrow \quad & -5 \leq 1-\sqrt{29} \leq -4 \\ \Rightarrow \quad & -\frac{5}{2} \leq \frac{1-\sqrt{29}}{2} \leq -2. \end{aligned}$$

5.2.2 Méthode générale pour résoudre une équation

Méthode

1. On donne l'ensemble de définition de l'équation, noté $D_{(E)}$.
2. On regroupe tous les termes dans un même membre pour obtenir une équation de la forme $A(x) = 0$.
3. On cherche à factoriser au maximum l'expression $A(x)$ par des facteurs de degré un ou deux.
4. Si aucune factorisation n'est possible, on développe (mais vraiment en dernier recours), pour voir s'il n'y aurait pas des simplifications qui permettraient de se ramener à des équations de degré un ou deux.
5. On utilise le fait qu'un produit est nul si et seulement si un de ses facteurs est nul.
6. On résout indépendamment chacune des équations de degré un ou deux.
7. On donne l'ensemble des solutions, en ne gardant que les solutions qui appartiennent à l'ensemble de définition de l'équation.
8. On vérifie l'ensemble des solutions.

Exemple 5.3
Résoudre l'équation $(E):\ 3(x+1)(x+3)=(x+3)^2$.

1) Ensemble de définition de (E)
$D_{(E)}=\mathbb{R}$.
2) Résolution
Soit $x \in D_{(E)}$,

$$\begin{aligned} & 3(x+1)(x+3)=(x+3)^2 \\ \Leftrightarrow\ & 3(x+1)(x+3)-(x+3)^2=0 \\ \Leftrightarrow\ & (x+3)\left[3(x+1)-(x+3)\right]=0 \\ \Leftrightarrow\ & (x+3)(2x)=0 \\ \Leftrightarrow\ & x+3=0 \text{ ou } 2x=0 \\ \Leftrightarrow\ & x=-3 \text{ ou } x=0. \end{aligned}$$

3) Conclusion
$S=\{0;3\}$.
4) Vérification
$3(0+1)(0+3)=9$ et $(0+3)^2=9$.
De même pour 3.

Erreurs à éviter

1. Attention, dans l'exemple précédent, vous pourriez être tenté de diviser par $(x+3)$ les deux membres de l'équation (E) et écrire :

   $$\begin{aligned} & 3(x+1)(x+3)=(x+3)^2 \\ \Leftrightarrow\ & 3(x+1)=x+3 \\ \Leftrightarrow\ & 2x=0 \end{aligned}.$$

   Ceci est faux !
   En effet, $x \in D_{(E)}=\mathbb{R}$.
   D'où, x peut très bien valoir -3, auquel cas $x+3$ serait égal à 0.
   Or, **la division par 0 est strictement interdite**.
   De ce fait, d'une part vous écrivez une grosse bêtise et, d'autre part, vous oubliez des solutions possibles, car -3 est bien solution.
   Lorsque vous avez envie de faire une telle division, dites vous que c'est parce que ce terme est en facteur de tous les termes intervenant dans l'équation.
   Vous pouvez donc le factoriser, et c'est ce qu'il faut faire pour éviter d'écrire des bêtises et oublier des solutions.
2. Si vous aviez eu $(x+3)(2x)=1$ ne surtout pas écrire que cela équivaut à $x+3=1$ ou $2x=1$.
   Cela ne fonctionne qu'avec 0.

Remarques

- Parfois la factorisation de $A(x)$ n'est pas évidente.
Si elle ne l'est pas, pensez à factoriser les trinômes du second degré qui pourraient apparaître dans l'expression (soit en faisant apparaître des identités remarquables, soit en calculant les racines et en utilisant la technique de factorisation vue dans le Chapitre 3).
Par exemple :
  - ⋆ $(x+1)(x+5)-(x+3)(x^2+3x+2) = \mathbf{(x+1)}(x+5)-(x+3)\mathbf{(x+1)}(x+2)$,
  car $x^2+3x+2=(x+1)(x+2)$, en factorisant le trinôme via le calcul de ses racines.
  - ⋆ $x^2-16-(x-4)(x+5)^2 = \mathbf{(x-4)}(x+4)-(x-4)(x+5)^2$,
  car $x^2-16=(x-4)(x+4)$ en reconnaissant une identité remarquable.
- En dernier recours, on développe et on voit si on peut simplifier et se ramener à un des cas précédents.

5.2.3 Résolution d'une équation avec des quotients

Méthode

1. Dans le cas de ce type d'équation, il est impératif de donner d'abord l'ensemble de définition de l'équation, qui dans la plupart des cas n'est pas tout $\mathbb{R}$ à cause des dénominateurs qui ne doivent pas s'annuler pour que l'équation soit bien définie.
De ce fait, on repère d'abord le dénominateur des fractions intervenant dans l'équation et on cherche quand est ce qu'ils pourraient être égaux à 0. Ces valeurs sont des valeurs interdites.
2. On regroupe ensuite l'ensemble des termes dans le membre de gauche. Puis on réduit le membre de gauche au même dénominateur, de manière à obtenir une fraction unique.
3. On utilise le fait qu'une fraction est nulle si et seulement si son numérateur est égal à 0. On est ainsi ramené à résoudre une équation classique sans quotient.
4. On peut alors appliquer la méthode présentée à la Section 5.2.2.
5. Il est important de vérifier à la fin si les solutions appartiennent au domaine de définition de l'équation (car celui-ci n'est généralement pas tout $\mathbb{R}$) et le cas échéant, de retirer ces valeurs de l'ensemble des solutions globales.

Exemple 5.4

Résoudre l'équation (E) : $\quad \dfrac{x}{x+2} + \dfrac{2}{x} = -3$.

1) Ensemble de définition de (E)

Pour que l'équation soit bien définie, il faut que $x + 2 \neq 0$ et que $x \neq 0$ (afin que l'on ne divise pas par 0), c'est-à-dire $x \neq -2$ et $x \neq 0$.
D'où, $D_{(E)} = \mathbb{R} \setminus \{-2, 0\}$.

2) Résolution de l'équation

Soit $x \in D_{(E)}$.

$$\frac{x}{x+2} + \frac{2}{x} = -3$$

$$\Leftrightarrow \quad \frac{x}{x+2} + \frac{2}{x} + 3 = 0$$

$$\Leftrightarrow \quad \frac{x^2}{x(x+2)} + \frac{2(x+2)}{x(x+2)} + \frac{3x(x+2)}{x(x+2)} = 0$$

$$\Leftrightarrow \quad \frac{x^2 + 2(x+2) + 3x(x+2)}{x(x+2)} = 0$$

$$\Leftrightarrow \quad \frac{4x^2 + 8x + 4}{x(x+2)} = 0$$

car une fraction est nulle si et seulement si son numérateur est nul

$\Leftrightarrow \quad 4x^2 + 8x + 4 = 0$

à noter qu'on est ainsi ramené à résoudre une équation sans fractions

$\Leftrightarrow \quad 4(x^2 + 2x + 1) = 0$

$\Leftrightarrow \quad x^2 + 2x + 1 = 0$

$\Leftrightarrow \quad (x+1)^2 = 0$

en reconnaissant une identité remarquable
ou sinon on passe par le calcul du discriminant

$\Leftrightarrow \quad x + 1 = 0$

$\Leftrightarrow \quad x = -1.$

3) Conclusion

On a $-1 \in D_{(E)}$.
D'où, $S = \{-1\}$.

4) Vérification

$$\frac{-1}{-1+2} + \frac{2}{-1} = -3.$$

5.2.4 Méthode générale pour résoudre une inéquation

Méthode

1. On donne l'ensemble de définition de l'inéquation, noté $D_{(I)}$.
2. On regroupe tout dans un même membre pour obtenir une inéquation de la forme $A(x) \geq 0$ (ou $\leq, <, >$).
3. On cherche à factoriser au maximum l'expression $A(x)$ par des facteurs de degré un ou deux.
4. On en déduit le signe de $A(x)$ en étudiant séparément le signe de chacun des facteurs de degré un ou deux intervenant dans $A(x)$ et en synthétisant le tout à l'aide d'un **tableau de signe**.
5. Attention à ne pas conclure en se basant uniquement sur les signes donnés dans le tableau de signe. L'ensemble des solutions correspond en effet aux intervalles du tableau de signe correspondant au signe de l'inéquation **intersecté avec l'ensemble de définition** $D_{(I)}$.

Exemple 5.5
Résoudre l'inéquation (I) : $(2x-1)(x^2+5) \leq 3(2x-1)^2$.

1) Ensemble de définition de (I)
$D_{(I)} = \mathbb{R}$.

2) Résolution de l'inéquation
Soit $x \in D_{(I)}$.
On a :
$(2x-1)(x^2+5) \leq 3(2x-1)^2$
$\Leftrightarrow \mathbf{(2x-1)}(x^2+5) - 3\mathbf{(2x-1)}^2 \leq 0$
$\Leftrightarrow (2x-1)(x^2+5-3(2x-1)) \leq 0$
$\Leftrightarrow (2x-1)(x^2+5-6x+3) \leq 0$
$\Leftrightarrow (2x-1)(x^2-6x+8) \leq 0$

On étudie maintenant séparément le signe des deux facteurs.
D'une part, on a $2x-1 \geq 0 \Leftrightarrow x \geq \dfrac{1}{2}$.
Et d'autre part, $x^2-6x+8 \geq 0 \Leftrightarrow x \in]-\infty, 2] \cup [4; +\infty[$.
En effet, le discriminant du trinôme x^2-6x+8 vaut

$$\Delta = (-6)^2 - 4 \times 8 = 36 - 32 = 4 > 0.$$

D'où, l'équation $x^2 - 6x + 8 = 0$ admet deux solutions qui sont

$$x_1 = \frac{6+2}{2} = 4 \;\; et \;\; x_2 = \frac{6-2}{2} = 2.$$

Et on conclut au signe de l'équation en utilisant le tableau de signe des équations du second degré.
Au final, on obtient le tableau de signe suivant :

x	$-\infty$		$1/2$		2		4		$+\infty$
$2x-1$		$-$	0	$+$	$\vert$	$+$	$\vert$	$+$	
x^2-6x+8		$+$	$\vert$	$+$	0	$-$	0	$+$	
$(2x-1)(x^2-6x+8)$		$-$	0	$+$	0	$-$	0	$+$	

3) Solution
$S = D_{(I)} \cap \left(\left]-\infty; \frac{1}{2}\right] \cup [2;4]\right) = \mathbb{R} \cap \left(\left]-\infty; \frac{1}{2}\right] \cup [2;4]\right) = \left]-\infty; \frac{1}{2}\right] \cup [2;4].$

Erreurs à éviter

1. Ne surtout pas écrire des choses du type :

$$(2x-1)(x^2-6x+8) \geq 0 \Leftrightarrow 2x-1 \geq 0 \text{ ou } x^2-6x+8 \geq 0$$

qui est totalement faux !
Car le "ou" inclut le cas où l'un des facteurs peut être négatif tandis que l'autre est positif. Or un positif fois un négatif donne un négatif ! Par contre, il exclut le cas où les deux facteurs sont négatifs. Or, le produit de deux facteurs négatifs donne un positif ! **D'où la nécessité lorsqu'on résout une inéquation, de faire un tableau de signe** avant de conclure.
Le tableau de signe constitue en effet un moyen simple de passer en revue l'ensemble des signes possibles des facteurs intervenant dans le produit, et donc d'en déduire le signe du produit sans se tromper.

2. De même que pour les équations, le tableau de signe ne sert que lorsqu'on a à résoudre une inéquation dont le second membre est égal à 0.

5.2.5 Résolution d'une inéquation avec des quotients

Méthode

La méthode est sensiblement la même que celle présentée à la Sous-section 5.2.4, à ceci près que dans ce cas il faut aussi prendre en compte le signe du dénominateur.

1. On donne l'ensemble de définition de l'inéquation, noté $D_{(I)}$.
2. On regroupe tout dans un même membre pour obtenir une inéquation de la forme $A(x) \geq 0$ (ou $\leq, <, >$).
3. On cherche à factoriser au maximum l'expression $A(x)$ par des facteurs de degré un ou deux. Mais ici on l'applique à la fois au numérateur **et au dénominateur** de $A(x)$.
4. On en déduit le signe de $A(x)$ en étudiant séparément le signe de chacun des facteurs de degré un ou deux intervenant à la fois au numérateur **et au dénominateur** de $A(x)$ (en effet son signe influe sur le signe de la fraction) et en synthétisant le tout à l'aide d'un **tableau de signe**.
5. Attention à ne pas conclure en se basant uniquement sur les signes donnés dans le tableau de signe. L'ensemble des solutions correspond en effet aux intervalles du tableau de signe correspondant au signe de l'inéquation **intersecté avec l'ensemble de définition** $D_{(I)}$.

Exemple 5.6

Résoudre l'équation (I) : $\dfrac{x}{x+2} + \dfrac{2}{x} < -3$.

1) Ensemble de définition de (I)

Pour que l'équation soit bien définie, il faut que $x+2 \neq 0$ et que $x \neq 0$, c'est-à-dire $x \neq -2$ et $x \neq 0$ (afin que l'on ne divise pas par 0).
D'où : $D_{(I)} = \mathbb{R} \setminus \{-2, 0\}$.

2) Résolution de l'inéquation
Soit $x \in D_{(I)}$.

$$
\begin{aligned}
& \frac{x}{x+2}+\frac{2}{x}<-3 \\
\Leftrightarrow \quad & \frac{x}{x+2}+\frac{2}{x}+3<0 \\
\Leftrightarrow \quad & \frac{x^2}{x(x+2)}+\frac{2(x+2)}{x(x+2)}+\frac{3x(x+2)}{x(x+2)}<0 \\
\Leftrightarrow \quad & \frac{x^2+2(x+2)+3x(x+2)}{x(x+2)}<0 \\
\Leftrightarrow \quad & \frac{4x^2+8x+4}{x(x+2)}<0 \\
\Leftrightarrow \quad & \frac{4(x^2+2x+1)}{x(x+2)}<0 \\
\Leftrightarrow \quad & \frac{4(x+1)^2}{x(x+2)}<0.
\end{aligned}
$$

Ensuite, une fois l'ensemble factorisé, on fait un tableau de signe en écrivant **l'ensemble des facteurs dans le tableau !**

On en déduit le tableau suivant :

x	$-\infty$		-2		-1		0		$+\infty$
$(x+1)^2$		$+$	|	$+$	0	$+$	|	$+$	
x		$-$	|	$-$	|	$-$	0	$+$	
$x+2$		$-$	0	$+$	|	$+$	|	$+$	
$\dfrac{4(x+1)^2}{x(x+2)}$		$+$	||	$-$	0	$-$	||	$+$	

D'où : $S =]-2,-1[\cup]-1,0[$.

Attention à bien exclure -1 ici car on demande à ce que l'expression soit strictement négative et à exclure -2 et 0 qui ne font pas partie de l'ensemble de définition de l'inéquation.

Erreurs à éviter

Surtout ne pas écrire des choses du type $\dfrac{4(x+1)^2}{x(x+2)} < 0 \Leftrightarrow 4(x+1)^2 < 0$.
En effet, écrire cela revient à multiplier l'inégalité par $x(x+2)$.
Or, suivant les valeurs de x cette expression peut être positive ou négative.
Si $x(x+2)$ est négatif, il faudrait alors changer le sens des inégalités.
C'est pourquoi, **il faut faire un tableau de signe comportant le signe de chacun des facteurs intervenant au numérateur et au dénominateur**.
En procédant ainsi, on tient compte des signes de tous les facteurs et on évite ainsi les erreurs.

5.3 Pour s'entraîner

5.3.1 Exercices

Exercice 5.1
Résoudre dans $\mathbb{R}$ les équations suivantes :

1. $(3x-1)(4x+x^2) = x(3x-1)$.
2. $x^2 - 9 + 3(x-3) = 0$.
3. $\dfrac{2x}{3x+1} = \dfrac{x}{2} + \dfrac{1}{6}$.

Exercice 5.2
Résoudre dans $\mathbb{R}$ les inéquations suivantes :

1. $(2x-1)^3 \geq (2x-1)$.
2. $\dfrac{x}{x+1} + \dfrac{x+1}{x} \leq 1$.
3. $\dfrac{x+5}{x^2-1} > \dfrac{2}{x+1}$.

5.3.2 Corrigés

Solution 5.1

1. $D_{(E)} = \mathbb{R}$.
   Soit $x \in D_{(E)}$,
   $$\begin{array}{ll} & (3x-1)(4x+x^2) = x(3x-1) \\ \Leftrightarrow & \mathbf{(3x-1)}(4x+x^2) - x\mathbf{(3x-1)} = 0 \\ \Leftrightarrow & \mathbf{(3x-1)}\left[(4x+x^2)-(x)\right] = 0 \\ \Leftrightarrow & (3x-1)(\boldsymbol{x^2+3x}) = 0 \\ \Leftrightarrow & (3x-1)\boldsymbol{x}(x+3) = 0 \\ \Leftrightarrow & 3x-1=0 \text{ ou } x=0 \text{ ou } x+3=0 \\ \Leftrightarrow & x = \dfrac{1}{3} \text{ ou } x=0 \text{ ou } x=-3. \end{array}$$
   D'où : $S = \left\{-3; \dfrac{1}{3}; 0\right\}$.
   Remarque :
   pensez à la fin à vérifier vos solutions.
2. $D_{(E)} = \mathbb{R}$.
   Soit $x \in D_{(E)}$,
   $$\begin{array}{ll} & x^2 - 9 + 3(x-3) = 0 \\ \Leftrightarrow & \mathbf{(x-3)}(x+3) + 3\mathbf{(x-3)} = 0 \\ \Leftrightarrow & \mathbf{(x-3)}((x+3)+3) = 0 \\ \Leftrightarrow & (x-3)(x+6) = 0 \\ \Leftrightarrow & x-3=0 \text{ ou } x+6=0 \\ \Leftrightarrow & x=3 \text{ ou } x=-6. \end{array}$$
   D'où : $S = \{-6; 3\}$.
3. $D_{(E)} = \{x \in \mathbb{R} \text{ tel que } 3x+1 \neq 0\}$.
   Or $3x+1=0 \Leftrightarrow x = -\dfrac{1}{3}$.
   D'où : $D_{(E)} = \mathbb{R} \setminus \left\{-\dfrac{1}{3}\right\}$.
   Soit $x \in D_{(E)}$,
   $$\begin{array}{ll} & \dfrac{2x}{3x+1} = \dfrac{x}{2} + \dfrac{1}{6} \\ \Leftrightarrow & \dfrac{2x}{3x+1} - \dfrac{x}{2} - \dfrac{1}{6} = 0 \\ \Leftrightarrow & \dfrac{12x - 3(3x+1) - (3x+1)}{6(3x+1)} \\ \Leftrightarrow & \dfrac{-4}{6(3x+1)} = 0 \\ \Leftrightarrow & -4 = 0. \end{array}$$
   Ceci est impossible.
   D'où : $S = \emptyset$.

Solution 5.2

1. $D_{(I)} = \mathbb{R}$.
   Soit $x \in D_{(I)}$.
   $$\begin{array}{ll} & (2x-1)^3 \geq (2x-1) \\ \Leftrightarrow & \mathbf{(2x-1)}\left[(2x-1)^2-1\right] \geq 0 \\ \Leftrightarrow & (2x-1)(4x^2-4x+1-1) \geq 0\ . \\ \Leftrightarrow & (2x-1)(4\boldsymbol{x}^2-4\boldsymbol{x}) \geq 0 \\ \Leftrightarrow & (2x-1)4\boldsymbol{x}(x-1) \geq 0. \end{array}$$
   On en déduit alors le tableau suivant :

x	$-\infty$		0		1		$\frac{1}{2}$		$+\infty$
$2x-1$		$-$	|	$-$	|	$-$	0	$+$	
$4x$		$-$	0	$+$	|	$+$	|	$+$	
$x-1$		$-$	|	$-$	0	$+$	|	$+$	
$(2x-1)4x(x-1)$		$-$	0	$+$	0	$-$	0	$+$	

   X

   D'où : $S = [0;1] \cup \left[1;\dfrac{1}{2}\right[$.

2. $D_{(I)} = \{x \in \mathbb{R} \text{ tel que } x+1 \neq 0 \text{ et } x \neq 0\} = \mathbb{R} \setminus \{-1;0\}$.
   Soit $x \in \mathbb{R} \setminus \{-1;0\}$,
   $$\begin{array}{ll} & \dfrac{x}{x+1} + \dfrac{x+1}{x} \leq 1 \\ \Leftrightarrow & \dfrac{x^2+(x+1)^2}{x(x+1)} \leq 1 \\ \Leftrightarrow & \dfrac{2x^2+2x+1}{x(x+1)} \leq 1 \\ \Leftrightarrow & \dfrac{2x^2+2x+1}{x(x+1)} - 1 \leq 0 \\ \Leftrightarrow & \dfrac{2x^2+2x+1-x(x+1)}{x(x+2)} < 0 \\ \Leftrightarrow & \dfrac{x^2+x+1}{x(x+1)} < 0. \end{array}$$
   On a $x+1 \to 0 \Leftrightarrow x \geq -1$.
   Par ailleurs, étudions du signe de x^2+x+1.
   Son discriminant vaut $\Delta = 1^2 - 4 \times 1 \times 1 = -3 < 0$.
   D'où, x^2+x+1 est toujours du signe de 1, c'est-à-dire strictement positif.

On en déduit alors le tableau de signe suivant :

x	$-\infty$		-1		0		$+\infty$
x^2+x+1		$+$	$\vert$	$+$	$\vert$	$+$	
x		$-$	$\vert$	$-$	0	$+$	
$x+1$		$-$	0	$+$	$\vert$	$+$	
$\dfrac{x^2+x+1}{x(x+1)}$		$+$	$\Vert$	$-$	$\Vert$	$+$	

D'où : $S =]-1, -0[$.
Remarque :
Attention à bien exclure -1 et 0 qui ne font pas partie de l'ensemble de définition de l'inéquation.

3. $D_{(I)} = \{x \in \mathbb{R}$ tel que $x^2 - 1 \neq 0$ et $x + 1 \neq 0\}$.
Or, $x^2 - 1 = 0 \Leftrightarrow x^2 = 1 \Leftrightarrow x = 1$ *ou* $x = -1$ et $x + 1 = 0 \Leftrightarrow x = -1$.
D'où $D_{(I)} = \mathbb{R} \setminus \{-1; 1\rangle$.
Soit $x \in \mathbb{R} \setminus \{-1; 1\rangle$.

$$\begin{aligned} & \frac{x+5}{x^2-1} > \frac{2}{x+1} \\ \Leftrightarrow \quad & \frac{x+5}{x^2-1} - \frac{2}{x+1} > 0 \\ \Leftrightarrow \quad & \frac{x+5}{(x+1)(x-1)} - \frac{2}{x+1} > 0 \ . \\ \Leftrightarrow \quad & \frac{x+5-2(x-1)}{(x+1)(x-1)} > 0 \\ \Leftrightarrow \quad & \frac{-x+7}{x^2-1} > 0 \end{aligned}$$

Or $x^2 - 1 \geq 0 \Leftrightarrow x \in]-\infty, -1] \cup [1, +\infty[$, car $x^2 - 1$ est une équation du second degré qui a pour racines 1 et -1 et qui prend donc des valeurs négatives à l'extérieur des racines.
Par ailleurs, $-x + 7 \geq 0 \Leftrightarrow x \leq 7$.

On obtient alors le tableau suivant :

x	$-\infty$		-1		1		7		$+\infty$
$-x+7$		$+$	0	$+$	$\vert$	$+$	$\vert$	$-$	
x^2-1		$+$	$\vert$	$-$	0	$+$	0	$+$	
$\dfrac{-x+7}{x^2-1}$		$+$	$\Vert$	$-$	$\Vert$	$+$	0	$-$	

D'où : $S =]-\infty; -1[\cup]1; 7[$.

Partie II.
Savoirs fondamentaux étudiés en spécialité maths et dans l'option maths complémentaires, à maîtriser pour réussir en ECG

Chapitre 6

Fonctions usuelles

Il est capital de connaître parfaitement le domaine de définition, la représentation graphique et les propriétés des fonctions présentées dans ce chapitre, fonctions qui interviendront tout au long de l'année dans les chapitres d'analyse en ECG.

Sommaire

6.1 Rappel de cours

6.1.1 Fonction carrée

Définition

La fonction **carrée** $x \mapsto x^2$ est définie sur $\mathbb{R}$.

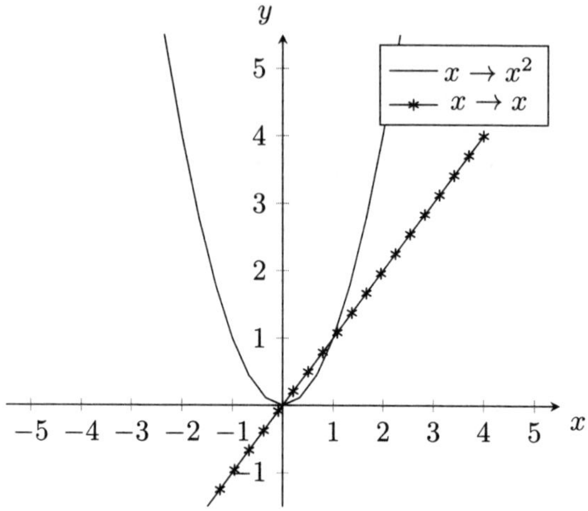

Propriétés

1. Pour tout $x \in \mathbb{R}$, $x^2 \geq 0$.
2. Pour tout $x \in [0;1]$, $x^2 \leq x$.
3. Pour tout $x \geq 1$, $x \leq x^2$.

Remarque

Les propriétés de la fonction carrée présentées ci-dessus se retrouvent facilement en ayant en tête la représentation graphique de cette fonction. De manière générale, les représentations graphiques des fonctions usuelles sont le meilleur moyen de retrouver les propriétés classiques de ces fonctions.

6.1.2 Fonction inverse

Définition

La fonction **inverse** $x \mapsto \dfrac{1}{x}$ est définie sur $\mathbb{R} \setminus \{0\}$.

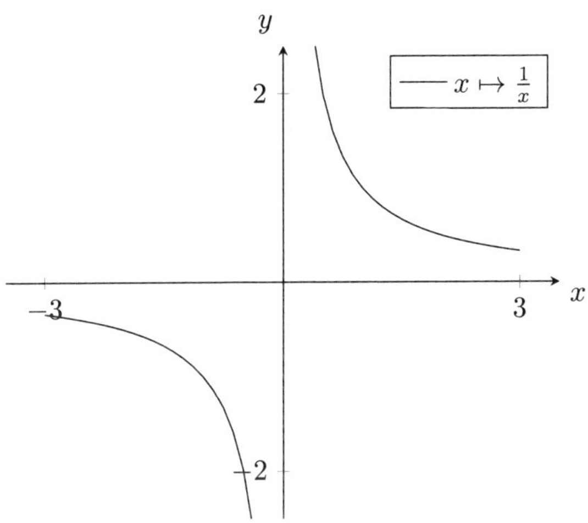

6.1.3 Racine carrée

Définition

La fonction **racine carré** $x \to \sqrt{x}$ est définie sur $[0, +\infty[$.

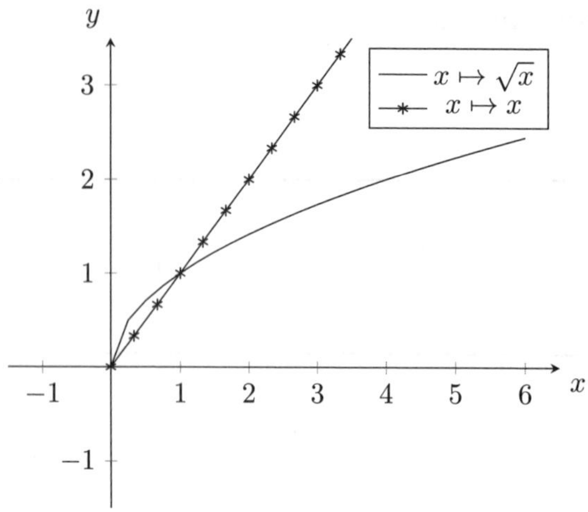

Proposition

1. Pour tout $x \in [0;1]$, $\sqrt{x} \geq x$.
2. Pour tout $x \geq 1$, $\sqrt{x} \leq x$.

Proposition

1. Pour tout $x \in \mathbb{R}^+$, $\sqrt{x} \geq 0$.
2. Pour tout $x \in \mathbb{R}^+$, $(\sqrt{x})^2 = x$.

6.1.4 Logarithme népérien

Définition

La fonction **logarithme**, notée ln, est définie sur $]0, +\infty[$.

Attention, 0 est exclu de l'ensemble de définition !

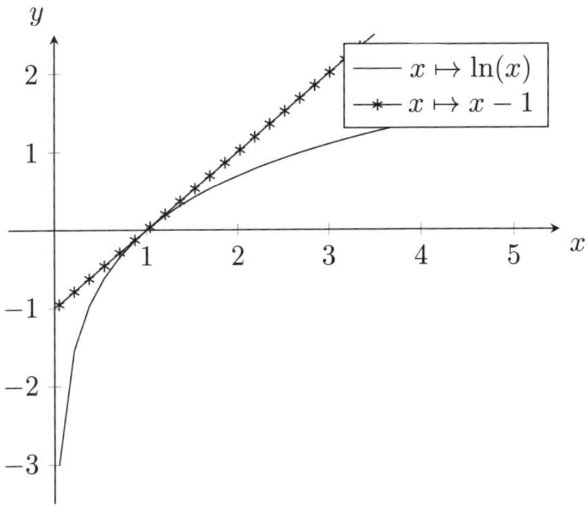

Propriétes (À connaître parfaitement)

Soient $a \in \mathbb{R}_+^*$ et $b \in \mathbb{R}_+^*$. On a :

- $\ln(ab) = \ln(a) + \ln(b)$.
- $\ln\left(\frac{a}{b}\right) = \ln(a) - \ln(b)$.

Conséquences

- $\ln\left(\frac{1}{a}\right) = -\ln(a)$.
- Pour tout $n \in \mathbb{Z}$, $\ln(a^n) = n\ln(a)$.
- $\ln(\sqrt{a}) = \frac{1}{2}\ln(a)$.

Erreurs à éviter

De manière générale, $\frac{\ln(a)}{\ln b} \neq \ln\left(\frac{a}{b}\right)$ et $\ln(a+b) \neq \ln(a) + \ln(b)$.

Exemple 6.1

En utilisant les propriétés du logarithme, on peut écrire :

$\ln\left(\frac{192}{108}\right) = \ln\left(\frac{16}{9}\right) = \ln(16) - \ln(9) = \ln(2^4) - \ln(3^2) = 4\ln(2) - 2\ln(3)$.

6.1.5 Exponentielle

Définition

La fonction **exponentielle**, notée exp, est définie sur $\mathbb{R}$.

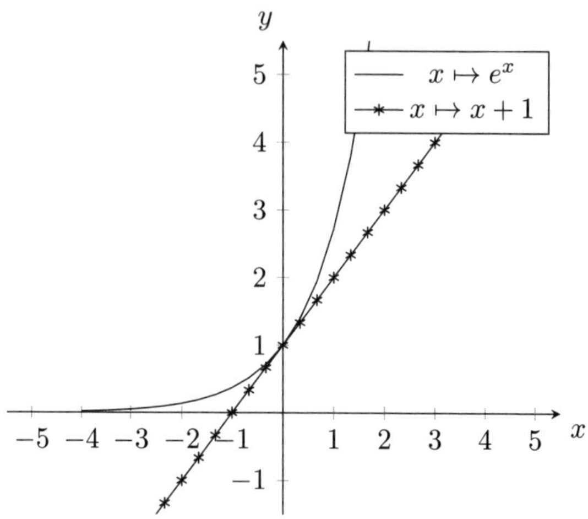

Remarque

$\exp(0) = 1$ et $\exp(1) = e^1 = e \approx 2,718$.

Proposition

1. Pour tout $x \in \mathbb{R}$, $e^x > 0$.
2. Pour tout $x \in \mathbb{R}$, $e^x \geq x + 1$ (cf. représentation graphique).

Proposition

La fonction exponentielle est la fonction réciproque de la fonction logarithme népérien vu précédemment :

$$\text{pour tout } x \in \mathbb{R} \text{ et pour tout } y \in \mathbb{R}_+^* \quad e^x = y \Leftrightarrow x = \ln y.$$

Autrement dit :

Pour tout $x \in \mathbb{R}_+^*$, $e^{\ln x} = x$.

Pour tout $x \in \mathbb{R}$, $\ln e^x = x$.

Propriétes (À connaître parfaitement)

1. Soient $a \in \mathbb{R}$ et $b \in \mathbb{R}$. On a :
   - $e^{a+b} = e^a \times e^b$.
   - $\dfrac{e^a}{e^b} = e^{a-b}$.

   Conséquences
   - $\dfrac{1}{e^a} = e^{-a}$.
   - Pour tout $n \in \mathbb{Z}$, $(e^a)^n = e^{an}$.

Erreurs à éviter

De manière générale, $e^a + e^b \neq e^{a+b}$.

Remarque

Ce qu'il faut retenir c'est que le logarithme transforme le produit en somme. Et inversement l'exponentielle transforme la somme en produit.

6.1.6 Valeur absolue

Vous avez normalement abordé cette fonction en première spécialité maths, même si cela a sans doute été fait de manière très succincte.

Définition

La fonction **valeur absolue** est la fonction définie sur $\mathbb{R}$ par

$$f : x \mapsto |x| = \begin{cases} x & \text{si } x \geq 0 \\ -x & \text{si } x < 0 \end{cases}$$

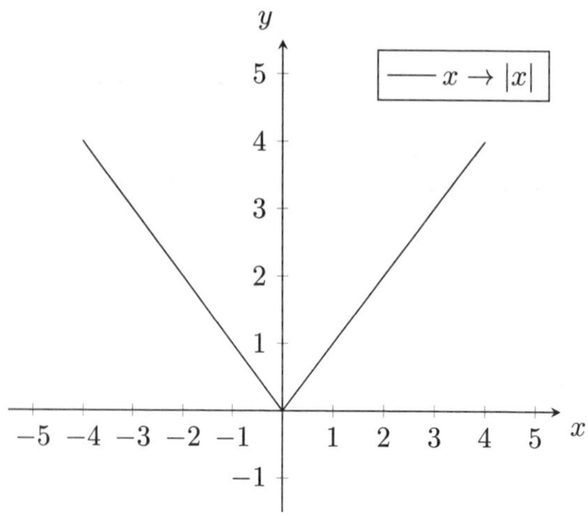

Exemple 6.2
$|3,2| = 3.2 \quad |-10| = 10, \quad |0| = 0.$

6.2 Méthodes

6.2.1 Équation avec des logarithmes

Méthode

Soit $x \in \mathbb{R}$. Dans le cadre du cours, on sait résoudre deux types d'équations, dont on précise la forme générale ci-dessous, sous réserve d'existence :

- $\ln(f(x)) = a \Leftrightarrow f(x) = \exp(a)$
- $\ln(f(x)) = \ln(g(x)) \Leftrightarrow f(x) = g(x)$.

Attention, les équations faisant intervenir du logarithme nécessitent de bien étudier l'ensemble de définition de l'équation.

Remarques

1. Il faut parfois utiliser les propriétés du logarithme pour se ramener à une expression du type $\ln(f(x)) = a$ ou du type $\ln(f(x)) = \ln(g(x))$.
Exemple : $\ln(2x) + \ln(-3x+1) = 1 \Leftrightarrow \ln(2x \times (-3x+1)) = 1 \Leftrightarrow \ln(-6x^2 + 2x) = 1$.
2. Attention à ne pas utiliser des propriétés qui n'existent pas, juste parce qu'elles vous arrangent.

Exemple 6.3
Résoudre l'équation (E) : $\ln(x^2 - 3) + 5 = 0$.

1) Ensemble de définition
Il faut que $x^2 - 3 > 0$ pour que $\ln(x^2 - 3)$ soit bien définie, car le logarithme est défini sur $]0, +\infty[$.
Or $x^2 - 3 > 0 \Leftrightarrow x^2 > 3 \Leftrightarrow x < -\sqrt{3}$ ou $x > \sqrt{3}$.
D'où

$$D_{(E)} = \left]-\infty; -\sqrt{3}\right[\cup \left]\sqrt{3}; +\infty\right[.$$

2) Résolution de l'équation
Soit $x \in D_{(E)}$

$$\begin{aligned} & \ln(x^2 - 3) = -5 \\ \Leftrightarrow\ & x^2 - 3 = e^{-5} \\ \Leftrightarrow\ & x^2 = e^{-5} + 3 \\ \Leftrightarrow\ & x = \sqrt{e^{-5} + 3} \quad \text{ou} \quad x = -\sqrt{e^{-5} + 3} \end{aligned}$$

Remarque : $x^2 = e^{-5} + 3$ *a des solutions car* $e^{-5} + 3 \geq 0$.
3) Conclusion
Comme, $e^{-5} > 0$, on a $e^{-5} + 3 > 3$ et donc $\sqrt{e^{-5} + 3} > \sqrt{3}$.
D'où, $\sqrt{e^{-5} + 3} \in D_{(E)}$ et $-\sqrt{e^{-5} + 3} \in D_{(E)}$.
D'où

$$S = \left\{-\sqrt{e^{-5} + 3}, \sqrt{e^{-5} + 3}\right\}.$$

4) Vérification
Pensez à vérifier à la fin vos solutions.

6.2.2 Équation avec des exponentielles

Méthode

Soit $x \in \mathbb{R}$.
En composant par le logarithme, on sait résoudre deux types d'équations, sous réserve d'existence :

- $e^{f(x)} = a \Leftrightarrow f(x) = \ln(a)$, avec $a > 0$,
  sinon il n'y a pas de solution, car une exponentielle est toujours strictement positive.
- $e^{f(x)} = e^{g(x)} \Leftrightarrow f(x) = g(x)$.

Remarques

1. Il faut parfois utiliser les propriétés de l'exponentielle pour se ramener à une expression du type $e^{f(x)} = a$ ou du type $e^{f(x)} = e^{g(x)}$.
   Exemple : $e^{2x} \times e^{-3x+x^2} = 1 \Leftrightarrow e^{2x-3x+x^2} = 1 \Leftrightarrow e^{x^2-x} = 1$.
2. Attention à ne pas écrire des choses du type :
   $$e^{2x} - e^{x^2} = 2 \Leftrightarrow 2x - x^2 = \ln(2)$$
   qui est **faux**.
   En effet, cela sous-entend que vous affirmez que
   $$\ln(e^{2x} - e^{x^2}) = 2x - x^2,$$
   ce qui est faux, car il n'existe pas de propriétés du logarithme pour la somme ou la différence de termes.

Exemple 6.4
Résoudre l'équation $(E) : e^{2x} = 2$.

1) Ensemble de définition de (E)
$D_{(E)} = \mathbb{R}$.
2) Résolution de l'équation
Soit $x \in D_{(E)}$.

$$\begin{aligned}
& e^{2x} = 2 \\
\Leftrightarrow\ & \ln(e^{2x}) = \ln(2) \\
& \textit{on peut composer par le logarithme car tous les termes sont positifs} \\
\Leftrightarrow\ & 2x = \ln(2) \\
& \textit{on est ramené à une équation classique sans exponentielle} \\
\Leftrightarrow\ & x = \frac{\ln(2)}{2}.
\end{aligned}$$

3) Conclusion
$S = \left\{ \dfrac{\ln(2)}{2} \right\}.$

4) Vérification
$e^{2\times\frac{\ln(2)}{2}} = e^{\ln(2)} = 2.$

6.3 Pour s'entraîner

6.3.1 Exercices

Exercice 6.1
En admettant que toutes les quantités sont bien définies, déterminer parmi les assertions suivantes, celles qui sont vraies et celles qui sont fausses et corriger celles qui sont fausses.

1. $e^{a\times b} = e^a \times e^b$.
2. $\ln\left(\frac{a}{b}\right) = \ln a - \ln b$.
3. $b\exp(a) = \exp(a^b)$.
4. $e^a + e^b = e^{a+b}$.
5. $\dfrac{e^a}{e^b} = e^{a-b}$.
6. $\ln x$ existe ssi $x \geqslant 0$.
7. $\ln(a+b) = \ln a + \ln b$.

Exercice 6.2
a

1. Exprimer uniquement à l'aide de $\ln(2)$ les quantités suivantes :

   (a) $\ln 8$. (b) $\ln(\sqrt{2})$. (c) $\ln 6 - \ln 3$. (d) $\ln(2e^2)$.

2. En admettant que toutes les quantités sont bien définies, simplifier les lorsque c'est possible :

   (a) $\dfrac{e^{x^2}}{(e^x)^2}$.
   (b) $\dfrac{e^{x^2+2x}}{e^{(x+1)^2}}$.
   (c) $\dfrac{\ln(2x)}{\ln x}$.
   (d) $e^{2\ln x}$.
   (e) $\ln(2x) - \ln x$.
   (f) $\ln\left(\dfrac{1}{x^2}\right)$.
   (g) $\ln(\sqrt{3}+\sqrt{2}) + \ln(\sqrt{3}-\sqrt{2})$.
   (h) $\ln(\mathrm{e}^2\sqrt{\mathrm{e}}) + \ln\left(\frac{1}{\mathrm{e}}\right)$.
   (i) $\dfrac{\ln(\mathrm{e}^5)}{\ln(\mathrm{e}^3)}$.
   (j) $\sqrt{\mathrm{e}^{2x}} \cdot \mathrm{e}^{-x}$.

3. Simplifier chaque expression sous la forme proposée :

   (a) $A = \dfrac{\sqrt{e^{5x+3}}}{e^{3x} \times e^{-3x+1}}$ sous la forme $A = e^y$ avec $y \in \mathbb{R}$.
   (b) $B = \ln\left(\frac{e^2 \times 24}{e^3} \times e^2\right)$ sous la forme $B = m + n\ln 2 + p\ln 3$ avec $m \in \mathbb{Z}$, $n \in \mathbb{Z}$ et $p \in \mathbb{Z}$.

Exercice 6.3
Résoudre dans $\mathbb{R}$ les équations ou inéquations suivantes :

1. $\ln(x^2-3) = -8$.
2. $e^{2x} - e^{x^2} = 0$.
3. $\ln(x) + \ln(x-1) = \ln(2) + 2\ln(3)$.
4. $\ln(\ln x) > 0$.

6.3.2 Corrigés

Solution 6.1

1. Faux : $e^{a+b} = e^a \times e^b$.
2. Vrai.
3. Faux : $b\ln(a) = \ln(a^b)$.
4. Faux : $e^a \times e^b = e^{a+b}$.
5. Vrai.
6. Faux : $\ln x$ existe ssi $x > 0$.
7. Faux : $\ln(ab) = \ln(a) + \ln(b)$.

Solution 6.2

1. (a) $\ln 8 = \ln(2^3) = 3\ln(2)$.
   (b) $\ln(\sqrt{2}) = \ln(2^{\frac{1}{2}}) = \frac{1}{2}\ln(2)$.
   (c) $\ln 6 - \ln 3 = \ln(2\times 3) - \ln 3 = \ln 2 + \ln 3 - \ln 3 = \ln 2$.
   (d) $\ln(2e^2) = \ln 2 + \ln(e^2) = \ln 2 + 2\ln(e) = \ln 2 + 2$.
2. (a) $\dfrac{e^{x^2}}{(e^x)^2} = \dfrac{e^{x^2}}{e^{2x}} = e^{x^2-2x}$.
   (b) $\dfrac{e^{x^2+2x}}{e^{(x+1)^2}} = e^{x^2+2x-(x+1)^2} = e^{-1} = \dfrac{1}{e}$.
   (c) $\dfrac{\ln(2x)}{\ln x} = \dfrac{\ln 2 + \ln x}{\ln x} = \dfrac{\ln 2}{\ln x} + \dfrac{\ln x}{\ln x} = \dfrac{\ln 2}{\ln x} + 1$, mais on ne peut pas simplifier plus.

   Attention à ne surtout pas écrire $\dfrac{\ln(2x)}{\ln x} = \ln(2x - x)$.

   (d) $e^{2\ln x} = e^{\ln x^2} = x^2$.
   Attention à ne surtout pas écrire $e^{2\ln x} = 2x$.
   Pour simplifier une exponentielle et un logarithme, il faut qu'ils soient "accolés".
   (e) $\ln(2x) - \ln x = \ln\left(\dfrac{2x}{x}\right) = \ln 2$.
   (f) $\ln\left(\dfrac{1}{x^2}\right) = -\ln(x^2) = -2\ln(x)$.

(g) $\ln(\sqrt{3}+\sqrt{2})+\ln(\sqrt{3}-\sqrt{2}) = \ln\left((\sqrt{3}+\sqrt{2})(\sqrt{3}-\sqrt{2})\right)$
$= \ln\left((\sqrt{3})^2-(\sqrt{2})^2\right) = \ln(3-2) = \ln 1 = 0.$
Surprenant comme résultat, non ?

(h) $\ln(\mathrm{e}^2\sqrt{\mathrm{e}})+\ln\left(\frac{1}{\mathrm{e}}\right) = \ln(\mathrm{e}^2)+\ln\left(\sqrt{\mathrm{e}}\right)-\ln e = 2\ln e+\frac{1}{2}\ln e-\ln e$
$= 2+\frac{1}{2}-1 = \frac{3}{2}.$

(i) $\dfrac{\ln(\mathrm{e}^5)}{\ln(\mathrm{e}^3)} = \dfrac{5}{3}.$

(j) $\sqrt{\mathrm{e}^{2x}}\cdot\mathrm{e}^{-x} = \mathrm{e}^{\frac{1}{2}2x}\mathrm{e}^{-x} = \mathrm{e}^{x-x} = \mathrm{e}^0 = 1.$

3. a

(a) a

$$\begin{aligned} A &= \frac{\sqrt{e^{5x+3}}}{e^{3x}\times e^{-3x+1}} \\ &= \frac{(e^{5x+3})^{\frac{1}{2}}}{e^{(3x)+(-3x+1)}} \\ &= \frac{e^{\frac{1}{2}(5x+3)}}{e} \\ &= e^{\frac{1}{2}(5x+3)-1} \\ &= e^{\frac{5}{2}x+\frac{1}{2}} \end{aligned}$$

de la forme $A = e^y$ avec $y = \frac{5}{2}x+\frac{1}{2}$.

(b) a

$$\begin{aligned} B &= \ln\left(\tfrac{e^2\times 24}{e^3}\times e^2\right) \\ &= \ln\left(e^{2-3+2}\times 24\right) \\ &= \ln\left(e\times 24\right) \\ &= \ln e+\ln 24 \\ &= 1+\ln(4\times 6) \\ &= 1+\ln(4)+\ln(6) \\ &= 1+\ln(2^2)+\ln(2\times 3) \\ &= 1+2\ln(2)+\ln(2)+\ln(3) \\ &= 1+3\ln(2)+\ln(3) \end{aligned}$$

de la forme $B = m+n\ln 2+p\ln 3$ avec $m=1,\ n=3$ et $p=1$.

Solution 6.3

a

1. $D_{(E)} = \left\{x\in\mathbb{R}\ \text{ tels que }\ x^2-3>0\right\}$ afin que le logarithme soit bien défini.
On rappelle que le logarithme est défini sur $]0,+\infty[$.
Or $x^2-3>0 \Leftrightarrow x^2>3 \Leftrightarrow x<-\sqrt{3}$ *ou* $x>\sqrt{3}$.
D'où $D_{(E)} = \left]-\infty;-\sqrt{3}\right[\cup\left]\sqrt{3};+\infty\right[$.
Soit $x\in D_{(E)}$

$$\begin{aligned} & \ln(x^2-3) = -8 \\ \Leftrightarrow\ & e^{\ln(x^2-3)} = e^{-8} \\ \Leftrightarrow\ & x^2-3 = e^{-8} \\ \Leftrightarrow\ & x^2 = e^{-8}+3 \\ \Leftrightarrow\ & x = \sqrt{e^{-8}+3} \quad ou \quad x = -\sqrt{e^{-8}+3}. \end{aligned}$$

Comme $\sqrt{e^{-5}+8} > \sqrt{3}$, on a bien que $\sqrt{e^{-8}+3} \in D_{(E)}$ et $-\sqrt{e^{-8}+3} \in D_{(E)}$ (car $\sqrt{e^{-8}+3} > \sqrt{3} \Leftrightarrow -\sqrt{e^{-8}+3} < -\sqrt{3}$).
D'où : $S = \left\{-\sqrt{e^{-8}+3}, \sqrt{e^{-8}+3}\right\}$.

2. $D_{(E)} = \mathbb{R}$.
Soit $x \in D_{(E)}$.

$$\begin{aligned} & e^{2x} - e^{x^2} = 0 \\ \Leftrightarrow\ & e^{2x} = e^{x^2} \\ \Leftrightarrow\ & \ln(e^{2x}) = \ln(e^{x^2}) \\ & \textit{on peut composer par le logarithme car tous les termes sont positifs} \\ \Leftrightarrow\ & 2x = x^2 \\ \Leftrightarrow\ & x^2 - 2x = 0 \\ \Leftrightarrow\ & x(x-2) = 0 \\ \Leftrightarrow\ & x = 0 \quad ou \quad x = 2. \end{aligned}$$

D'où : $S = \{0; 2\}$.

3. $D_{(E)} = \{x \in \mathbb{R} \text{ tels que } x > 0 \text{ et } x-1 > 0\} =]1; +\infty[$.
Soit $x \in]1; +\infty[$.
On a :

$$\begin{aligned} & \ln(x) + \ln(x-1) = \ln(2) + 2\ln(3) \\ \Leftrightarrow\ & \ln(x(x-1)) = \ln(2) + \ln(3^2) \\ \Leftrightarrow\ & \ln(x(x-1)) = \ln(2 \times 9) \\ \Leftrightarrow\ & \ln(x(x-1)) = \ln(18) \\ \Leftrightarrow\ & x(x-1) = 18 \\ \Leftrightarrow\ & x^2 - x - 18 = 0 \end{aligned}$$

Le discriminant du trinôme $x^2 - x - 18$ vaut $\Delta = (-1)^2 - 4 \times 1 \times 18 = 1 + 72 = 73 > 0$.
D'où l'équation $x^2 - x - 18 = 0$ admet deux solution qui sont :

$$x_1 = \frac{1-\sqrt{73}}{2} \quad \text{et} \quad x_2 = \frac{1+\sqrt{73}}{2}.$$

Mais en encadrant $\sqrt{73}$, on voit que $x_2 \in D_E$ mais $x_1 \notin D_E$ (cf. méthode de la Sous-section 5.2.1).

D'où : $S = \left\{\dfrac{1+\sqrt{73}}{2}\right\}$.

4. $D_{(I)} = \{x \in \mathbb{R},\ \text{tel que } x > 0 \text{ et } \ln x > 0\}$.
En effet, il faut que $x > 0$ afin que $\ln x$ soit bien définie et que $\ln x > 0$ afin que $\ln(\ln x)$ soit bien définie.

Or $\ln x > 0 \Leftrightarrow e^{\ln x} > e^0 \Leftrightarrow x > 1$.
D'où $D_{(I)} =]1; +\infty[$.
Soit $x \in D_{(I)}$.
On a :

$$\begin{aligned}
& \ln(\ln x) > 0 \\
\Leftrightarrow \quad & e^{\ln(\ln x)} > e^0 \\
& \text{car la fonction exponentielle est strictement croissante sur } \mathbb{R} \\
\Leftrightarrow \quad & \ln x > 1 \\
\Leftrightarrow \quad & e^{\ln x} > e^1 \\
& \text{car la fonction exponentielle est strictement croissante sur } \mathbb{R} \\
\Leftrightarrow \quad & x > e.
\end{aligned}$$

D'où $S = D_{(I)} \cap]e; +\infty[=]1; +\infty[\cap]e; +\infty[=]e; +\infty[$, car $e > 1$.

Chapitre 7

Étude de fonctions

Ce chapitre est au cœur de la partie analyse du programme de mathématiques en ECG, le point principal étant l'étude des variations d'une fonction au moyen de la dérivation. L'étude de fonctions en ECG fera intervenir l'ensemble des chapitres précédents, qui doivent donc être maîtrisés parfaitement avant d'aborder celui-ci.

Sommaire

7.1 Rappel de cours

7.1.1 Définition

Définition (Fonction)

On dit que f est une **fonction** d'une variable réelle s'il existe un sous-ensemble I de $\mathbb{R}$ tel que chaque nombre $x \in I$ possède une **unique** image $f(x)$ qui est aussi un nombre réel.
On note $f : \begin{cases} I & \rightarrow & \mathbb{R} \\ x & \mapsto & f(x) \end{cases}$.
L'ensemble I, des nombres réels qui possèdent une image par f, est appelé **ensemble de définition** de f, noté traditionnellement $\mathcal{D}_f$.

7.1.2 Variation d'une fonction, minimum, maximum

Définition (Monotonie)

Soit f une fonction définie sur un intervalle I.
On dit que :

1. f est **croissante** sur I lorsque, pour tout $(x_1, x_2) \in I^2$, $x_1 \leqslant x_2 \Rightarrow f(x_1) \leqslant f(x_2)$.
2. f est **décroissante** sur I lorsque, pour tout $(x_1, x_2) \in I^2$, $x_1 \leqslant x_2 \Rightarrow f(x_1) \geqslant f(x_2)$.
3. f est **strictement croissante** sur I lorsque, pour tout $(x_1, x_2) \in I^2$, $x_1 < x_2 \Rightarrow f(x_1) < f(x_2)$.
4. f est **strictement décroissante** sur I lorsque, pour tout $(x_1, x_2) \in I^2$, $x_1 < x_2 \Rightarrow f(x_1) > f(x_2)$.

Une fonction est **monotone** sur un intervalle si elle est croissante ou décroissante sur cet intervalle.

Exemple 7.1
La fonction carrée est strictement décroissante sur $\mathbb{R}^-$ et strictement croissante sur $\mathbb{R}^+$.
Par conséquent, elle n'est pas monotone sur $\mathbb{R}$.

Définition (Maximum-Minimum)

Soit f une fonction définie sur intervalle I et x_0 un élément de I.

On dit que f admet un **maximum** (resp. **minimum**) en x_0 sur I si

$$\text{pour tout } x \in I, f(x) \leqslant f(x_0) \quad (\text{resp.} f(x) \geqslant f(x_0).$$

On note $\underset{x\in I}{max} f(x) = f(x_0)$ (resp. $\min_{x\in I} f(x) = f(x_0)$).

Un **extremum** désigne un maximum ou un minimum.

Remarques

- On parle toujours du minimum ou du maximum d'une fonction **relativement à un intervalle donné**.
  Le minimum ou le maximum d'une fonction dépend en effet de l'intervalle sur lequel on se place.
- Il n'y a pas nécessairement existence du minimum ou du maximum d'une fonction sur un intervalle, car le minimum ou le maximum d'une fonction **doit être une valeur prise par la fonction**.
  Ainsi, la fonction carré n'admet pas de maximum sur $\mathbb{R}$, car elle peut prendre des valeurs aussi grandes que l'on veut sur $\mathbb{R}$.

Exemple 7.2
Le minimum de la fonction carré sur $\mathbb{R}$ est 0, car pour tout $x \in \mathbb{R}$, $x^2 \geq 0$ et la valeur 0 est atteinte en 0.

Le maximum de la fonction carré sur $[-1, 1]$ est 1, car pour tout $x \in \mathbb{R}$, $x^2 \leq 1$ et la valeur 1 est atteinte en 1 par exemple.

Le maximum de la fonction carré sur $[-2, 2]$ est 4, car pour tout $x \in \mathbb{R}$, $x^2 \leq 4$ et la valeur 2 est atteinte en -2 par exemple.

7.1.3 Un outil puissant : la dérivation

Soit I un intervalle de $\mathbb{R}$ et $f : I \to \mathbb{R}$ une fonction.

Définition (Taux d'accroissement et dérivée en un point)

- Le **taux de variation** de la fonction f entre $a \in I$ et $x \in I$ est le quotient
$$\frac{f(x) - f(a)}{x - a}.$$

- f est **dérivable** en a et on note cette dérivée $f'(a)$ si la limite suivante existe et est finie :
$$f'(a) = \lim_{x \to a} \frac{f(x) - f(a)}{x - a}.$$

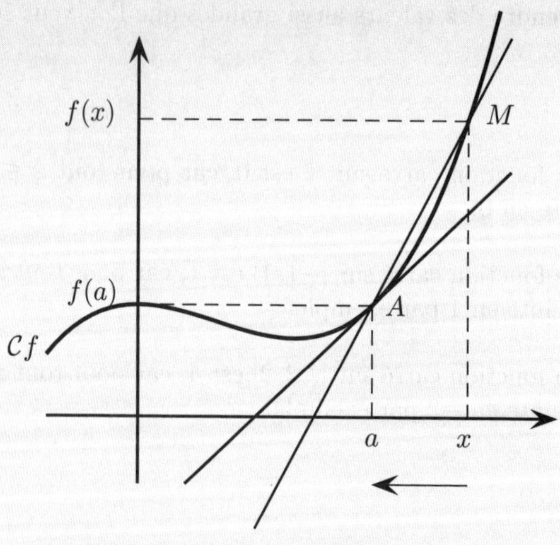

FIGURE 7.1 – Lorsque x tend vers a, le point M tend vers le point A, et la corde (AM) "tend vers" la tangente à $\mathcal{C}_f$ en A. Le nombre dérivé $f'(a)$ est le coefficient directeur de la tangente à $\mathcal{C}_f$ au point d'abscisse a.

Définition (Tangente)

Sot f une fonction dérivable en a.

On appelle **tangente** à la courbe représentative de f au point d'abscisses $x = a$, la droite d'équation

$$y = f'(a)(x - a) + f(a).$$

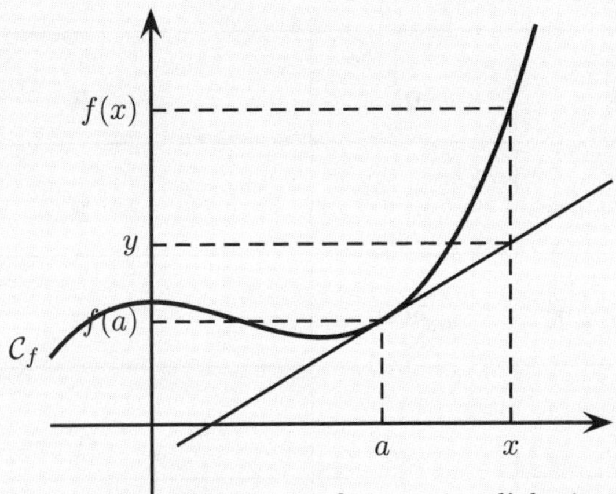

FIGURE 7.2 – Tangente à $\mathcal{C}_f$ au point d'abscisse a.

Définition (Fonction dérivée)

Soit f une fonction dérivable en tout point x d'un intervalle I.
Alors la fonction qui à x associe $f'(x)$ est appelé **fonction dérivée** de f sur I.

Le tableau suivant contient les dérivées de fonctions usuelles.

Il est impératif de connaître ce tableau par cœur (dérivée mais aussi ensemble de définition).

D_f	**Fonction** f	**Fonction** f'	**Ensemble de définition de** f'
$\mathbb{R}$	k	0	$\mathbb{R}$
$\mathbb{R}$	$ax+b$	a	$\mathbb{R}$
$\mathbb{R}$	$x^n,\ n \in \mathbb{N}$	nx^{n-1}	$\mathbb{R}$
$\mathbb{R}^*$	$\frac{1}{x}$	$-\frac{1}{x^2}$	$\mathbb{R}^*$
$\mathbb{R}_+$	$\sqrt{x}$	$\frac{1}{2\sqrt{x}}$	$\mathbb{R}_+^*$
$\mathbb{R}_+^*$	$\ln(x)$	$\frac{1}{x}$	$\mathbb{R}_+^*$
$\mathbb{R}$	e^x	e^x	$\mathbb{R}$

Remarques

- À noter que l'on a toujours $D_{f'} \subset D_f$, car pour parler de la dérivée de f en un point il faut d'abord que la fonction existe en ce point.
- **À l'exception de la fonction racine carrée** (qui n'est pas dérivable en 0), les autres fonctions usuelles citées ci-dessus sont dérivables sur leur ensemble de définition.

Proposition (Opérations sur les dérivées)

Soient u et v sont deux fonctions définies et dérivables sur un même intervalle I.

Fonction	**Dérivée**	**Domaine de dérivation**
$u+v$	$u'+v'$	I
$k\times u,\ k\in\mathbb{R}$	$k\times u'$	I
$u\times v$	$u'\times v+u\times v'$	I
$\dfrac{u}{v}$	$\dfrac{u'\times v-u\times v'}{v^2}$	$I\setminus\{x,\ v(x)=0\}$
u^2	$2\times u'\times u$	I
$\dfrac{1}{u}$	$-\dfrac{u'}{u^2}$	$I\setminus\{x,\ u(x)=0\}$
e^u	$u'\ e^u$	I
$\ln(u)$	$\dfrac{u'}{u}$	$I\cap\{x,\ u(x)>0\}$
$u(ax+b),\ (a,b)\in\mathbb{R}^2$	$au'(ax+b)$	I

Théorème (Dérivation et monotonie)

Soit f une fonction définie et dérivable sur un **intervalle** I. Si :

1. f' est nulle sur l'intervalle I, alors f est constante sur I.
2. $f'>0$ sur l'intervalle I, alors f est strictement croissante sur I.
3. $f'<0$ sur l'intervalle I, alors f est strictement décroissante sur I.

Remarque

Les deux derniers points restent vrais si $f'(x)=0$ **pour un nombre fini** de valeurs de x, comme par exemple pour la fonction cube dont la dérivée s'annule en 0 et qui pourtant est strictement croissante sur $\mathbb{R}$.

Erreurs à éviter

Attention, il est nécessaire de considérer **un intervalle** pour appliquer le théorème précédent, sinon il peut être faux, comme par exemple pour la fonction inverse qui n'est pas strictement décroissante sur $\mathbb{R}^*$ ($-3 < 2$ mais $-1/3 < 1/2$), alors même que sa dérivée est strictement négative $\mathbb{R}^*$. Le problème c'est que $\mathbb{R}^*$ n'est pas un intervalle, mais l'union de deux intervalles qui sont $\mathbb{R}_+^*$ et $\mathbb{R}_-^*$ (en effet $\mathbb{R}^* = \mathbb{R}_-^* \cup \mathbb{R}_+^*$).
On peut par contre affirmer que la fonction inverse est décroissante sur $\mathbb{R}_+^*$ et qu'elle est décroissante sur $\mathbb{R}_-^*$

7.2 Méthodes

7.2.1 Déterminer l'ensemble de définition d'une fonction

Méthode

Il est important de savoir donner l'ensemble de définition d'une fonction. Pour cela il faut faire attention à trois points :

1. $\dfrac{*}{\Delta}$ existe si et seulement si $\Delta \neq 0$.
2. $\ln(*)$ existe si et seulement si $* > 0$, car le logarithme est défini sur $\mathbb{R}_+^*$.
3. $\sqrt{*}$ existe si et seulement si $* \geq 0$, car la racine carrée est définie sur $\mathbb{R}_+$.

Exemple 7.3
Voici quelques exemples de recherche de domaine de définition.

⋆ $f : x \mapsto \dfrac{x-1}{x+3}$.
On a $\mathcal{D}_f = \{x \in \mathbb{R},\ x+3 \neq 0\}$.
Or, $x+3 = 0 \Leftrightarrow x = -3$.
D'où $\mathcal{D}_f = \mathbb{R} \setminus \{-3\}$.

⋆ $f : x \mapsto \sqrt{x^2+x+1}$.
On a $\mathcal{D}_f = \left\{x \in \mathbb{R},\ x^2+x+1 \geq 0\right\}$.
On étudie alors le signe du trinôme du second degré x^2+x+1.
Son discriminant vaut $\Delta = -3 < 0$.
D'où x^2+x+1 est toujours du signe de 1, c'est-à-dire positif.
Donc, pour tout $x \in \mathbb{R}, x^2+x+1 \geq 0$.
D'où $\mathcal{D}_f = \mathbb{R}$.

⋆ $f : x \mapsto \ln(x+4)$.
On a $\mathcal{D}_f = \{x \in \mathbb{R},\ x+4>0\}$.
Or, $x+4>0 \Leftrightarrow x>-4$.
D'où $\mathcal{D}_f =]-4;+\infty[$.

7.2.2 Dériver à l'aide des opérations usuelles

Méthode

1. Donner l'ensemble de définition de la fonction.
2. Repérer la forme de la fonction (somme, produit ou quotient de fonctions usuelles).
3. Appliquer la formule de dérivation associée et la justifier par une phrase.

Remarque

Lorsque vous avez à dériver des sommes, produits, quotients de fonctions usuelles, je vous invite à toujours identifier rapidement u et v et à écrire la formule de dérivation au brouillon, puis à retranscrire le résultat sur votre copie, et ce afin d'éviter des erreurs de calculs.

Voici trois exemples rédigés pour la somme, le produit et le quotient.
Je vous invite à bien retenir les phrases justificatives et à rédiger ainsi lorsque l'on vous demande de dériver une fonction.

Exemple 7.4
Étudier la dérivabilité de $f : x \mapsto e^x + \sqrt{x}$.

$D_f = \mathbb{R}_+$.
f est dérivable sur $\mathbb{R}_+^*$ par somme de fonctions dérivables sur $\mathbb{R}_+^*$ (car attention $x \mapsto \sqrt{x}$ est dérivable uniquement sur $\mathbb{R}_+^*$) et, pour tout $x \in \mathbb{R}_+^*$,

$$f'(x) = e^x + \frac{1}{2\sqrt{x}}.$$

Exemple 7.5
Étudier la dérivabilité de $f : x \mapsto xe^x$.

$D_f = \mathbb{R}$.
f est dérivable sur $\mathbb{R}$ par produit de fonctions dérivables sur $\mathbb{R}$ et, pour tout $x \in \mathbb{R}$,

$$f'(x) = 1 \times e^x + x \times e^x.$$

Exemple 7.6
Étudier la dérivabilité de $f : x \mapsto \dfrac{x}{x+2}$.

$D_f = \{x \in \mathbb{R} \text{ tels que } x+2 \neq 0\} = \mathbb{R} \setminus \{-2\}$.
f est dérivable sur $\mathbb{R} \setminus \{-2\}$ par quotient de fonctions dérivables sur $\mathbb{R} \setminus \{-2\}$ **dont le dénominateur ne s'annule pas sur** $\mathbb{R} \setminus \{-2\}$.
C'est important d'écrire cette phrase : c'est parce que $x+2 \neq 0$ sur $\mathbb{R} \setminus \{-2\}$ que le quotient est dérivable sur $\mathbb{R} \setminus \{-2\}$.
Et, pour tout $x \in \mathbb{R} \setminus \{-2\}$,

$$f'(x) = \frac{1 \times (x+2) - x \times 1}{(x+2)^2} = \frac{2}{(x+2)^2}.$$

7.2.3 Dériver une fonction composée

Méthode

- Toute fonction de la forme $x \mapsto \exp(u(x))$ est dérivable sur tout intervalle sur lequel u est définie et dérivable.
- Toute fonction de la forme $x \mapsto \ln(u(x))$ est dérivable sur tout intervalle sur lequel u est définie, **strictement positive** et dérivable.

Exemple 7.7
Étudier la dérivabilité de $f : x \mapsto e^{x^2+1}$.

$D_f = \mathbb{R}$.
f est dérivable sur $\mathbb{R}$, par composition de fonctions dérivables sur $\mathbb{R}$, et pour tout $x \in \mathbb{R}$, $f'(x) = 2xe^{x^2+1}$.

Remarque : l'exponentielle étant dérivable sur tout $\mathbb{R}$, ici il n'y a pas besoin de plus de justifications.

Exemple 7.8
Étudier la dérivabilité de $f : x \mapsto \ln(x+1)$.

$D_f =]-1; +\infty[$.
f est dérivable sur $]-1; +\infty[$, car de la forme $\ln(u)$ avec $u : x \mapsto= x+1$ dérivable et strictement positive sur $]-1; +\infty[$.
Et, pour tout $x \in]-1; +\infty[$,

$$f'(x) = \frac{u'(x)}{u(x)} = \frac{1}{x+1}.$$

7.2.4 Recherche du minimum/maximum sur un intervalle

Méthode

Pour trouver le minimum ou le maximum d'une fonction, on étudie ses variations, en passant généralement par la dérivation et en concluant grâce au tableau de variation.

Exemple 7.9
Déterminer le minimum de la fonction $g : x \to e^x - (x+1)$ sur $\mathbb{R}$.

g est dérivable sur $\mathbb{R}$, car somme de fonctions usuelles dérivables sur $\mathbb{R}$ et pour tout $x \in \mathbb{R}$, $g'(x) = e^x - 1$.
Soit $x \in \mathbb{R}$, $e^x - 1 \geq 0 \Leftrightarrow e^x \geq 1 \Leftrightarrow x \geq 0$.
D'où le tableau de variation suivant :

x	$-\infty$		0		$+\infty$
$g'(x)$		$-$	0	$+$	
g		↘	0	↗	

D'où g admet sur $\mathbb{R}$ un minimum atteint en 0 et qui vaut 0.
Remarque : en particulier, pour tout $x \in \mathbb{R}$, $g(x) \geqslant 0$.

7.2.5 Monotonie des fonctions usuelles et encadrement

Méthode

Lorsque l'on souhaite montrer une inégalité entre deux expressions faisant intervenir des fonctions usuelles, on peut partir d'une inégalité que l'on sait vraie et composer par les fonctions usuelles intervenant dans l'expression, en faisant attention à leur monotonie (afin de savoir si on doit changer le sens des inégalités ou non) pour en déduire une nouvelle inégalité.

Exemple 7.10

Montrer que, pour tout $x \geq 0$, $\sqrt{\dfrac{1}{x+3}} \leq \sqrt{\dfrac{1}{x+1}}$.

Soit $x \geq 0$. On a :
$0 < x+1 \leq x+3$
$\Rightarrow \dfrac{1}{x+3} \leq \dfrac{1}{x+1}$ car $x \mapsto \dfrac{1}{x}$ est décroissante sur $\mathbb{R}_+$
$\Rightarrow \sqrt{\dfrac{1}{x+3}} \leq \sqrt{\dfrac{1}{x+1}}$ car $x \mapsto \sqrt{x}$ est croissante sur $\mathbb{R}_+$.
Conclusion : pour tout $x \geq 0$, $\sqrt{\dfrac{1}{x+3}} \leq \sqrt{\dfrac{1}{x+1}}$.

Attention !
Cette méthode peut donner une inégalité bien plus grossière que l'inégalité demandée, ce n'est pas que l'on s'est trompé mais c'est juste que la méthode est grossière et qu'il faut donc en choisir une autre plus raffinée (cf. Sous-section 7.2.6).
Il faut par ailleurs bien justifier à chaque étape le sens des inégalités.

7.2.6 Démontrer des inégalités fonctionnelles

Méthode

Soit I un intervalle.
Montrer que, pour tout $x \in I$, $h(x) \leq g(x)$ équivaut à montrer que, pour tout $x \in I$, $h(x) - g(x) \leq 0$.
Et donc à étudier le signe sur I de la fonction $f : x \mapsto h(x) - g(x)$.

1. Soit de manière directe par encadrement.
2. Soit en dérivant f et en étudiant ses variations sur I.

Cette dernière méthode fonctionne toujours, mais elle peut parfois se révéler plus complexe que la première.
On regardera donc toujours rapidement si la première méthode permet de conclure simplement et, dans le cas contraire, on appliquera la deuxième méthode.

Remarque : si la fonction g (resp. h) est constante égale à un réel a, alors cela revient à montrer que h (resp. g) est majorée (resp. minorée) par a et, pour ce faire, on peut alors simplement déterminer le maximum (resp. minimum) de la fonction h (resp. g) sur I, dans le cas où il existe (cf. méthode Sous-section 7.2.4).

Remarque

Il y a des cas où on peut étudier directement le signe d'une fonction.

1. Si la fonction est un polynôme du premier ou second degré, je calcule les racines et je fais un tableau de signe.
2. Si la fonction se présente sous forme de quotient ou produit que je peux factoriser à l'aide de termes de degré un ou deux, je fais un tableau de signe en étudiant le signe de tous les facteurs.
3. Si la fonction est une différence de fractions, **je mets tout au même dénominateur** et je vois si je peux me ramener au cas précédent.
Exemple : $1 - \frac{1}{x} = \frac{x-1}{x}$ *et je fais ensuite un tableau avec le signe de* $x - 1$ *et celui de* x.

Exemple 7.11

Soit f la fonction définie sur $[1; +\infty[$ par $f(x) = \frac{x^2}{2x-1}$.
Montrer que pour tout $x \geq 1$, $f(x) \geq 1$.

Soit $x \geq 1$. $f(x) - 1 = \frac{x^2}{2x-1} - 1 = \frac{x^2 - 2x + 1}{2x-1} = \frac{(x-1)^2}{2x-1} \geq 0$.
En effet, le numérateur est un carré, donc est positif de manière évidente et, pour $x \geq 1$, $2x - 1 \geq 0$.
D'où, pour tout $x \geq 1$, $f(x) \geq 1$.
Remarque : on aurait aussi pu montrer que f *admet 1 comme minimum sur* $[1; +\infty[$ *en étudiant ses variations.*

Exemple 7.12

Montrer que, pour tout $x \in \mathbb{R}_+$, $\ln(1+x) \geq x - \frac{x^2}{2}$.

Montrer que pour tout $x \in \mathbb{R}_+$, $\ln(1+x) \geq x - \frac{x^2}{2}$ équivaut à montrer que pour tout $x \in \mathbb{R}_+$, $\ln(1+x) - (x - \frac{x^2}{2}) \geq 0$.

On définit sur $\mathbb{R}_+$ la fonction $f : x \mapsto \ln(1+x) - (x - \frac{x^2}{2}) = \ln(1+x) - x + \frac{x^2}{2}$ et on étudie son signe sur $\mathbb{R}_+$.

Pour cela on étudie d'abord les variations de f.
f est dérivable sur $\mathbb{R}_+$, car somme de fonctions dérivables sur $\mathbb{R}_+$, et pour tout $x \geq 0$,

$$f'(x) = \frac{1}{1+x} - 1 + 2x = \frac{x + 2x^2}{x+1} \geq 0$$

car $x \geq 0$.
D'où le tableau de variation suivant (avec $f(0) = 0$) :

x	0		$+\infty$
$f'(x)$	0	$+$	
f	0	$\nearrow$	

Ainsi le minimum de f sur $\mathbb{R}_+$ est atteint en 0 et vaut 0.
Autrement dit, pour tout $x \in \mathbb{R}_+$, $f(x) \geq 0$.
En conclusion, pour tout $x \in \mathbb{R}_+$, $\ln(1+x) - x + \dfrac{x^2}{2} \geq 0$.
Ce qui équivaut à, pour tout $x \in \mathbb{R}_+$, $\ln(1+x) \geq x - \dfrac{x^2}{2}$.

7.3 Pour s'entraîner

7.3.1 Exercices

Exercice 7.1
Déterminer l'ensemble de définition des fonctions suivantes et dériver les :

1. $f_1 : x \mapsto \ln\left(-x^2 - 2x + 3\right)$.
2. $f_2 : x \mapsto \dfrac{1}{\ln(2 - x^2)}$.
3. $f_3 : x \mapsto \dfrac{\ln(x^2+1)}{xe^{2x}}$.

Exercice 7.2
On considère les fonctions g et f, définies respectivement par :

$$g(x) = \ln(1+x^2) + \frac{2x^2}{1+x^2} - 2 \quad \text{et} \quad f(x) = x\ln(1+x^2) - 2x.$$

Ce problème a pour but d'étudier les variations de f.

1. Déterminer l'ensemble de définition de g et f.
2. Calculer $g(0)$ et $f(0)$.
3. Montrer que, pour tout $x \geq 0, g'(x) = \dfrac{2x(3+x^2)}{(1+x^2)^2}$.
4. En déduire le sens de variation de g sur $\mathbb{R}_+$.
5. Montrer que $f' = g$.

6. En admettant qu'il existe un unique $\alpha \in \mathbb{R}_+$ tel que $g(\alpha) = 0$, en déduire le tableau de variations de f sur $\mathbb{R}$.

Exercice 7.3

Montrer que pour tout $x \geqslant 0$, $(x-1)e^x + \dfrac{x^2e^x}{2} + 1 \geqslant 0$.

7.3.2 Corrigés

Solution 7.1

a

1. $D_{f_1} = \{x \in \mathbb{R},\ -x^2 - 2x + 3 > 0\}$,
car $D_{\ln} =]0; +\infty[$.
En calculant le discriminant du trinôme $-x^2 - 2x + 3$, on trouve que ses racines sont -3 et 1.
Comme le coefficient devant x^2 est $-1 < 0$, on en conclut que $-x^2-2x+3 > 0$ entre les racines (faire un tableau de signe si besoin).
D'où, $D_{f_1} =]-3; 1[$.

Par ailleurs, f_1 est de la forme $\ln u$, avec $u : x \mapsto -x^2 - 2x + 3$.
Or, u est dérivable et strictement positive sur D_{f_1}.
D'où f_1 est dérivable sur D_{f_1} et, pour tout $x \in D_{f_1}$,

$$f_1'(x) = \frac{u'(x)}{u(x)} = \frac{-2x-2}{-x^2-2x+3} = \frac{-(2x+2)}{-(x^2+2x-3)} = \frac{2x+2}{x^2+2x-3}.$$

2. $D_{f_2} = \{x \in \mathbb{R},\ 2 - x^2 > 0 \text{ et } \ln(2-x^2) \neq 0\}$,
afin que $\ln(2-x^2)$ soit bien défini et la fraction aussi.
Or,
   - $2 - x^2 > 0 \Leftrightarrow x^2 < 2 \Leftrightarrow -2 < x < 2$.
   - $\ln(2-x^2) = 0 \Leftrightarrow 2-x^2 = e^0 \Leftrightarrow 2-x^2 = 1 \Leftrightarrow x^2 = 1 \Leftrightarrow x = -1$ ou $x = 1$.

   D'où, $D_{f_2} =]-2; -1[\setminus \{-1; 1\} =]-2; -1[\cup]-1; 1[\cup]1; 2[$.
Par ailleurs, f_2 est de la forme $\dfrac{1}{u}$ avec $u : x \mapsto \ln(2-x^2)$.
Or, u est dérivable et ne s'annule pas sur D_{f_2}.
D'où, f_2 est dérivable sur D_{f_2} et pour tout $x \in D_{f_2}$,

$$f_2'(x) = -\frac{u'(x)}{(u(x))^2} = \frac{\frac{2x}{2-x^2}}{(\ln(2-x^2))^2} = \frac{2x}{(2-x^2)(\ln(2-x^2))^2}.$$

3. $D_{f_3} = \{x \in \mathbb{R},\ x^2 + 1 > 0 \text{ et } xe^{2x} \neq 0\}$.
Or :
   - $x^2 + 1 > 0$ est vrai pour tout réel.
   - $xe^{2x} = 0 \Leftrightarrow x = 0$ (car $e^{2x} > 0$).

D'où, $D_{f_3} = \mathbb{R}^*$.
Par ailleurs, f_3 est de la forme $\frac{u}{v}$, avec $u : x \mapsto \ln(x^2+1)$ et $v : x \mapsto xe^{2x}$ toutes deux dérivables sur $\mathbb{R}^*$, avec pour tout $x \in \mathbb{R}^*$, $u'(x) = \frac{2x}{x^2+1}$ et $v'(x) = e^{2x} + 2xe^{2x} = (1+2x)e^{2x}$.
De plus, v ne s'annule pas sur $\mathbb{R}^*$.
D'où, f_3 est dérivable sur $\mathbb{R}^*$, car quotient de fonctions dérivables sur $\mathbb{R}^*$ dont le dénominateur ne s'annule pas sur $\mathbb{R}^*$, et pour tout $x \in \mathbb{R}^*$,

$$\begin{aligned} f'(x) &= \frac{u'(x)v(x) - u(x)v'(x)}{(v(x))^2} \\ &= \frac{\frac{2x}{x^2+1} \times xe^{2x} - \ln(x^2+1) \times (1+2x)e^{2x}}{(xe^{2x})^2} \\ &= \frac{\frac{2x^2}{x^2+1} - \ln(x^2+1) \times (1+2x)}{x^2e^{2x}}. \end{aligned}$$

Solution 7.2

1. $D_g = \{x \in \mathbb{R},\ 1+x^2 > 0 \text{ et } 1+x^2 \neq 0\}$.
   Or $x^2 \geq 0$ pour tout $x \in \mathbb{R}$, d'où $1+x^2 \geq 1$ pour tout $x \in \mathbb{R}$.
   Les deux conditions sont donc toujours vérifiées pour tout x réel.
   D'où, $D_g = \mathbb{R}$.

   De même, $D_f = \{x \in \mathbb{R},\ 1+x^2 > 0\}$.
   D'où, $D_f = \mathbb{R}$.
2. $g(0) = \ln(1+0^2) + \frac{2\times 0^2}{1+0^2} - 2 = \ln(1) + 0 - 2 = 0 - 2 = -2$.
   $f(0) = 0 \times \ln(1+0^2) - 2 \times 0 = 0 + 0 = 0$.
3. Pour tout $x \geq 0$, $g(x)$ est de la forme $\ell(x) + m(x) + 2$ avec $\ell(x) = \ln(1+x^2)$ et $m(x) = \frac{2x^2}{1+x^2}$.
   ℓ est de la forme $\ln(u)$ avec $u : x \mapsto 1+x^2$.
   Or, u est dérivable sur $\mathbb{R}_+$ avec, pour tout $x \geq 0$ et $u'(x) = 2x$, et est strictement positive sur $\mathbb{R}_+$.
   D'où, ℓ est dérivable sur $\mathbb{R}_+$, par composition, et pour tout $x \geq 0$,

   $$\ell'(x) = \frac{u'(x)}{u(x)} = \frac{2x}{1+x^2}.$$

   Par ailleurs, m est de la forme $\frac{v}{w}$ avec, pour tout $x \in \mathbb{R}_+$, $v(x) = 2x^2$ et $w(x) = 1+x^2$.
   Or, v et w sont dérivables sur $\mathbb{R}_+$ avec, pour tout $x \geq 0$, $v'(x) = 4x$ et $w'(x) = 2x$, et de plus w ne s'annule pas sur $\mathbb{R}_+$.

D'où m est dérivable sur $\mathbb{R}_+$, comme quotient de fonctions dérivables sur $\mathbb{R}_+$ dont le dénominateur ne s'annule pas sur $\mathbb{R}_+$, et pour tout $x \in \mathbb{R}_+$,

$$m'(x) = \frac{v'(x)w(x) - v(x)w'(x)}{(w'(x))^2} = \frac{4x(1+x^2) - (2x) \times 2x^2}{(1+x^2)^2} = \frac{4x + 4x^3 - 4x^3}{(1+x^2)^2}.$$

Ainsi $m'(x) = \dfrac{4x}{(1+x^2)^2}$.

On en déduit que g est dérivable sur $\mathbb{R}_+$, car somme de fonctions dérivables sur $\mathbb{R}_+$ et, pour tout $x \geq 0$,

$$g'(x) = \ell'(x)+m'(x) = \frac{2x}{1+x^2}+\frac{4x}{(1+x^2)^2} = \frac{2x(1+x^2)+4x}{(1+x^2)^2} = \frac{2x+2x^3+4x}{(1+x^2)^2}.$$

Ainsi, $g'(x) = \dfrac{6x + 2x^3}{(1+x^2)^2}$.

Après factorisation, on en déduit que, pour tout $x \geq 0$, $g'(x) = \dfrac{2x(3+x^2)}{(1+x^2)^2}$.

4. Pour tout $x \geq 0$, $3 + x^2 > 0$ et $1 + x^2 > 0$.
   D'où le signe de g' est le même que celui de x.
   On a donc le tableau suivant :

x	0		$+\infty$
$g'(x)$	0	$+$	
g	-2	↗	

5. f est dérivable sur $\mathbb{R}$, car somme, produit et composées de fonctions dérivables sur $\mathbb{R}$ (on ne détaille pas autant que pour g ici), et pour tout $x \in \mathbb{R}$,
   $$f'(x) = 1 \times \ln(1+x^2) + x \times \frac{2x}{1+x^2} - 2 = \ln(1+x^2) + \frac{2x^2}{1+x^2} - 2 = g(x).$$
6. On admet qu'il existe un unique $\alpha \in \mathbb{R}_+$ tel que $g(\alpha) = 0$.
   On en déduit alors le tableau suivant :

x	0		α		$+\infty$
$f'(x)$		$-$	0	$+$	
f		↘	$f(\alpha)$	↗	

Solution 7.3

On définit sur $[0, +\infty[$ la fonction f par $f : x \mapsto (x-1)e^x + \dfrac{x^2e^x}{2} + 1$.

f est dérivable sur $[0, +\infty[$ (car produit et somme de fonctions dérivables sur $[0, +\infty[$) et, pour tout $x \in [0, +\infty[$,

$$f'(x) = e^x + e^x\,(x-1) + xe^x + + \frac{1}{2}x^2e^x = \frac{xe^x(x+4)}{2}.$$

Cette dérivée est clairement positive sur $[0, +\infty[$.

x	0		$+\infty$
$f'(x)$	0	$+$	
f	0	↗	

La fonction f est donc croissante sur $[0, +\infty[$ et, puisque $f(0) = 0$, on en déduit que f admet sur $[0, +\infty[$ un minimum atteint en 0 et qui vaut 0.

D'où, pour tout $x \in \mathbb{R}_+$, $f(x) \geqslant 0$.

Autrement dit, pour tout $x \in \mathbb{R}_+$, $(x-1)e^x + \dfrac{x^2e^x}{2} + 1 \geqslant 0$.

Chapitre 8

Suites réelles

Dans ce chapitre, nous rappelons les principales notions à maîtriser sur les suites réelles et nous passons en revue les propriétés essentielles des deux types de suite à connaître parfaitement : les suites arithmétiques et géométriques.

Sommaire

8.1 Rappel de cours

8.1.1 Définition et monotonie d'une suite

Définition (Suites)

Une suite réelle $u = (u_n)_{n \in \mathbb{N}}$ est une fonction définie sur $\mathbb{N}$ et à valeurs dans $\mathbb{R}$.
L'image de n par la suite u se note u_n et est appelé le terme d'indice n de la suite.

Remarques

- Une suite n'est pas nécessairement définie sur $\mathbb{N}$. Elle peut être définie sur $\mathbb{N}^*$ ou débuter au rang 2, etc.
- Lorsqu'il n'y a pas d'ambiguïté, on ne précise pas toujours le rang à partir duquel la suite est définie et on écrit souvent "la suite (u_n)" ou même "la suite u" tout simplement.

Sans perte de généralité, nous considérerons dans ce qui suit des suites définies sur $\mathbb{N}$.

Erreurs à éviter

On ne confondra pas la suite (u_n) et son terme de rang n noté u_n.
La **suite** (l'ensemble de tous les termes) est notée entre parenthèses $(u_n)_{n \in \mathbb{N}}$.
Un **terme de la suite** est noté sans parenthèse u_n et désigne un nombre réel. Il peut donc être manipulé comme n'importe quel réel.

Remarque

Il faut voir l'indice n comme une "boîte", dans laquelle on peut mettre ce que l'on veut, à condition que ce soit un entier et que l'on mette le même entier dans toutes les "boîtes" n.
Par exemple, si pour tout $n \in \mathbb{N}$, $u_n = 2n + 3$, alors :

- $u_{\boxed{2n}} = 2\boxed{2n} + 3$, c'est-à-dire $u_{2n} = 4n + 3$.
- $u_{n^2} = 2\boxed{n^2} + 3$, c'est-à-dire $u_{n^2} = 2n^2 + 3$.

Pour ne pas se tromper dans les calculs, remplacez le carré de la "boîte" par des parenthèses.
Ainsi, ne faites pas l'erreur fréquente qui consiste à écrire que $u_{n+1} = 2n + 1 + 3 = 2n + 4$ alors que $u_{n+1} = 2(n + 1) + 3 = 2n + 5$.

Définition (Monotonie d'une suite)

Une suite $(u_n)_{n\in\mathbb{N}}$ est :

1. **Croissante** si et seulement si, pour tout $n \in \mathbb{N}$, $u_{n+1} \geq u_n$.
2. **Décroissante** si et seulement si, pour tout $n \in \mathbb{N}$, $u_{n+1} \leq u_n$.
3. **Monotone** si et seulement si elle est croissante ou décroissante.
4. **Constante** si et seulement si, pour tout $n \in \mathbb{N}$, $u_{n+1} = u_n$.
5. **Strictement croissante** si et seulement si, pour tout $n \in \mathbb{N}$, $u_{n+1} > u_n$.
6. **Strictement décroissante** si et seulement si pour tout $n \in \mathbb{N}$, $u_{n+1} < u_n$.
7. **Strictement monotone** si et seulement si elle est strictement croissante ou strictement décroissante.

Remarque

1. Dans la pratique, seule les variations à partir d'un certain rang nous intéresse.
   Ainsi, si on trouve qu'une suite (u_n) commence par décroître jusqu'au rang 5, puis est croissante à partir du rang 5, c'est-à-dire que pour tout $n \geq 5$, $u_{n+1} \geq u_n$, on dira simplement que « (u_n) est croissante à partir du rang 5 ».
2. Une suite n'est pas nécessairement monotone.

8.1.2 Suites arithmétiques et géométriques

Définition

Les expressions explicites et implicites des suites arithmétiques et géométriques sont résumées dans le tableau ci-dessous (que vous devez connaître par cœur).

Soit $n \in \mathbb{N}$ et $p \in \mathbb{N}$.

	Suite arithmétique de raison r de premier terme u_0	Suite géométrique de raison q de premier terme u_0
Définition par récurrence $(u_{n+1} = f(u_n))$	$u_{n+1} = u_n + r$	$u_{n+1} = q \times u_n$
Formule explicite $(u_{n+1} = f(n))$	$u_n = u_0 + nr$	$u_n = u_0 \times q^n$
Relation entre deux termes	pour tout $n \geqslant p$, $u_n = u_p + (n-p)r$	pour tout $n \geqslant p$, $u_n = u_p q^{n-p}$

Remarques

- Ainsi, une suite est arithmétique de raison r si l'on passe d'un terme au suivant en ajoutant à chaque fois la même quantité r.
- Ainsi, une suite est géométrique de raison q si l'on passe d'un terme au suivant en multipliant à chaque fois par la même quantité q.

Sommes de n termes

Proposition (Sommes de référence)

Soit $n \in \mathbb{N}$ et $p \in \mathbb{N}$ tels que $p \leq n$.

1. Si $(u_n)_{n\in\mathbb{N}}$ est arithmétique de raison r, on a :

$$u_0 + u_1 + \ldots + u_n = \frac{(u_0 + u_n)(n+1)}{2}.$$

De façon plus générale,

$$u_p + u_{p+1} + \ldots + u_n = \frac{(u_p + u_n)(n-p+1)}{2}.$$

2. Si $(u_n)_{n\in\mathbb{N}}$ est géométrique de raison $q \neq 1$, on a :

$$u_0 + u_1 + \ldots + u_n = u_0 \frac{1-q^{n+1}}{1-q}.$$

De façon plus générale,

$$u_p + u_{p+1} + \ldots + u_n = u_p \frac{1-q^{n-p+1}}{1-q}.$$

Remarque

Je vous conseille de retenir la proposition précédente de la manière suivante :

- La somme des termes successifs d'une suite arithmétique égale $\dfrac{(\text{nb de termes}) \times (1^{\text{er}} \text{ terme} + \text{dernier terme})}{2}$.
- La somme des termes successifs d'une suite géométrique égale $(1^{\text{er}} \text{ terme}) \times \dfrac{1-q^{\text{nb. de termes}}}{1-q}$.

Monotonie

Proposition (Monotonie des suites arithmétiques)

Soit (u_n) une suite arithmétique de raison r.

1. Si $r > 0$, (u_n) est strictement croissante.
2. Si $r < 0$, (u_n) est strictement décroissante.
3. Si $r = 0$, (u_n) est constante.

Proposition

Soit (q^n) une suite géométrique de raison q telle que $q \neq 0$.

1. Si $0 < q < 1$, (q^n) est strictement décroissante.
2. Si $q > 1$, (q^n) est strictement croissante.
3. Si $q = 1$, (q^n) est constante.
4. Si $q < 0$, (q^n) non monotone.

Remarque

Soit (u_n) une suite géométrique de raison q, c'est-à-dire telle que, pour tout $n \in \mathbb{N}$, $u_n = u_0 q^n$.
De la proposition ci-dessus, on peut en déduire que :

1. Si le premier terme u_0 de la suite est positif alors
   - si $0 < q < 1$, (u_n) est strictement décroissante ;
   - si $q > 1$, (u_n) est strictement croissante.
2. Si le premier terme u_0 de la suite est négatif alors
   - si $0 < q < 1$, (u_n) est strictement croissante ;
   - si $q > 1$, (u_n) est strictement décroissante.

8.2 Méthodes

8.2.1 Montrer qu'une suite est arithmétique ou géométrique

Méthode

Soit $n \in \mathbb{N}$.

1. **Suite arithmétique**
   Pour démontrer qu'une suite est arithmétique, il suffit de montrer que, pour tout $n \in \mathbb{N}$:
   $$u_{n+1} - u_n = \text{constante}.$$
   Cette constante sera alors la raison de la suite arithmétique.

2. **Suite géométrique**
   Pour démontrer qu'une suite est géométrique, il suffit de montrer que, pour tout $n \in \mathbb{N}$:
   $$u_{n+1} = \text{constante} \times u_n.$$
   Ou, **lorsque** $u_n \neq 0$ pour tout $n \in \mathbb{N}$, que :
   $$\frac{u_{n+1}}{u_n} = \text{constante}.$$
   Cette constante sera alors la raison de la suite géométrique.

Remarques

- Lorsqu'on parle de constante, on sous-entend **une valeur indépendante de** n et qui doit être la même quelque soit le rang n de la suite considéré.
- Lorsqu'on souhaite montrer qu'une suite n'est pas arithmétique ou n'est pas géométrique, il suffit de trouver un contre exemple aux propriétés citées ci-dessus.

Exemple 8.1

1. La suite formée par les nombres entiers naturels pairs est une suite arithmétique de raison 2. Celle formée par les nombres entiers naturels impairs aussi, puisque dans les deux cas on passe d'un terme à l'autre en ajoutant 2.
2. La suite définie par $u_n = 5n - 2$, pour tout $n \in \mathbb{N}$, est arithmétique de raison 5.
   En effet, pour tout $n \in \mathbb{N}$, $u_{n+1} - u_n = 5(n+1) - 2 - (5n-2) = 5$.
3. La suite définie par $u_n = n^2$, pour tout $n \in \mathbb{N}$, n'est pas arithmétique.
   En effet, $u_1 - u_0 = 1 \neq u_2 - u_1 = 3$.
4. La suite définie par $u_n = 2^n$, pour tout $n \in \mathbb{N}$, est géométrique de raison 2.
   En effet, pour tout $n \in \mathbb{N}$, $\dfrac{u_{n+1}}{u_n} = \dfrac{2^{n+1}}{2^n} = 2$.
5. La suite définie par $u_n = n^2$, pour tout $n \in \mathbb{N}$, n'est pas géométrique.
   En effet, $\dfrac{u_2}{u_1} = 4 \neq \dfrac{u_3}{u_2} = \dfrac{9}{4}$.

8.2.2 Étudier la monotonie d'une suite

Méthode

Soit $n \in \mathbb{N}$.
Plusieurs méthodes sont possibles.

1. On étudie **le signe de la différence** $u_{n+1} - u_n$.

   - Si $u_{n+1} - u_n \geq 0$, alors $u_{n+1} \geq u_n$ et la suite est croissante.
   - Si $u_{n+1} - u_n \leq 0$, alors $u_{n+1} \leq u_n$ et la suite est décroissante.
   - Si $u_{n+1} - u_n = 0$, alors $u_{n+1} = u_n$ et la suite est constante.

   Cette méthode est la première à essayer car elle ne nécessite pas d'hypothèse sur le terme général de la suite.
   Cependant, si u_n est complexe, l'étude directe du signe de $u_{n+1} - u_n$ à de fortes chances de l'être aussi.

Méthode (Suite)

2. Si tous les termes de la suite **sont strictement positifs**, on **compare $\frac{u_{n+1}}{u_n}$ et 1**.
   - Si $\frac{u_{n+1}}{u_n} \geq 1$, alors $u_{n+1} \geq u_n$ et la suite est croissante.
   - Si $\frac{u_{n+1}}{u_n} \leq 1$, alors $u_{n+1} \leq u_n$ et la suite est décroissante.
   - Si $\frac{u_{n+1}}{u_n} = 1$, alors $u_{n+1} = u_n$ et la suite est constante.

   Si les termes de la suite sont négatifs, on peut appliquer ce principe mais en intervertissant "croissante" et "décroissante".
   Cette méthode peut être intéressante lorsque le terme général de la suite s'écrit sous la forme d'un quotient ou d'un produit, mais elle nécessite des hypothèses fortes qui doivent être vérifiées et ne peut donc pas toujours être appliquée.

3. Si **on reconnaît une suite arithmétique ou géométrique**, on peut appliquer directement les résultats du cours concernant la monotonie de ces suites particulières.

4. Si $u_n = f(n)$ (on parle alors d'une suite définie de manière explicite), **on étudie les variations de f** afin d'en déduire la monotonie de la suite. Pour les détails de cette méthode, nous renvoyons le lecteur à la Sous-section 8.2.3 portant sur l'étude de suites définies de manière explicite.

Exemple 8.2
Étudier les variation des suites (u_n) définies ci dessous par :

1. $u_n = n^2 - n$, pour tout $n \in \mathbb{N}$.
2. $u_n = \dfrac{2^n}{n}$, pour tout $n \in \mathbb{N}^*$.

1. Soit $n \in \mathbb{N}$.
   On a : $u_{n+1} - u_n = \left[(n+1)^2 \quad (n+1)\right] - \left[n^2 - n\right] = 2n \geq 0$.
   D'où, pour tout $n \in \mathbb{N}$, $u_{n+1} \geq u_n$.
   Donc (u_n) est croissante.
2. Soit $n \in \mathbb{N}^*$.
   Comme $n \geq 1$, $\dfrac{2^n}{n} \neq 0$ et on peut donc considérer la quantité $\dfrac{u_{n+1}}{u_n}$, qui est plus adaptée que $u_{n+1} - u_n$, car le terme général s'écrit sous forme d'un quotient.
   On a : $\dfrac{u_{n+1}}{u_n} = \dfrac{\frac{2^{n+1}}{n+1}}{\frac{2^n}{n}} = \dfrac{2^{n+1}}{n+1} \times \dfrac{n}{2^n} = \dfrac{2n}{n+1}$.
   Or, $2n - (n+1) = n - 1 \geq 0$ (car $n \geq 1$).

D'où $2n \geq n+1$ et donc $\dfrac{2n}{n+1} \geq 1$.
D'où, $\dfrac{u_{n+1}}{u_n} \geq 1$.
Et donc, $u_{n+1} \geq u_n$ (on ne change pas le sens des inégalités car on multiplie par $u_n > 0$).
Ainsi, pour tout $n \geq 1$, $u_{n+1} \geq u_n$.
Donc (u_n) est croissante.

8.2.3 Cas particulier d'une suite définie de manière explicite

Ici, nous allons expliquer comment étudier la monotonie d'une suite définie de façon explicite, c'est-à-dire d'une suite (u_n) définie par $u_n = f(n)$ (où f une fonction définie au moins sur $\mathbb{R}^+$).

Exemple 8.3
La suite (u_n) définie par $u_n = \frac{2+n}{n^2+1}$, pour tout $n \in \mathbb{N}$, est définie de manière explicite.
En effet, pour tout $n \in \mathbb{N}$, $u_n = f(n)$ avec $f : x \mapsto \frac{2+x}{x^2+1}$.

Méthode

Afin d'étudier la monotonie d'une suite $(u_n)_{n\in\mathbb{N}}$ définie de manière explicite par $u_n = f(n)$, on peut :

1. Soit appliquer une des méthodes évoquées à la Sous-section 8.2.2. Il est d'ailleurs conseillé de d'abord vérifier si elles peuvent permettre de conclure rapidement.
2. Soit passer par l'étude de la fonction f.
   En effet, on peut utiliser le résultat suivant :
   - Si f est croissante sur $[0; +\infty[$, alors pour tout $n \in \mathbb{N}$,
     $$n+1 \geq n \Rightarrow f(n+1) \geq f(n).$$
     Autrement dit, pour tout $n \in \mathbb{N}$, $u_{n+1} \geq u_n$ et la suite est donc croissante.
   - Si f est décroissante $[0; +\infty[$, alors pour tout $n \in \mathbb{N}$,
     $$n+1 \geq n \Rightarrow f(n+1) \leq f(n).$$
     Autrement dit, pour tout $n \in \mathbb{N}$, $u_{n+1} \leq u_n$ et la suite est donc décroissante.

Remarques

1. Pour montrer que f est croissante ou décroissante sur $[0; +\infty[$, on étudie ses variations généralement en passant par la dérivation. D'où l'importance de bien maîtriser le chapitre précédent sur la dérivation.
2. Si la suite est définie à partir d'un rang n_0 quelconque ou que l'on souhaite montrer qu'elle est monotone à partir d'un rang n_0 donné, on remplacera $[0, +\infty[$ par $[n_0, +\infty[$.

Exemple 8.4

On considère la suite $(u_n)_{n\in\mathbb{N}}$ définie par $u_n = \dfrac{2n+3}{n+1}$, pour tout $n \in \mathbb{N}$.
Montrer que $(u_n)_{n\in\mathbb{N}}$ est croissante.

Pour tout $n \in \mathbb{N}$, on a $u_n = f(n)$, avec $f : x \mapsto \dfrac{2x+3}{x+1}$.

1) Étudions les variations de f sur $[0, +\infty[$

f est dérivable sur $[0, +\infty[$ (car quotient de fonctions dérivables sur $[0, +\infty[$ dont le dénominateur ne s'annule pas sur $[0, +\infty[$) et pour tout $x \in [0, +\infty[$,

$$f'(x) = \frac{2(x+1) - (2x+3)}{(x+1)^2} = -\frac{1}{(x+1)^2} < 0.$$

D'où, f est strictement décroissante sur $[0, +\infty[$.

x	0	$+\infty$
f	3 ↘	

2) Étude des variations de la suite

Soit $n \geq 0$.
On a :

$$n + 1 \geq n \geq 0$$

$$\Rightarrow \quad f(n+1) \leq f(n) \qquad \text{car } f \text{ est décroissante sur } [0, +\infty[$$

$$\Rightarrow \quad u_{n+1} \leq u_n$$

x	0	n	$n+1$	$+\infty$
f	0 ↗	u_n ↗	u_{n+1} ↗	∞

3) Conclusion
On a montré que, pour tout $n \geq 0, u_{n+1} \leq u_n$.
La suite (u_n) est donc décroissante.

8.3 Pour s'entraîner

8.3.1 Exercices

Exercice 8.1

1. On considère une suite arithmétique $(u_n)_{n\in\mathbb{N}}$ vérifiant $u_5 = 4$ et $u_{11} = 22$. Déterminer le terme général de la suite.
2. Soit $(u_n)_{n\in\mathbb{N}}$ la suite définie par $u_0 = 0$ et $u_{n+1} = 6u_n + 2 \times 7^n$, pour tout $n \in \mathbb{N}$.
   On pose $v_n = u_n - 2 \times 7^n$, pour tout $n \in \mathbb{N}$.
   (a) Montrer que la suite $(v_n)_{n\in\mathbb{N}}$ est géométrique de raison 6.
   (b) Calculer v_n en fonction de n, pour tout $n \in \mathbb{N}$. En déduire une expression de u_n en fonction de n.
3. Soit $(a_n)_{n\in\mathbb{N}}$ la suite définie par $a_0 = 2$ et $a_{n+1} = a_n + 2n + 4$, pour tout $n \in \mathbb{N}$. On considère la suite (b_n) définie par $b_n = a_n - n^2$.
   (a) Démontrer que $(b_n)_{n\in\mathbb{N}}$ est une suite arithmétique de raison 3.
   (b) En déduire une expression de formule explicite de la suite (a_n).

Exercice 8.2
Étudier les variation des suites (u_n) définies ci-dessous par :

1. Pour tout $n \in \mathbb{N}$, $u_n = 2n^2 - 1$.
2. Pour tout $n \in \mathbb{N}^*$, $u_n = \dfrac{2^n}{n^2}$.
3. Pour tout $n \in \mathbb{N}$, $u_n = \dfrac{n}{n^2 + n + 1}$.

Exercice 8.3 (Suites arithmético-géométriques)
Une suite (u_n) définie par une relation du type $u_{n+1} = au_n + b$ est appelée suite arithmético-géométrique. Ce type de suites sera étudiée en détails en ECG.
Nous présentons ici le plan d'étude de ces suites dans un cas particulier.

Soit $(u_n)_{n\in\mathbb{N}}$ la suite définie par $u_0 = 3$ et $u_{n+1} = \dfrac{1}{2}u_n + 1$, pour tout $n \in \mathbb{N}$.

On pose $a = \dfrac{1}{2}$ et $b = 1$.

1. Résoudre l'équation $x = ax + b$. On notera ℓ la solution de cette équation.
2. On introduit la suite auxiliaire $(v_n)_{n\in\mathbb{N}}$ définie par : pour tout $n \in \mathbb{N}$, $v_n = u_n - \ell$.
   Montrer que la suite $(v_n)_{n\in\mathbb{N}}$ est géométrique de raison a.
3. En déduire l'expression de v_n en fonction de n, pour tout $n \in \mathbb{N}$.
4. En déduire l'expression de u_n en fonction de n, pour tout $n \in \mathbb{N}$.

8.3.2 Corrigés

Solution 8.1

a

1. On va utiliser ici, à deux reprises, le résultat suivant pour une suite arithmétique de raison r : $u_n = u_p + (n-p)r$.

   Soit r la raison de la suite $(u_n)_{n\in\mathbb{N}}$ de l'énoncé.
   D'après la formule précédente, on a $u_{11} = u_5 + (11-5)r$.
   D'où, $r = \dfrac{22-4}{6} = 3$.
   On en déduit alors que, pour tout $n \in \mathbb{N}$, $u_n = u_5 + 3(n-5) = 4 + 3n - 15 = 3n - 11$.
2. (a) Soit $n \in \mathbb{N}$. On a :

$$v_{n+1} = u_{n+1} - 2\times 7^{n+1}$$

par définition de (v_n)

$$= 6u_n + 2\times 7^n - 2\times 7^{n+1}$$

par définition de (u_n)

$$= 6u_n - 2\times 7^n(7-1)$$

$$= 6u_n - 2\times 7^n \times 6$$

$$= 6(u_n - 2\times 7^n)$$

$$= 6v_n.$$

Donc $(v_n)_{n\in\mathbb{N}}$ est une suite géométrique de raison $q = 6$.

(b) On a $v_0 = u_0 - 2 \times 7^0 = 0 - 2 \times 1 = -2$.
On en déduit que pour tout $n \in \mathbb{N}$, $v_n = v_0 \times q^n = -2 \times 6^n$.
Puis que $u_n = v_n + 2 \times 7^n = -2 \times 6^n + 2 \times 7^n = 2(7^n - 6^n)$.

3. (a) Soit $n \in \mathbb{N}$. On a :

$$\begin{aligned} b_{n+1} - b_n &= \left[a_{n+1} - (n+1)^2\right] - \left[a_n - n^2\right] \\ &\text{par définition de } (u_n) \\ &= (a_n + 2n + 4) - (n^2 + 2n + 1) - a_n + n^2 \\ &\text{par définition de } (a_n) \\ &= a_n + 2n + 4 - n^2 - 2n - 1 - a_n + n^2 \\ &= 3. \end{aligned}$$

Donc $(b_n)_{n \in \mathbb{N}}$ est une suite arithmétique de raison $r = 3$.

(b) On a $b_0 = a_0 - 0 = 2$.
On en déduit que, pour tout $n \in \mathbb{N}$, $b_n = b_0 + rn = 2 + 3n$.
Puis que $a_n = b_n = n^2 = 2 + 3n + n^2$.

Solution 8.2

1. Soit $n \in \mathbb{N}$. On a :

$$\begin{aligned} u_{n+1} - u_n &= \left[2(n+1)^2 - 1\right] - \left[2n^2 - 1\right] \\ &= 2(n^2 + 2n + 1) - 1 - 2n^2 + 1 \\ &= 2n^2 + 4n + 2 - 1 - 2n^2 + 1 \\ &= 4n + 2 \\ &\geq 0. \end{aligned}$$

D'où, pour tout $n \in \mathbb{N}$, $u_{n-1} - u_n \geq 0$.
Donc la suite (u_n) est croissante.

2. Soit $n \in \mathbb{N}*$.
   Comme u_n s'exprime sous forme de quotient et que, pour tout $n \in \mathbb{N}^*$, $u_n \neq 0$, il paraît plus simple de comparer $\frac{u_{n+1}}{u_n}$ à 1 que d'étudier le signe $u_{n+1} - u_n$.
   On a :
   $$\frac{u_{n+1}}{u_n} = \frac{\frac{2^{n+1}}{(n+1)^2}}{\frac{2^n}{n^2}} = \frac{2^{n+1}}{(n+1)^2} \times \frac{n^2}{2^n} = \frac{2(n+1)^2}{n^2} \geq 1.$$
   En effet, $2(n+1)^2 - n^2 = n^2 + 4n + 2$.
   Le trinôme $x^2 + 4x + 2$ a pour discriminant $\Delta = 8 > 0$ et admet donc deux racines :
   $x_1 = \dfrac{-4-\sqrt{8}}{2} = \dfrac{-4-2\sqrt{2}}{2} = -(2+\sqrt{2})$ et $x_2 = \dfrac{-4+\sqrt{8}}{2} = -2+\sqrt{2}$.

   D'où le tableau de signe suivant :

x	$-\infty$		$-(2+\sqrt{2})$		$-2+\sqrt{2}$		$+\infty$
x^2+4x+2		$+$	0	$-$	0	$+$	

   Or $-2+\sqrt{2} < 0$.
   D'où, pour tout $x \geq 0$, $x^2 + 4x + 2 \geq 0$.
   En particulier, pour tout $n \in \mathbb{N}$, $n^2 + 4n + 2 \geq 0$.
   D'où, $2(n+1)^2 - n^2 \geq 0$ et donc $2(n+1)^2 \geq n^2$.
   Donc, $\dfrac{2(n+1)^2}{n^2} \geq 1$.
   D'où, pour tout $n \in \mathbb{N}$, $u_{n-1} - u_n \geq 0$.
   La suite (u_n) est donc croissante.

3. Soit $n \in \mathbb{N}$, on a $u_n = f(n)$ avec $f : x \to \dfrac{x}{x^2+x+1}$.
   Afin d'étudier la monotonie de la suite (u_n) nous allons passer par l'étude des variations de f.
   f est dérivable sur $[0, +\infty[$ (car quotient de fonctions dérivables sur $[0, +\infty[$ dont le dénominateur ne s'annule pas sur $[0, +\infty[$) et, pour tout $x \in [0, +\infty[$,
   $$f'(x) = \frac{1 \times (x^2+x+1) - (2x+1) \times x}{(x^2+x+1)^2} = \frac{-x^2+1}{(x^2+x+1)^2}.$$
   $f'(x)$ est donc du signe de $-x^2+1$ sur $[0, +\infty[$.
   Or, $-x^2 + 1 \geq 0 \Leftrightarrow x^2 \leq 1 \Leftrightarrow -1 \leq x \leq 1$.
   D'où, f est croissante sur $[0, 1]$ et décroissante sur $[1, +\infty[$.
   On peut alors en déduire que la suite $(u_n)_{n\in\mathbb{N}}$ est décroissante à partir du rang 1.

En effet, pour tout $n \geq 1$, on a :

$$n+1 \geq n \geq 1$$

$$\Rightarrow \quad f(n+1) \leq f(n) \qquad \text{car } f \text{ est décroissante sur } [1,+\infty[$$

$$\Rightarrow \quad u_{n+1} \leq u_n$$

Ainsi, pour tout $n \geq 1, u_{n+1} \leq u_n$.
La suite $(u_n)_{n\in\mathbb{N}}$ est donc décroissante à partir du rang 1.
Mais $(u_n)_{n\in\mathbb{N}}$ n'est pas décroissante à partir du rang 0.
En effet, $u_0 = 0$ et $u_1 = \dfrac{1}{3}$ et donc $u_0 \leq u_1$ et non l'inverse.

Solution 8.3

a

1. Soit $x \in \mathbb{R}$.
   $x = \dfrac{1}{2}x + 1 \Leftrightarrow x = 2$.
   On pose alors $\ell = 2$.
2. On introduit la suite auxiliaire $(v_n)_{n\in\mathbb{N}}$ définie par $v_n = u_n - \ell = u_n - 2$, pour tout $n \in \mathbb{N}$.
   La suite $(v_n)_{n\in\mathbb{N}}$ est géométrique de raison $a = \dfrac{1}{2}$.
   En effet, soit $n \in \mathbb{N}$, on a :
   $v_{n+1} = u_{n+1} - \ell = \dfrac{1}{2}u_n + 1 - 2 = \dfrac{1}{2}u_n - 1 = \dfrac{1}{2}(u_n - 2) = \dfrac{1}{2}v_n$.
3. La suite (v_n) est géométrique de raison $\dfrac{1}{2}$ et son premier terme vaut $v_0 = u_0 - \ell = 3 - 2 = 1$.
   D'où, pour tout $n \in \mathbb{N}$, $v_n = v_0 \times a^n = 1 \times \left(\frac{1}{2}\right)^n = \left(\frac{1}{2}\right)^n$.
4. On en déduit que, pour tout $n \in \mathbb{N}$, $u_n = v_n + \ell = (\frac{1}{2})^n + 2$.

Chapitre 9

Probabilités sur un univers fini

Les chapitres précédents portaient sur la partie analyse du programme de mathématiques. Ce chapitre porte sur une autre partie importante du programme d'ECG que sont les probabilités. Nous allons passer en revue ici les notions vues en probabilités lors du cours de première spécialité maths (événements, probabilités, probabilités conditionnelles, formule des probabilités totales, indépendance d'événements, etc.), notions qui constituent la base du programme d'ECG.

Sommaire

9.1 Rappel de cours

9.1.1 Vocabulaire probabiliste

Définition (Expérience aléatoire)

Une **expérience aléatoire** $\mathcal{E}$ est une expérience qui, lorsqu'on la reconduit dans des conditions identiques, peut mener à plusieurs résultats différents et dont on ne peut pas savoir à l'avance le résultat.

On note usuellement Ω l'ensemble de tous les résultats possibles et on appelle cet ensemble **l'univers des résultats possibles.**

Dans toute la suite on se place sur un univers Ω fini, autrement dit Ω sera un ensemble fini.

Remarque

En général, on note $\omega_1, \omega_2, \ldots, \omega_n$, les résultats possibles d'une expérience aléatoire sur un univers fini et on a donc $\Omega = \{\omega_1, \omega_2, \ldots, \omega_n\}$.

Exemple 9.1

1. Jeter un dé à 6 faces : $\Omega = \{1; 2; 2; 3; 4; 5; 6\}$.
2. Lancer une pièce de monnaie : $\Omega = \{P; F\}$.
3. Lancer deux fois de suite une pièce de monnaie : $\Omega = \{PP\,;\, PF\,;\, FP\,;\, FF\}$.
4. Lancer deux fois de suite un dé : $\Omega = \{(i\,;\, j) \text{ où } 1 \leqslant i \leqslant 6 \text{ et } 1 \leqslant j \leqslant 6\}$.

Définition (Événements)

- Un **événement** (ou **issue**) est une résultat qui peut être observé lors de l'expérience aléatoire.
- Comme Ω est fini, cela revient à considérer une partie (ou un sous-ensemble) quelconque de Ω.
  On dit alors que l'événement est :
  - ⋆ **élémentaire** lorsque c'est une partie de Ω réduite à un élément (un **singleton**),
  - ⋆ **certain** s'il est toujours réalisé (c'est alors Ω),
  - ⋆ **impossible** s'il n'est jamais réalisé (c'est alors $\emptyset$).

Exemple 9.2

On jette un dé à 6 faces.

On appelle A l'événement "le numéro obtenu est pair" et B l'événement "le numéro obtenu est supérieur ou égal à 4".

Les issues qui réalisent A sont les nombres 2, 4 et 6, d'où $A = \{2; 4; 6\}$.

De même, $B = \{4; 5; 6\}$.

Définition (Opérations sur les événements)

1. Deux événements d'intersection vide ($A \cap B = \emptyset$) sont dits **incompatibles** (plutôt que **disjoints**).
2. On appelle **l'événement contraire** d'un événement A (plutôt que le **complémentaire** de A dans Ω) et on note $\overline{A}$ l'ensemble de toutes les éléments de Ω qui ne sont pas dans A.
3. L'événement $A \cap B$ est réalisé si les événements A **et** B sont réalisés.
4. L'événement $A \cup B$ est réalisé si l'événement A **ou** l'événement B est réalisé.

Remarque : deux événements contraires sont incompatibles.

Définition (Système complet d'événements/ Partition de l'univers)

Soit $n \in \mathbb{N}^*$ et $(A_1, A_2, \ldots, A_n)$ une famille d'événements.
On dit que cette famille est un **système complet d'événements** (s.c.e.) lorsque :

1. Les événements sont **deux à deux incompatibles**
   $A_i \cap A_j = \emptyset$ pour tout $i \neq j$.
2. La réunion des événements est l'**événement certain**
   $A_1 \cup A_2 \cup \cdots \cup A_n = \Omega$.

Remarque : on peut aussi employer le mot de partition de l'univers au lieu de système complet d'événement, même si ce dernier est plus utilisé que le précédent.

Exemple 9.3

1. On lance un dé trois fois de suite et on considère les événements $A =$" la somme des dés est paire" et $B=$" la somme des dés est impaire".
   Alors $A \cap B = \varnothing$ et $A \cup B = \Omega$, car tout entier non nul est soit pair soit impair, mais ne peut être les deux en même temps.
   Donc A et B forment un système complet d'événements.

2. Cas typique n°1 : si A est un événement, alors $(A, \bar{A})$ forment un s.c.e. de manière évidente.

3. Cas typique n°2 : l'ensemble des événements élémentaires forment un s.c.e. de manière évidente.

Proposition (Loi de Morgan)

Soient A et B deux événements. On a :

1. $\overline{A \cap B} = \overline{A} \cup \overline{B}$
2. $\overline{A \cup B} = \overline{A} \cap \overline{B}$

.

9.1.2 Probabilités et premières propriétés

Définition (Probabilité)

On appelle **probabilité** sur un ensemble Ω toute application P à valeur dans $[0, 1]$ vérifiant :

1. $P(\Omega) = 1$.
2. Pour tous événements A et B incompatibles ($A \cap B = \varnothing$),
$$P(A \cup B) = P(A) + P(B).$$

On muni dorénavant Ω d'une probabilité P.

Proposition (Calculer avec une probabilité)

Soit A un événement.

1. $P(\overline{A}) = 1 - P(A)$.
2. $P(\emptyset) = 0$.
3. Si $(A_1, A_2, \ldots, A_n)$ forme un système complet d'événements, alors $P(A_1) + \cdots + P(A_n) = 1$.
   En particulier, la somme des probabilités de tous les événements élémentaires vaut 1.

Remarque

En pratique, on se sert souvent du point 1 de la proposition précédente lorsqu'on demande de calculer la probabilité d'un événement utilisant le mot "au moins". Par exemple, si on veut savoir la probabilité de tirer "au moins une boule noire", il est plus facile de calculer la probabilité de ne tirer "aucune boule noire" et d'enlever le résultat à 1.

Proposition (Formule du crible de Poincaré)

Soient A, B et C trois événements. On a :

$$P(A \cup B) = P(A) + P(B) - P(A \cap B).$$

9.1.3 Équiprobabilité

Définition (Équiprobabilité)

On dit qu'on est dans une situation d'**équiprobabilité si tous les événements élémentaires ont la même probabilité**.
Dans ce cas, P est appelé la probabilité uniforme.

Remarque

Lorsqu'il y a **équiprobabilité**, tous les événements élémentaires ont même probabilité, chacun ayant donc une probabilité de $\frac{1}{n}$, où $n = \text{card}(\Omega)$.

On rappelle que card (Ω) *représente le nombre d'éléments de l'ensemble* Ω.

Exemple 9.4
Voici quelques exemples d'expériences aléatoires pour lesquelles on est en situation d'équiprobabilité :

1. L'expérience du lancer de pièce équilibrée (contrairement à l'expérience du lancer d'une pièce truquée).
2. L'expérience du tirage au hasard d'une boule dans une urne contenant n boules indiscernables au toucher, chaque boule ayant de ce fait même probabilité $\frac{1}{n}$ d'être choisie.

3. L'expérience qui consiste à tirer simultanément 2 cartes dans un jeu de 32 cartes, chaque combinaison de 2 cartes ayant même probabilité $\frac{1}{\binom{32}{2}}$ d'être choisie.

Théorème (Probabilité uniforme)

Soit A un événement. En situation d'équiprobabilité , on a :

$$P(A) = \frac{Card(A)}{Card(\Omega)} = \frac{\text{nombre de cas favorables (où } A \text{ se réalise)}}{\text{nombre de cas possibles}}.$$

Ainsi, lorsqu'il y a équiprobabilité, calculer une probabilité revient à dénombrer des ensembles (les cas favorables).

9.1.4 Probabilités conditionnelles

Définition (Probabilité conditionnelle)

Soit A un événement de probabilité non nulle ($P(A) \neq 0$) et B un événement quelconque.

On note $P_A(B)$ la probabilité d'avoir l'événement B sachant que l'événement A est réalisé. Cette probabilité est définie par :

$$P_A(B) = \frac{P(B \cap A)}{P(A)}.$$

Remarque

Il est souvent plus facile de calculer $P_A(B)$ que $P(A \cap B)$ directement. De ce fait, il est assez fréquent d'utiliser la définition de la probabilité conditionnelle pour calculer $P(A \cap B)$: $P(A \cap B) = P(A)P_A(B)$.

Erreurs à éviter

Attention, il ne pas confondre $P(A \cap B)$ et $P_A(B)$.
Pour $P(A \cap B)$, on cherche à savoir quand A et B se réalisent **sans** connaissance a priori, alors que pour $P_A(B)$, on **sait** que A est réalisé, et on cherche seulement à savoir quand B se réalise.

Remarque

La probabilité conditionnelle étant une probabilité, toutes les propriétés vraies pour une probabilité, restent vraies pour la probabilité conditionnelle.

9.1.5 Formule des probabilités totales

Proposition (Formule des probabilités totales)

Soit $(A_1, A_2, \ldots, A_n)$ un **système complet d'événements** tel que pour tout $i \in [\![1, n]\!], P(A_i) \neq 0$ et soit B un événement. Alors :

$$P(B) = P(B \cap A_1) + P(B \cap A_2) + \cdots + P(B \cap A_n).$$

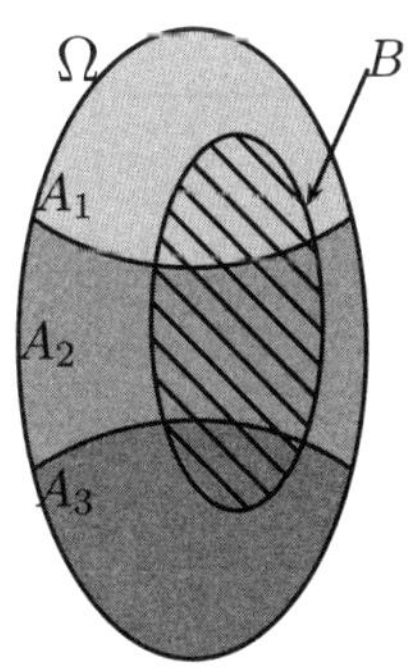

FIGURE 9.1 – Illustration avec trois événements

Remarque (Autre expression)

On peut ensuite utiliser la formule des probabilités conditionnelles pour réécrire les probabilités d'intersections des événements et en déduire une autre expression de $P(B)$:

$$P(B) = P(A_1) \times P_{A_1}(B) + P(A_2) \times P_{A_2}(B) + \cdots + P(A_n) \times P_{A_n}(B).$$

Les cas particuliers présentés ci dessous sont à retenir, car très utile en pratique.

Remarque (Cas particulier $n = 2$)

Soit B un événement.
Soit A un autre événement tel que $P(A) \neq 0$.
Alors $(A, \bar{A})$ forme une partition de Ω.
En appliquant la formule des probabilités totales à ce s.c.e., on obtient :

$$P(B) = P(A \cap B) + P(\bar{A} \cap B) = P(A)P_A(B) + P(\bar{A})P_{\bar{A}}(B).$$

Remarque (Cas particulier $n = 3$)

Soit B un événement.
Soit A_1, A_2 et A_3 une partition de Ω en trois événements.
En appliquant la formule des probabilités totales à ce s.c.e., on obtient :

$$\begin{aligned} P(B) &= P(B \cap A_1) + P(B \cap A_2) + P(B \cap A_3) \\ &= P(A_1) \times P_{A_1}(B) + P(A_2) \times P_{A_2}(B) + P(A_3) \times P_{A_3}(B). \end{aligned}$$

9.1.6 Lien avec les arbres pondérés

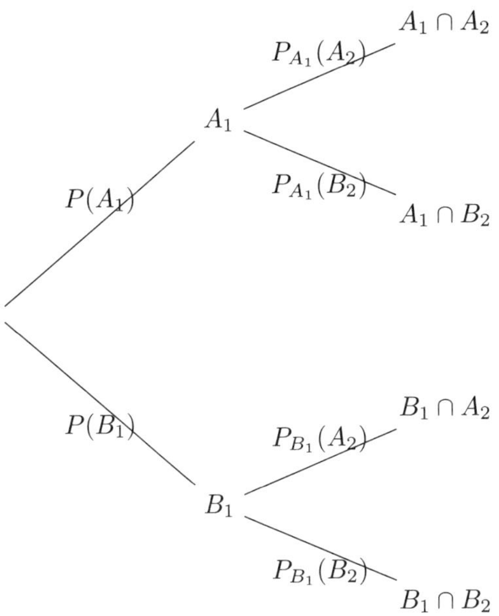

Règle 1 : la somme des probabilités des branches issues d'un même nœud est égale à 1.

Par exemple sur l'arbre ci-dessus, ceci correspond aux formules $P(A_1) + P(B_1) = 1$ ou encore $P_{A_1}(A_2) + P_{A_1}(B_2) = 1$.

Cela correspond au fait que la somme des probabilités des événements d'un s.c.e. vaut 1.

Règle 2 : la probabilité de l'événement représenté par un chemin est égal au produit des probabilités inscrites sur les branches de ce chemin.

Par exemple, la probabilité du chemin $A_1 - A_2$, qui traduit l'événement $A_1 \cap A_2$, est $P(A_1 \cap A_2) = P(A_1) \times P_{A_1}(A_2)$.

Cela correspond exactement à la formule des probabilités conditionnelles.

Règle 3 : la probabilité d'un événement E est la somme des probabilités des chemins qui composent E.

Par exemple, la probabilité de l'événement "obtenir A_2" est $P(A_1 \cap A_2) + P(B_1 \cap A_2)$.

Cela correspond exactement à la formule des probabilités totales.

9.1.7 Indépendance d'événements

Définition (Indépendance entre deux événements)

Deux événements A et B sont indépendants pour P si :

$$P(A \cap B) = P(A) \times P(B).$$

Remarque

L'hypothèse d'indépendance peut être donnée dans l'énoncé. Par exemple, si l'on effectue des tirages successifs de boules dans une urne avec remise, alors il est naturel de supposer l'indépendance des tirages.

En revanche, si on tire successivement et sans remise des boules dans une urne, les tirages successifs ne seront pas indépendants, car le tirage suivant dépendra de la nouvelle composition de l'urne après tirage des boules précédentes.

La notion d'indépendance est cependant une notion délicate et il faudra parfois la vérifier par le calcul.

Proposition (Lien avec les probabilités conditionnelles)

Soient A et B deux événements, tels que $P(A) \neq 0$ et $P(B) \neq 0$.

On a équivalence entre :

1. A et B sont indépendants pour P.
2. $P_B(A) = P(A)$ ou $P_A(B) = P(B)$.

Erreurs à éviter

Attention à ne pas confondre des événements **indépendants** (l'un n'influe pas sur l'autre) avec des événements **incompatibles** (qui ne peuvent pas se produirent en même temps).
L'indépendance fait intervenir des probabilités d'intersection $P(A \cap B) = P(A)P(B)$, tandis que l'incompatibilité porte sur l'union d'événements $P(A \cup B) = 0$.

Proposition

Si A et B sont deux événements indépendants alors A et $\overline{B}$ (resp. $\overline{A}$ et B, resp. $\overline{A}$ et $\overline{B}$) le sont aussi.

Définition (Généralisation)

Soient $A_1, A_2, \ldots, A_n$ n événements mutuellement indépendants. Alors :

$$P(A_1 \cap A_2 \cap \cdots \cap A_n) = P(A_1) \times P(A_2) \times \cdots \times P(A_n).$$

9.2 Méthodes

9.2.1 Modéliser une expérience aléatoire

Méthode

1. **Commencez par introduire les événements dont vous avez besoin.**
   Pensez à leur donner des noms évocateurs.
   S'il y a une chronologie, les noms des événements doivent en dépendre.
   Par exemple, on note B_1 : "obtenir une boule blanche au 1er tirage" et B_2 : "obtenir une boule blanche au 2ème tirage".

Méthode (Suite)

2. **Traduisez l'énoncé en terme mathématiques.**
   - "et", "aucun", "tous" $\longrightarrow \bigcap$
   - "ou", "au moins" $\longrightarrow \bigcup$
   - "sachant" $\longrightarrow$ probabilités conditionnelles

Vocabulaire probabiliste	Notation ensembliste
A n'est pas réalisé	$\overline{A}$
A **et** B sont réalisés	$A \cap B$
A **ou** B est réalisé	$A \cup B$
A et B sont **incompatibles**	$A \cap B = \emptyset$

3. **Calculez la probabilité demandée** en utilisant la formule du cours adaptée (cf. méthodes ci-dessous).

Erreurs à éviter

- Vérifier que les probabilités obtenues sont bien **des réels entre 0 et 1**.
- **Il ne faut pas confondre le langage des événements et celui des probabilités :**
  Soient A et B des événements.
  Il ne faut surtout pas écrire $P(A) \cup P(B)$ **mais** $P(A \cup B)$.
  Les événements sont des ensembles, on peut donc les intersecter ou en faire l'union.
  Tandis que **les probabilités sont des réels** que l'on peut additionner ou multiplier, mais pas intersecter ou unir.

9.2.2 Montrer que deux événements sont indépendants

Méthode

- L'indépendance peut être une propriété de l'énoncé (tirages successifs avec remise, dans des conditions identiques, etc.).
- Sinon montrer une des propriétés suivantes :

$$P(A \cap B) = P(A)P(B) \quad \text{ou} \quad P_A(B) = P(B)$$

Exemple 9.5
On lance un dé à 6 faces équilibré.
Les événements A : "on obtient un tirage pair" et B : "on obtient le tirage 3 ou 6" sont-ils indépendants ?

On a $A = \{2; 4; 6\}$ et $B = \{3; 6\}$.
Le dé étant équilibré, on est en situation d'équiprobabilité et donc $P(A) = \frac{3}{6} = \frac{1}{2}$ et $P(B) = \frac{2}{6} = \frac{1}{3}$.
Par ailleurs, $A \cap B = \{6\}$. Donc par équiprobabilité, $P(A \cap B) = \frac{1}{6}$.
Or, $P(A) \times P(B) = \frac{1}{2} \times \frac{1}{3} = \frac{1}{6}$.
D'où, $P(A) \times P(B) = P(A \cap B)$ et donc les événements A et B sont indépendants.

9.2.3 Savoir calculer une union d'événements

Méthode (Calcul de $P(A \cup B)$)

1. **Si les événements sont incompatibles**

$$P(A \cup B) = P(A) + P(B).$$

2. **Si les événements sont indépendants**
L'astuce consiste à passer par l'événement **contraire** :

$$P(A \cup B) = 1 - P(\overline{A \cup B}) = 1 - P(\overline{A} \cap \overline{B}) = 1 - (P(\overline{A})P(\overline{B})).$$

3. **Sinon**
On peut essayer d'utiliser la **formule du crible de Poincaré :**

$$P(A \cup B) = P(A) + P(B) - P(A \cap B).$$

9.2.4 Savoir calculer une intersection d'événements

Méthode (Calcul de $P(A \cap B)$)

1. **Si les événements A et B sont indépendants**

$$P(A \cap B) = P(A)P(B).$$

2. **Sinon**
On utilise la **formule des probabilités conditionnelles**

$$P(A \cap B) = P(A)P_A(B).$$

Exemple 9.6
On lance de manière indépendante une pièce non truquée 2 fois. Quelle est la probabilité d'obtenir 2 fois pile ?

Notons A l'événement "obtenir 2 fois pile".
Notons P_k l'événement "obtenir un pile au k-ième lancer", pour tout $k \in \{1;2\}$.
On a $A = P_1 \cap P_2$.
D'où, $P(A) = P(P_1 \cap P_2)$.
Les lancers étant **indépendants**, on en déduit que :

$$P(A) = P(P_1) \times P(P_2) = \frac{1}{2} \times \frac{1}{2} = \frac{1}{4}.$$

Exemple 9.7
Une urne contient 3 boules blanches et 7 boules noires.
On tire successivement 2 boules sans remise.
Quelle est la probabilité d'obtenir les 2 boules blanches ?

Notons A l'événement : "on obtient 2 boules blanches".
Notons B_k (resp. N_k), l'événement : "le k-ième tirage donne une boule blanche (resp. noire)", pour tout $k \in \{1;2\}$.
On a $A = B_1 \cap B_2$.
D'où, $P(A) = P(B_1 \cap B_2)$.
Attention, ici **il n'y a pas indépendance car il n'y a pas remise** et donc le contenu de l'urne dépend à chaque fois du tirage précédent.
D'après la **formule des probabilités conditionnelles avec** $P(B_1) \neq 0$,

$$P(A) = P(B_1)P_{B_1}(B_2).$$

On a $P(B_1) = 3/10$ par équiprobabilité, car l'urne contient 10 boules dont 3 blanches.
À l'issue du premier tirage, l'urne contient 9 boules et si la première boule tirée est blanche, il ne reste que 2 boules blanches donc $P_{B_1}(B_2) = 2/9$.

Ainsi, $P(A) = \dfrac{3}{10} \times \dfrac{2}{9} = \dfrac{1}{15}$.

9.2.5 Savoir utiliser la formule des probabilités totales

Méthode

La formule des probabilités totales s'utilise lorsqu'à la question : « quelle est la probabilité de l'événement B » on répond « ça dépend ».
Le s.c.e. adapté est alors l'ensemble des événements qui permettent de décrire les différentes possibilités par disjonction des cas ("soit on a ceci", "soit cela", etc.).

Exemple 9.8
Une urne contient 3 boules blanches et 7 boules noires.
On tire successivement 2 boules sans remise.
Quelle est alors la probabilité d'obtenir une boule noire au 2e tirage?

Notons B_k (resp. N_k), l'événement : "le k-ième tirage donne une boule blanche (resp. noire)", pour tout $k \in \{1, 2\}$.
Il s'agit de calculer $P(N_2)$.
Pour calculer cette probabilité, il faut connaître la composition de l'urne juste avant ce deuxième tirage, c'est-à-dire la composition de l'urne à l'issue du premier tirage.
$\{N_1, B_1\}$ **forment un système complet d'événements tous de probabilités non nulles.**
D'où en appliquant la formule des probabilités totales avec ce s.c.e., on en déduit que :

$$P(N_2) = P(B_1 \cap N_2) + P(N_1 \cap N_2) = P(B_1)P_{B_1}(N_2) + P(N_1)P_{N_1}(N_2).$$

Or $P(B_1) = \dfrac{3}{10}$, $P(N_1) = \dfrac{7}{10}$, $P_{B_1}(N_2) = \dfrac{7}{9}$ et $P_{N_1}(N_2) = \dfrac{6}{9}$.

D'où $P(N_2) = \dfrac{3}{10} \times \dfrac{7}{9} + \dfrac{7}{10} \times \dfrac{6}{9} = \dfrac{7}{10}$.

9.2.6 Savoir utiliser la formule des probabilités conditionnelles inversée

Méthode

Lorsque l'on fait une constatation d'un événement B à posteriori (c'est à dire à l'issue de l'expérience) et qu'on nous demande la probabilité d'un événement A à priori (c'est-à-dire au début de l'expérience), on nous demande en fait de calculer la probabilité $P_B(A)$ avec un ordre chronologique inversé.
Pour calculer $P_B(A)$, on utilise alors la relation suivante :

$$P_B(A) = \frac{P(A \cap B)}{P(B)} = P_A(B)\frac{P(A)}{P(B)},$$

à condition d'avoir bien sûr $P(A) \neq 0$ et $P(B) \neq 0$.
Remarque : on appelle cette formule la formule de Bayes.

Exemple 9.9
Une urne contient 3 boules blanches et 7 boules noires.
On tire successivement 2 boules sans remise.
Le second tirage ayant donné une boule blanche, quelle est la probabilité que la première boule tirée ait été blanche ?

Notons B_k (resp. N_k), l'événement : "le k-ième tirage donne une boule blanche (resp. noire)", pour tout $k \in \{1; 2\}$.
Il s'agit de calculer $P_{B_2}(B_1)$.
Et donc de remonter dans le passé sachant le présent.
Or $P(B_1) \neq 0$ et $P(B_2) \neq 0$.
D'où, **en appliquant la formule de Bayes, il vient :**

$$P_{B_2}(B_1) = \frac{P(B_1 \cap B_2)}{P(B_2)} = \frac{P(B_1)P_{B_1}(B_2)}{P(B_2)}$$

avec :

- $P(B_1) = \frac{3}{10}$.
- $P_{B_1}(B_2) = \frac{2}{9}$.
- $P(B_2) = \frac{3}{10}$ (déjà calculé dans l'exemple 9.8, car $P(B_2) = 1 - P(N_2)$, ou sinon on le recalcule à l'aide de la formule des probas totales).

En conclusion,

$$P_{B_2}(B_1) = \frac{\frac{3}{10} \times \frac{2}{9}}{\frac{3}{10}} = \frac{2}{9}.$$

9.3 Pour s'entraîner

9.3.1 Exercices

Exercice 9.1
On dispose de trois urnes contenant chacune cinq boules, rouges ou noires.
La première contient 3 rouges et 2 noires, la deuxième 2 rouges et 3 noires et la troisième 1 rouge et 4 noires.

Clément lance un dé bien équilibré.

S'il obtient 1, il extrait au hasard une boule de l'urne 1.

S'il obtient 3 ou 5, il extrait au hasard une boule de l'urne 2.

S'il obtient 2, 4 ou 6, il extrait au hasard une boule de l'urne 3.

1. Quelle est la probabilité que la boule tirée soit rouge et provienne de l'urne 1 ?
2. Quelle est la probabilité que la boule tirée soit rouge ?

Exercice 9.2
On dispose d'un jeu de 32 cartes et de trois jeux de 52 cartes.
On tire au sort l'un des jeux puis on tire une carte dans ce jeu.

1. Quelle est la probabilité d'obtenir la dame de cœur ?
2. Si on obtient la dame de cœur, quelle est la probabilité d'avoir choisi le jeu de 32 cartes ?

Exercice 9.3
On extrait avec remise à chaque fois de la boule tirée, n boules d'une urne contenant une boule noire et une boule blanche. Quelle est la probabilité qu'au moins l'une des boules tirées soit blanche ?

Exercice 9.4
On dispose de deux urnes U_1 et U_2.
U_1 contient 2 boules blanches et 2 boules noires et U_2 contient une boule blanche et 3 boules noires.
On effectue deux tirages au hasard avec remise d'une boule selon le protocole suivant :

— le premier tirage se fait dans l'urne U_1,
— si le premier tirage a donné une boule blanche (resp. noire), le deuxième tirage s'effectue dans l'urne U_1 (resp. U_2).

Soit $n \in \{1; 2\}$. On introduit les événements B_n (resp. N_n) "le n-ième tirage donne une boule blanche (resp. noire) " et on note $p_n = P(B_n)$.

1. Calculer p_1 puis p_2.
2. Les événements B_1 et B_2 sont-ils indépendants ?

9.3.2 Corrigés

Solution 9.1

Nous invitons le lecteur à représenter la situation à l'aide d'un arbre pondéré. Attention un arbre pondéré n'est pas une preuve. Il faut toujours justifier les calculs en citant le nom des formules utilisées et en écrivant les probabilités des événements intervenant dans la formule de manière théorique, avant de les remplacer par des valeurs numériques.

1. Soient U_k ($k \in \{1, 2, 3\}$) et R respectivement les événements " la boule est extraite de l'urne k " et "la boule obtenue est rouge".
La probabilité cherchée est $P(R \cap U_1)$.
En appliquant la formule des probabilités conditionnelles (on peut car $P(U_1) \neq 0$), on obtient :
$$P(R \cap U_1) = P(U_1) \times P_{U_1}(R).$$
Or, la boule est tirée dans l'urne 1 si on obtient 1 lorsqu'on lance le dé. Le dé étant équilibré, on est en situation d'équiprobabilité et donc $P(U_1) = \frac{1}{6}$.
Par ailleurs, dans l'urne numéro 1, il y a 3 boules rouges et 5 boules au total. La boule étant extraite au hasard, on est en situation d'équiprobabilité et donc $P_{U_1}(R) = \frac{3}{5}$.
D'où :
$$P(R \cap U_1) = \frac{1}{6} \times \frac{3}{5} = \frac{1}{10}.$$

2. On cherche à calculer $P(R)$.
Les événements U_1, U_2 et U_3 forment un système complet d'événements de Ω et sont tous de probabilités non nulles, on peut donc appliquer la formule des probabilités totales à ce s.c.e. :
$$P(R) = P(R \cap U_1) + P(R \cap U_2) + P(R \cap U_3).$$
Puis en appliquant la formule des probabilités conditionnelles, on en déduit que :
$$P(R) = P(U_1) \times P_{U_1}(R) + P(U_2) \times P_{U_2}(R) + P(U_3) \times P_{U_3}(R).$$
Or, on a $P(U_1) = \frac{1}{3}$, $P(U_2) = \frac{1}{3}$, $P(U_3) = \frac{1}{6}$, $P_{U_1}(R) = \frac{3}{5}$, $P_{U_2}(R) = \frac{2}{5}$ et $P_{U_3}(R) = \frac{1}{5}$.
D'où : $P(R) = \frac{1}{6} \times \frac{3}{5} + \frac{1}{3} \times \frac{2}{5} + \frac{1}{2} \times \frac{1}{5} = \frac{2}{3}$.

Solution 9.2

Nous invitons le lecteur à représenter la situation à l'aide d'un arbre pondéré.

Notons J_{32} l'événement "le jeu de carte tiré est celui de 32 cartes", J_{52} l'événement "le jeu de carte tiré est un jeu de 52 cartes".

Notons A l'événement "obtenir la dame de cœur".

1. On cherche à calculer $P(A)$. Les événements J_{32} et J_{52} forment un système complet d'événements de probabilités non nuls. De ce fait, en appliquant la formule des probabilités totales appliquée avec ce s.c.e., on obtient :
$$P(A) = P(A \cap J_{32}) + P(A \cap J_{52}).$$
Il y a un seul jeu de 32 cartes sur les quatre jeux dont on dispose. Le jeu de cartes étant choisi au hasard, on est en situation d'équiprobabilité et donc $P(J_{32}) = \frac{1}{4}$.
Par un raisonnement similaire, on a $P(J_{52}) = \frac{3}{4}$.
Par ailleurs, $P_{J_{32}}(A) = \frac{1}{32}$, car un jeu de 32 cartes contient 32 cartes et 1 dame de cœur et, la carte étant choisie au hasard, on est en situation d'équiprobabilité.
Enfin, $P_{J_{52}}(A) = \frac{1}{52}$, car un jeu de 52 cartes contient 52 cartes et 1 dame de cœur et, la carte étant choisie au hasard, on est en situation d'équiprobabilité.
Ainsi :
$$P(A) = \frac{1}{4} \times \frac{1}{32} + \frac{3}{4} \times \frac{1}{52} = \frac{1}{128} + \frac{3}{208} = \frac{37}{1664}.$$
2. On cherche à calculer $P_A(J_{32})$.
Ici la chronologie des événements est inversée.
Nous allons de ce fait appliquer la méthode présentée à la Sous-section 9.2.6.
Comme $P(J_{32}) \neq 0$ et $P(A) \neq 0$, on peut écrire :
$$P_A(J_{32}) = \frac{P(J_{32} \cap A)}{P(A)} = \frac{P(J_{32}) \times P_{J_{32}}(A)}{P(A)}$$
avec $P(J_{32}) = \frac{1}{4}$, $P_{J_{32}}(A) = \frac{1}{32}$, $P(A) = \frac{37}{1664}$ (cf. q.1).
Ainsi :
$$P_A(J_{32}) = \frac{\frac{1}{4} \times \frac{1}{32}}{\frac{37}{1664}} = \frac{13}{37}.$$

Solution 9.3
Notons A l'événement "au moins une des boules tirées est blanche".
Notons N_k l'événement "obtenir un boule noire au k-ième tirage" et B_k l'événement "obtenir un boule blanche au k-ième tirage", pour tout $k \in \mathbb{N}$.
On considère plutôt $\overline{A}$ l'événement "obtenir aucune boule blanche".
On a $\overline{A} = N_1 \cap N_2 \cap ... \cap N_k$.
D'où, $P(\overline{A}) = P(N_1 \cap N_2 \cap ... \cap N_k)$.
Les lancers étant mutuellement indépendants, on en déduit que
$$P(\overline{A}) = P(N_1) \times ... \times P(N_k) = \frac{1}{2} \times ... \times \frac{1}{2} = \frac{1}{2^n}.$$

D'où :

$$P(A) = 1 - P(\overline{A}) = 1 - \frac{1}{2^n}.$$

Solution 9.4

1. Les issues du premier tirage (dans l'urne U_1) sont équiprobables, puisque l'on tire les boules au hasard.
   Comme il y a deux boules blanches parmi les 4 boules de l'urne, on a $p_1 = P(B_1) = \frac{2}{4} = \frac{1}{2}$.
   Pour connaître l'issue du second tirage, il nous faut savoir dans quelle urne on tire, autrement dit, il faut connaître la couleur de la première boule tirée. On applique donc la formule des probabilités totales, appliquée avec le s.c.e. (B_1, N_1) de probabilités non nulles :

   $$P(B_2) = P(B_1 \cap B_2) + P(N_1 \cap B_2) = P(B_1)P_{B_1}(B_2) + P(N_1)P_{N_1}(B_2).$$

   Or $P(B_1) = \frac{1}{2}$ et donc $P(N_1) = 1 - P(B_1) = \frac{1}{2}$.
   Puis sachant B_1, le second tirage s'effectue dans l'urne 1 qui contient toujours 4 boules dont 2 blanches.
   Comme chaque boule a même probabilité d'être tirée, on est en situation d'équiprobabilité et donc $P_{B_1}(B_2) = \frac{1}{2}$.
   De même sachant N_1, le second tirage s'effectue dans l'urne U_2, qui contient 1 blanche parmi les 4 boules, et donc $P_{N_1}(B_2) = \frac{1}{4}$.
   D'où :

   $$P(B_2) = \frac{1}{2} \times \frac{1}{2} + \frac{1}{2} \times \frac{1}{4} = \frac{3}{8}.$$

2. Intuitivement, les événements B_1 et B_2 ne vont pas être indépendants, car si B_1 est réalisé, le second tirage se fait dans l'urne U_1, où il y a plus de boules blanches que dans l'urne U_2.
   Théoriquement, cela se prouve en écrivant que :

   $$P(B_1 \cap B_2) = P(B_1)P_{B_1}(B_2) = \frac{1}{2} \times \frac{1}{2} \neq P(B_1)P(B_2) = \frac{1}{2} \times \frac{3}{8}$$

   ou simplement que :

   $$P_{B_1}(B_2) = \frac{2}{4} = \frac{1}{2} \neq P(B_2) = \frac{3}{8}.$$

Chapitre 10

Variables aléatoires

Dans ce chapitre, nous présentons la notion de variable aléatoire. Nous verrons qu'il s'agit essentiellement d'un outil pratique pour modéliser des événements aléatoires. Puis, nous introduisons la notion de loi d'une variable aléatoire, ainsi que les notions d'espérance et de variance. À la fin de ce chapitre, nous évoquons une loi particulière importante : la loi binomiale.

Sommaire

10.1 Cours

10.1.1 Variables aléatoires

Soit Ω un univers associé à une expérience aléatoire.

Définition (Variable aléatoire)

On appelle **variable aléatoire réelle** (notée v.a.r.) sur Ω toute fonction $X : \Omega \to \mathbb{R}$, c'est-à-dire une fonction qui à chaque issue de Ω associe un nombre.

Exemple 10.1
Considérons un lancer de 2 dés et notons X la somme des résultats des 2 dés. X est une variable aléatoire qui vérifie

$$X : \begin{cases} (1,1) & \to 2 \\ (1,2) & \to 3 \\ (2,1) & \to 3 \\ ... & \to ... \\ (6,6) & \to 12 \end{cases}$$

Remarque

Le vocabulaire de **variable aléatoire** est usuel mais malheureux. X n'est en réalité pas une variable mais une application. De plus, X n'a rien d'aléatoire (à chaque issue de l'expérience est associé un réel fixe), c'est l'expérience qui est aléatoire.

Définition (Support)

L'ensemble des valeurs prises par X, noté $X(\Omega)$, est appelé le **support** de X.

Dans la suite, nous nous intéressons à des variables aléatoires ayant un support fini.

10.1.2 Loi de probabilité

Définition (Loi de probabilité)

Soit X une variable aléatoire sur Ω et $X(\Omega) = \{x_1, x_2, \dots, x_n\}$ l'ensemble des valeurs prises par X.
On appelle **loi de probabilité** de X l'ensemble des couples

$$\{(x_i, p_i), i \in [\![1; n]\!]\}, \quad \text{où } p_i = P\left(X = x_i\right).$$

Théorème (Système complet d'événements associés à X)

Soit X une variable aléatoire sur Ω et $X(\Omega) = \{x_1, x_2, \dots, x_n\}$ l'ensemble des valeurs prises par X.
Alors la famille $((X = x_1), (X = x_2), \dots, (X = x_n))$ est un s.c.e. appelé **système complet d'événements associé à X.**

En particulier, on a $P(X = x_1) + P(X = x_2) + \cdots + P(X = x_n) = 1$.

10.1.3 Espérance et variance

Définition (Espérance et variance)

Soit X une variable aléatoire sur Ω telle que $X(\Omega) = \{x_1, x_2, \dots, x_n\}$.
On pose, pour tout $i \in [\![1; n]\!]$, $p_i = P\left([X = x_i]\right)$.

On appelle **espérance** mathématique de la v.a. X la quantité, notée $E(X)$, définie par :

$$E(X) = p_1 x_1 + p_2 x_2 + \cdots + p_n x_n.$$

On appelle **variance** mathématique de la v.a. X la quantité, notée $V(X)$, définie par :

$$V(X) = E(X^2) - (E(X))^2.$$

où $E(X^2) = p_1 x_1^2 + p_2 x_2^2 + \cdots + p_n x_n^2$.
On appelle **écart-type** de la v.a. X la quantité, notée $\sigma(X)$, définie par :

$$\sigma(X) = \sqrt{V(X)}.$$

Remarques

- L'espérance se comprend comme la moyenne des valeurs prises par la variable X pondérée par la probabilité de l'événement associé.
- La formule $V(X) = E(X^2) - (E(X))^2$ porte le nom de formule de Koenig-Huygens.

10.1.4 Loi de Bernoulli et loi binomiale

Nous allons aborder dans cette sous-section une loi usuelle particulière, la loi de Bernoulli et sa généralisation, la loi binomiale.

Épreuves de Bernoulli et loi de Bernoulli

Définition (Épreuve de Bernoulli)

Une épreuve de Bernoulli est une expérience aléatoire à deux issues possibles, l'une appelée "succès" et l'autre "échec".

Définition (Loi de Bernoulli)

Soit $p \in [0;1]$.
Une loi de Bernoulli est une loi de probabilité, où la probabilité d'obtenir un succès vaut p et celle d'obtenir un échec vaut $1-p$.
p est appelé le paramètre de la loi de Bernoulli.

On dit qu' une variable aléatoire X suit une **loi de Bernoulli de paramètre** p si :

- $X(\Omega) = \{0;1\}$.
- $P(X=1) = p$ et $P(X=0) = 1-p$.

On note alors $X \hookrightarrow \mathcal{B}(p)$.

Proposition (Paramètres d'une loi de Bernoulli)

Soit $p \in [0;1]$ et $X \hookrightarrow \mathcal{B}(p)$. Alors

$$E(X) = p \quad \text{et } V(X) = p(1-p).$$

Schéma de Bernoulli et loi binomiale

Définition (Schéma de Bernoulli)

On appelle schéma de Bernoulli de paramètres (n, p) la répétition de n épreuves de Bernoulli de paramètre p identiques et indépendantes.

Définition (Loi binomiale)

Soient $n \in \mathbb{N}^*$ et $p \in [0; 1]$.
On dit qu'une variable aléatoire X suit une **loi binomiale de paramètres n et p** si

- $X(\Omega) = [\![0; n]\!]$.
- Pour tout $k \in [\![0; n]\!]$, $P(X = k) = \binom{n}{k} p^k (1-p)^{n-k}$.

On note alors $X \hookrightarrow \mathcal{B}(n, p)$.

Remarque (Interprétation)

La loi binomiale est la loi de probabilité définie sur $[\![0; n]\!]$ qui donne le nombre de succès obtenus lorsqu'on réalise un schéma de Bernoulli de paramètre (n, p).

Remarque

La loi de Bernoulli est le cas particulier d'une loi binomiale de taille 1.

Dans le chapitre 20 , nous présentons une autre interprétation de la loi binomiale, qui permet de justifier la loi associé et de calculer son espérance et de sa variance.

10.2 Méthodes

10.2.1 Déterminer la loi d'une variable aléatoire X

Méthode

1. Déterminer le support de X.
2. Calculer chacune des probabilités associées aux événements élémentaires $(X = i)$, où $i \in X(\Omega)$.
3. Vérifier vos calculs en sommant les probabilités calculées précédemment et en vérifiant que leur somme vaut bien 1.

Remarque : on récapitule souvent à la fin la loi à l'aide d'un tableau.

Exemple 10.2
On effectue 2 tirages avec remise dans un sac contenant 3 boules numérotées de 1 à 3.
Soit X la variable égale à la somme des nombres obtenus.
Donner la loi de probabilité associée à X.

On a $X(\Omega) = \{2, 3, 4, 5, 6\}$.
On est en situation d'équiprobabilité, chaque tirage de deux boules ayant même probabilité d'être tiré, car il y a remise.

D'où $P(X = 2) = \dfrac{\text{nombre de cas favorables}}{\text{nombre de cas possibles}}$.
Or, $\Omega = [\![1, 3]\!]^2$, d'où $\text{Card}(\Omega) = 3^2 = 9$.
Et, il y a une seule issue favorable pour obtenir que la somme des deux boules soit égale à 2, c'est de tirer la boule numéro 1 puis à nouveau la boule numéro 1.
D'où $P(X = 2) = \dfrac{1}{9}$.
On trouve les autres probabilités en dénombrant de la même façon le nombre d'issues favorables.
On en déduit alors le tableau de la loi de X :

i	2	3	4	5	6
$p_i = P(X = i)$	$\frac{1}{9}$	$\frac{2}{9}$	$\frac{3}{9}$	$\frac{2}{9}$	$\frac{1}{9}$

Remarque : on a bien que $\dfrac{1}{9} + \dfrac{2}{9} + \dfrac{3}{9} + \dfrac{2}{9} + \dfrac{1}{9} = 1$.

10.2.2 Calculer l'espérance et la variance d'une variable aléatoire X

Méthode

1. Déterminer la loi de X.
2. Utiliser les définitions du cours (cf. Sous-section 10.1.3).

Exemple 10.3
Reprenons l'exemple 10.2 ci-dessus du sac contenant 3 boules numérotées de 1 à 3.
On effectue deux tirages avec remise et on note X la somme des résultats.
On a vu que sa loi était donnée par :

i	2	3	4	5	6
p_i	1/9	2/9	3/9	2/9	1/9

L'espérance de X vaut donc :

$$E(X) = 2 \times \frac{1}{9} + 3 \times \frac{2}{9} + 4 \times \frac{3}{9} + 5 \times \frac{2}{9} + 6 \times \frac{1}{9} = \frac{2+6+12+10+6}{9} = \frac{36}{9} = 4.$$

Par ailleurs,

$$E(X^2) = 2^2 \times \frac{1}{9} + 3^2 \times \frac{2}{9} + 4^2 \times \frac{3}{9} + 5^2 \times \frac{2}{9} + 6^2 \times \frac{1}{9} = \frac{4+18+48+50+36}{9} = \frac{156}{9} = \frac{52}{3}.$$

D'où la variance de X vaut :

$$V(X) = E(X^2) - (E(X))^2 = \frac{52}{3} - 4^2 = \frac{4}{3}.$$

10.2.3 Reconnaître et justifier la loi de Bernoulli et celle binomiale

Méthode (Loi de Bernoulli)

Modélisation
On utilise la loi de Bernoulli dès que l'on considère une épreuve ayant deux issues possibles : succès avec probabilité p et échec avec probabilité $1-p$. En effet, dans ce cas, la variable aléatoire valant 1 en cas de succès et 0 en cas d'échec suit la loi de Bernoulli de paramètre p.

Rédaction
On écrira : « On appelle succès l'événement ... de probabilité p.
Alors X, la variable aléatoire qui vaut 1 en cas de succès, 0 en cas d'échec, suit une loi de Bernoulli de paramètre p ».

Exemple 10.4

1. Un exemple typique d'utilisation est le suivant. On lance une pièce truquée pour laquelle le côté `Face` est obtenu avec la probabilité p. On appelle succès l'événement "obtenir Face" de probabilité p. Soit X la variable aléatoire qui vaut 1 lorsqu'on obtient `Face`, et 0 sinon. Alors $X \hookrightarrow \mathcal{B}(p)$.
2. On considère une urne contenant 2 boules blanches et 1 boule noire. On tire une boule dans cette urne. On appelle succès l'événement "obtenir une boule blanche" de probabilité $p = \dfrac{1}{3}$. Soit X la variable aléatoire égale à 1 si la boule tirée est noire et 0 si la boule tirée est blanche. Alors $X \hookrightarrow \mathcal{B}\left(\frac{1}{3}\right)$.

Méthode (Loi binomiale)

Modélisation
Soit X une variable aléatoire qui compte le nombre de succès sur n réalisations indépendantes d'une même expérience aléatoire. Alors $X \hookrightarrow \mathcal{B}(n,p)$, où p représente la probabilité d'un succès.
Attention, le paramètre p est fixe. Autrement dit, la probabilité du succès ne varie pas en fonction des expériences !

Rédaction
On écrira : « Dans cette expérience à deux issues, on appelle succès l'événement ..., qui est de probabilité p. On répète n fois cette expérience de manière indépendante. Alors la v.a. X qui **compte le nombre de succès** suit une loi binomiale $\mathcal{B}(n,p)$ ».

Exemple 10.5
On lance n fois, de manière identique indépendante, une pièce truquée dont la probabilité d'obtenir face est p. On appelle succès l'événement "obtenir face" de probabilité p. Soit X la variable aléatoire égale au nombre de faces obtenues durant ces n lancers. Alors $X \hookrightarrow \mathcal{B}(n, p)$.

10.3 Pour s'entraîner

10.3.1 Exercices

Exercice 10.1
On considère un jeu qui consiste à lancer successivement deux dés équilibrés.

On note :

— D_1 le résultat du premier dé et D_2 le résultat du deuxième dé,
— E_1 l'événement $(D_1 < D_2)$, E_2 l'événement $(D_1 = D_2)$ et E_3 l'événement $(D_1 > D_2)$.

Lors d'une partie,

— si l'événement E_1 se produit alors le joueur ne marque pas de point,
— si l'événement E_2 se produit alors le joueur marque 2 points,
— si l'événement E_3 se produit alors le joueur marque 1 point.

Soit X la variable aléatoire représentant le nombre de points marqués.

1. Calculer la probabilité de chacun des événements E_1, E_2 et E_3.
2. Déterminer la loi de la variable aléatoire X, puis calculer son espérance et sa variance.

Exercice 10.2
On s'intéresse au taux de réussite d'un gymnaste lors d'une figure. On suppose que la variable aléatoire qui vaut 1 lorsqu'il réussit cette figure et 0 sinon suit une loi de Bernoulli de paramètre $p \in [0; 1]$.
On a déterminé que $V(X) = \frac{1}{4}$. Avec quelle probabilité le gymnaste réussit-il sa figure ?

Exercice 10.3
Soit $p \in]0, 1[$ et X une variable aléatoire dont la loi est donnée par $P(X = 1) = p$ et $P(X = -1) = 1 - p$.

1. Calculer $E(X)$ et $V(X)$.
2. On pose $Y = \dfrac{1 + X}{2}$. Quelle est la loi de la variable aléatoire Y ?

Exercice 10.4
On tire sans remise dans une urne contenant 4 boules vertes et 2 boules rouges, jusqu'à obtenir la première boule rouge.
Soit N le nombre de tirages nécessaires.

Donner la loi de N, puis calculer $E(N)$ et $V(N)$.

Afin de calculer la loi de probabilité de N, on pourra utiliser une généralisation de la formule des probabilités conditionnelles, appelées formules des probabilités composées que vous verrez l'an prochain et qui dit que :

1. Soient A, B, C trois événements tels que $P(A \cap B) \neq 0$.
   Alors $P(A \cap B \cap C) = P(A)\, P_A(B)\, P_{A\cap B}(C)$.
2. Soient A, B, C, D trois événements tels que $P(A \cap B \cap C) \neq 0$.
   Alors $P(A \cap B \cap C \cap D) = P(A)\, P_A(B)\, P_{A\cap B}(C)\, P_{A\cap B\cap C}(D)$.
3. Soient A, B, C, D, E trois événements tels que $P(A \cap B \cap C \cap D) \neq 0$.
   Alors $P(A\cap B\cap C\cap D\cap E) = P(A)\, P_A(B)\, P_{A\cap B}(C)\, P_{A\cap B\cap C}(D)\, P_{A\cap B\cap C\cap D}(E)$.

Cette formule des probabilités composées dont vous verrez la généralisation à n événements en ECG est très utile pour calculer des probabilités d'intersection d'événements, lorsqu'il n'y a pas indépendance entre eux.

10.3.2 Corrigés

Solution 10.1

1. On a $\Omega = [[1,6]]^2$, d'où $\text{Card}(\Omega) = 6^2 = 36$.

   On peut résumer l'ensemble des issues possibles par le tableau suivant :

$D_1 \backslash D_2$	1	$2\cdots$		6
1	$=$	$<$	$\cdots$	$<$
2	$>$	$=$		
6	$>$	$>$		$=$

   On est en situation d'équiprobabilité et le nombre d'issues totales est au nombre de 36.
   Le tableau ci-dessus permet de dénombrer facilement le nombre d'issues favorables et d'en déduire ainsi que :

$$P(E_1) = \frac{15}{36} = \frac{5}{12}, \quad P(E_2) = \frac{6}{36} = \frac{1}{6}, \quad P(E_3) = \frac{15}{36} = \frac{5}{12}.$$

2. On a $(X = 0) = E_1$, $(X = 1) = E_3$ et $(X = 2) = E_2$.
   On en déduit alors facilement, grâce à la q.1, que la loi de X est donnée par :

i	0	1	2
$\mathrm{P}(X = i)$	$\frac{5}{12}$	$\frac{5}{12}$	$\frac{1}{6}$

   On en déduit alors que , $E(X) = 0 \times \frac{5}{12} + 1 \times \frac{5}{12} + 2 \times \frac{1}{6} = \frac{3}{4}$.
   Et, $E(X^2) = 0^2 \times \frac{5}{12} + 1^2 \times \frac{5}{12} + 2^2 \times \frac{1}{6} = \frac{13}{12}$.
   D'où, $V(X) = E\left(X^2\right) - E(X)^2 = \frac{13}{12} - \left(\frac{3}{4}\right)^2 = \frac{25}{48}$.

Solution 10.2
Notons X la variable aléatoire qui vaut 1 lorsque le gymnaste réussit sa figure et 0 sinon.
Alors, d'après l'énoncé, $X \hookrightarrow \mathcal{B}(p)$.
On cherche la probabilité que le gymnaste réussisse sa dernière figure, c'est-à-dire la valeur de p.
Or, comme $X \hookrightarrow \mathcal{B}(p)$, on a $V(X) = p(1-p)$.
D'après l'énoncé $V(X) = \frac{1}{4}$.
D'où, $p(1-p) = \frac{1}{4} \Leftrightarrow 4p(1-p) = 1 \Leftrightarrow 4p^2 - 4p + 1 = 0 \Leftrightarrow (2p-1)^2 = 0 \Leftrightarrow p = \frac{1}{2}$.
Ainsi la probabilité que le gymnaste réussisse sa figure vaut $\frac{1}{2}$.

Solution 10.3

1. On a $E(X) = 1 \times p + (-1) \times (1-p) = 2p - 1$.
   Par ailleurs, $E(X^2) = 1^2 \times p + (-1)^2 \times (1-p) = 1$.
   D'où, $V(X) = E(X^2) - (E(X))^2 = 1 - (2p-1)^2 = 4p - 4p^2 = 4p(1-p)$.
2. On $X(\Omega) = \{-1; 1\}$.
   D'où, Y peut prendre les valeurs $\frac{1-1}{2} = 0$ ou $\frac{1+1}{2} = 1$.
   Ainsi, $Y(\Omega) = \{0; 1\}$ et
   $P(Y = 0) = P\left(\frac{1+X}{2} = 0\right) = P(1 + X = 0) = P(X = -1) = 1 - p$
   $P(Y = 1) = P\left(\frac{1+X}{2} = 1\right) = P(1 + X = 2) = P(X = 1) = p$.
   On en déduit donc que $Y \hookrightarrow \mathcal{B}(1-p)$.

Solution 10.4
Nous invitons le lecteur à représenter la situation à l'aide d'un arbre pondéré.
$N(\Omega) = [\![1, 5]\!]$, car on peut obtenir la première rouge au premier tirage ou au

deuxième ou au troisième ou au quatrième ou au cinquième (une fois les 4 verts tirées).
Pour tout $i \in [\![1, 5]\!]$, note R_i l'événement "obtenir une boule rouge au ième tirage".
On a :
$P(N = 1) = P(R_1) = \frac{2}{6} = \frac{1}{3}$.
$P(N = 2) = P(\overline{R_1} \cap R_2) = P(\overline{R_1})P_{\overline{R_1}}(R_2) = \frac{4}{6} \times \frac{2}{5} = \frac{4}{15}$,
par la formule des probabilités conditionnelles.
Puis, en utilisant la généralisation de la formule des probabilités conditionnelles proposée dans l'énoncé, on en déduit que :

$$\begin{aligned} P(N = 3) &= P(\overline{R_1} \cap \overline{R_2} \cap R_3) \\ &= P(\overline{R_1})P_{\overline{R_1}}(\overline{R_2})P_{\overline{R_1} \cap \overline{R_1}}(R_3). \end{aligned}$$

D'où, $P(N = 3) = \frac{4}{6} \times \frac{3}{5} \times \frac{2}{4} = \frac{1}{5}$.

$$\begin{aligned} P(N = 4) &= P(\overline{R_1} \cap \overline{R_2} \cap \overline{R_3} \cap R_4) \\ &= P(\overline{R_1})P_{\overline{R_1}}(\overline{R_2})P_{\overline{R_1} \cap \overline{R_2}}(\overline{R_3})P_{\overline{R_1} \cap \overline{R_2} \cap \overline{R_3}}(R_4). \end{aligned}$$

D'où, $P(N = 4) = \frac{4}{6} \times \frac{3}{5} \times \frac{2}{4} \times \frac{2}{3} = \frac{2}{15}$.

$$\begin{aligned} P(N = 5) &= P(\overline{R_1} \cap \overline{R_2} \cap \overline{R_3} \cap \overline{R_4} \cap R_5) \\ &= P(\overline{R_1})P_{\overline{R_1}}(\overline{R_2})P_{\overline{R_1} \cap \overline{R_2}}(\overline{R_3})P_{\overline{R_1} \cap \overline{R_2} \cap \overline{R_3}}(\overline{R_4})P_{\overline{R_1} \cap \overline{R_2} \cap \overline{R_3} \cap \overline{R_4}}(R_5). \end{aligned}$$

D'où, $P(N = 5) = \frac{4}{6} \times \frac{3}{5} \times \frac{2}{4} \times \frac{1}{3} \times 1 = \frac{1}{15}$.

Ainsi, on obtient le tableau suivant :

i	1	2	3	4	5
$P(N = i)$	$\frac{1}{3}$	$\frac{4}{15}$	$\frac{1}{5}$	$\frac{2}{15}$	$\frac{1}{15}$

On vérifie que la somme vaut 1 avant de continuer !

On en déduit alors que :

$$E(X) = 1 \times \frac{1}{3} + 2 \times \frac{4}{15} + 3 \times \frac{1}{5} + 4 \times \frac{2}{15} + 5 \times \frac{1}{15} = \frac{7}{3}.$$

De même, $E(X^2)$ existe et vaut par la formule de transfert :

$$E(X^2) = 1^2 \times \frac{1}{3} + 2^2 \times \frac{4}{15} + 3^2 \times \frac{1}{5} + 4^2 \times \frac{2}{15} + 5^2 \times \frac{1}{15} = \frac{105}{15}.$$

Par la formule de Koenig-Huygens, on en déduit que :

$$V(X) = E(X^2) - (E(X))^2 = \frac{105}{15} - \frac{49}{9} = \frac{70}{45}.$$

Partie III.
Notions abordées en spécialité maths et plus succinctement dans l'option maths complémentaires, qui seront approfondies en ECG

Chapitre 11

Convergence d'une suite réelle

Dans le chapitre 8, nous avons rappelé les bases autour de la notion de suites qui sont au programme de la spécialité maths de première (monotonie d'une suite, suites arithmétiques et géométriques, etc.). Ce chapitre quant à lui reprend la notion de convergence d'une suite réelle, notion au programme de la spécialité maths et de l'option maths complémentaires de terminale. Ce chapitre donne tout d'abord les définitions intuitives de ce que sont des suites convergentes, divergentes vers $\pm\infty$ et divergentes sans limite. Dans une seconde partie, sont données les limites des suites dites de références. Il est primordial de savoir restituer tous ces résultats. Sont abordées ensuite les principales opérations sur les limites (somme, différence, produit, inverse, quotient et composition), qui permettent de déterminer les limites de fonctions plus complexes, certains cas donnant lieu à ce qu'on appelle des formes indéterminées, dont l'étude est au programme uniquement de la spécialité maths (cf. Chapitre 19).

Sommaire

11.1 Cours

Pour plus de simplicité, on considère ici une suite définie sur $\mathbb{N}$, mais la suite pourrait tout aussi bien être définie à partir d'un rang n_0 quelconque, sans perte de généralité.

11.1.1 Définition suite convergente/divergente

Définition (Suite convergente)

On dit qu'une suite (u_n) **converge** (ou admet une limite finie) lorsqu'il existe un réel l tel que tout intervalle ouvert I contenant l contient tous les termes de la suite à partir d'un certain rang.
On note alors

$$\lim_{n \to +\infty} u_n = l$$

et l est appelée la limite de la suite.

Remarque

On notera que les premiers rangs de la suite n'ont pas d'importance lorsqu'on étudie la convergence, car seul le comportement des termes de la suite à partir d'un certain rang compte.

Exemple 11.1
$\lim_{n \to +\infty} \frac{1}{n} = 0$.

En effet, plus n prend de grandes valeurs, plus $\frac{1}{n}$ prend des valeurs petites, se rapprochant ainsi de 0.

Proposition (Unicité)

La limite d'une suite, lorsqu'elle existe, est **unique**

Définition (Suite divergente)

Si la suite ne converge pas, elle est dite **divergente**.

Remarque

Il y a deux cas pour qu'une suite soit divergente :

- Soit elle n'a pas de limite, par exemple $(-1)^n$ qui ne converge vers aucun nombre
- Soit sa limite est infinie.

Définition (Suite divergent vers l'infinie)

On dit qu'une suite diverge vers $+\infty$ lorsque tout intervalle ouvert du type $]A\ ;+\infty[$ contient tous les termes de la suite à partir d'un certain rang. On note

$$\lim_{n\to+\infty} u_n = +\infty.$$

La suite (u_n) diverge vers $-\infty$ si la suite $(-u_n)$ diverge vers $+\infty$.

Exemple 11.2
La suite $(u_n)_{n\in\mathbb{N}}$ définie par $u_n = 3n - 5$ diverge vers $+\infty$.
En effet, plus n prend de grandes valeurs, plus $3n - 5$ prend de grandes valeurs aussi, se rapprochant ainsi de "l'infini".

11.1.2 Limites de référence

Proposition (Limite des suites puissances)

Si $\alpha > 0$, $\lim_{n\to+\infty} n^\alpha = +\infty$.

Si $\alpha < 0$, $\lim_{n\to+\infty} n^\alpha = 0$.

Exemple 11.3
$\lim_{n\to+\infty} n = +\infty$, $\lim_{n\to+\infty} n^2 = +\infty$, $\lim_{n\to+\infty} \frac{1}{n} = 0$, $\lim_{n\to+\infty} n^{-3} = 0$.

Proposition (Limites des suites géométriques)

Soit $(u_n)_{n\in\mathbb{N}}$ la suite définie, pour tout $n \in \mathbb{N}$, par $u_n = q^n$.

1. Si $q \leq -1$ la suite n'a pas de limite.
2. Si $-1 < q < 1$ la suite converge vers 0.
3. Si $q = 1$ la suite converge vers 1 et est constante.
4. Si $q > 1$ la suite diverge et tend vers $+\infty$.

Exemple 11.4

$\lim\limits_{n\to+\infty} 2^n = +\infty$, $\lim\limits_{n\to+\infty} \left(\frac{1}{3}\right)^n = 0$.

11.1.3 Opérations sur les limites

Proposition (Opérations sur les limites)

Soient $(u_n)_{n\in\mathbb{N}}$ et $(v_n)_{n\in\mathbb{N}}$ deux suites convergentes de limite respective l et l'. Alors :

1. La suite $(u_n + v_n)_{n\in\mathbb{N}}$ est convergente de limite $l + l'$.
2. Pour tout réel λ, la suite $(\lambda u_n)_{n\in\mathbb{N}}$ est convergente de limite $\lambda \times l$.
3. La suite $(u_n v_n)_{n\in\mathbb{N}}$ est convergente de limite $l \times l'$.
4. Si tous les termes v_n sont non nuls à partir d'un certaine rang n_0 et $l' \neq 0$, alors la suite $(\frac{u_n}{v_n})_{n\geq n_0}$, définie pour $n \geq n_0$, est convergente de limite $\frac{l}{l'}$.

Lorsque l'on inclut l'infini dans les limites, nous verrons qu'il y a des cas où nous ne pourrons pas conclure.
Par exemple, qui l'emporte entre 0 et $+\infty$ dans $0 \times +\infty$?
Nous énonçons ci-dessous à l'aide de tableaux les règles de calculs sur les limites (finies et infinies).
La notation F.I. (pour forme indéterminée) signifie qu'aucun théorème ne nous permet de conclure en général. Nous verrons dans le chapitre 19 des méthodes pour lever cette indétermination et conclure, méthodes abordées uniquement en spécialité maths.

Soient (u_n) et (v_n) deux suites ayant des limites (finies ou infinies).

Multiplication par un réel

Le tableau suivant donne la limite éventuelle de (λu_n) selon la limites de (u_n).

$\lim u_n \setminus \lambda$	$\lambda > 0$	$\lambda < 0$
$l \in \mathbb{R}$	λl	λl
$+\infty$	$+\infty$	$-\infty$
$-\infty$	$-\infty$	$+\infty$

Somme

Le tableau suivant donne la limite éventuelle de $(u_n + v_n)$ selon les limites de (u_n) et (v_n).

Remarque : en combinant la multiplication par -1 et la somme on peut aisément déduire les limites obtenues par soustraction.

$\lim u_n \setminus \lim v_n$	$l' \in \mathbb{R}$	$+\infty$	$-\infty$
$l \in \mathbb{R}$	$l + l'$	$+\infty$	$-\infty$
$+\infty$	$+\infty$	$+\infty$	F.I.
$-\infty$	$-\infty$	F.I.	$-\infty$

Produit

Le tableau suivant donne la limite éventuelle de $(u_n v_n)$ selon les limites de (u_n) et (v_n).

<table>
<tr><th>$\lim u_n \setminus \lim v_n$</th><th>$l' > 0$</th><th>$l' < 0$</th><th>$l' = 0$</th><th>$+\infty$</th><th>$-\infty$</th></tr>
<tr><td>$l > 0$</td><td rowspan="3" colspan="3">$l \cdot l'$</td><td>$+\infty$</td><td>$-\infty$</td></tr>
<tr><td>$l < 0$</td><td>$-\infty$</td><td>$+\infty$</td></tr>
<tr><td>$l = 0$</td><td>F.I.</td><td>F.I.</td></tr>
<tr><td>$+\infty$</td><td>$+\infty$</td><td>$-\infty$</td><td>F.I.</td><td>$+\infty$</td><td>$-\infty$</td></tr>
<tr><td>$-\infty$</td><td>$-\infty$</td><td>$+\infty$</td><td>F.I.</td><td>$-\infty$</td><td>$+\infty$</td></tr>
</table>

Inverse
Le tableau suivant donne la limite de $\left(\frac{1}{u_n}\right)$ selon la limite de (u_n).

$\lim u_n$	$l \in \mathbb{R}^*$	$\pm\infty$
$\lim \dfrac{1}{u_n}$	$\dfrac{1}{l}$	0

Attention, si $\lim\limits_{n\to+\infty} u_n = 0$, il faut étudier le signe de u_n :

1. $u_n > 0$: $\lim\limits_{n\to+\infty} \dfrac{1}{u_n} = +\infty$
2. $u_n < 0$: $\lim\limits_{n\to+\infty} \dfrac{1}{u_n} = -\infty$
3. Sinon $\frac{1}{u}$ n'a pas de limite.

La meilleure façon de retenir le tableau ci-dessus est d'avoir en tête la représentation graphique de la fonction inverse (cf. Chapitre 6).

Quotient
Le tableau suivant donne la limite de $\left(\frac{u_n}{v_n}\right)$ selon la limite de (u_n) et (v_n).

Dans les cases $\pm\infty$, on applique la règle des signes pour déterminer si la limite est $+\infty$ ou $-\infty$.

$\lim u \setminus \lim v$	$l' \in \mathbb{R}^*$	0	$\pm\infty$
$l \in \mathbb{R}^*$	$\frac{l}{l'}$	$\pm\infty$	0
0	0	F.I.	0
$\pm\infty$	$\pm\infty$	$\pm\infty$	F.I.

Remarque : comme $\dfrac{u_n}{v_n} = u_n \times \dfrac{1}{v_n}$*, en combinant les règles sur la somme et l'inverse de limites, on retrouve le tableau ci-dessus.*

11.1.4 Théorèmes de comparaisons et des gendarmes

Les premiers termes de la suite n'ayant pas d'influence sur la limite d'une suite (puisque la convergence ou non de la suite dépend du comportement de la suite pour de grandes valeurs de n), vous pouvez remplacer dans les inégalités ci-dessous, le "pour tout $n \in \mathbb{N}$" par "pour tout $n \geq n_0$", où n_0 désigne un rang quelconque de la suite.

Proposition (Passage à la limite dans une inégalité)

Soit $(u_n)_{n\in\mathbb{N}}$ et $(v_n)_{n\in\mathbb{N}}$ deux suites **convergentes** telles que, pour tout $n \in \mathbb{N}$, $u_n \leqslant v_n$ ou bien $u_n < v_n$.
Alors $\lim\limits_{n\to+\infty} u_n \leqslant \lim\limits_{n\to+\infty} v_n$.

Erreurs à éviter

Les inégalités strictes deviennent larges par passage à la limite.
La proposition est fausse si l'on remplace les inégalités larges par des inégalités strictes.

Par exemple, pour tout $n \geqslant 1$, $1+\dfrac{1}{n} > 1-\dfrac{1}{n}$ et si l'on garde des inégalités strictes en passant à la limite dans cette inégalité, on obtiendrait $1 < 1$. Ce qui est absurde.

Proposition (Positivité)

Si $(u_n)_{n\in\mathbb{N}}$ est une suite positive qui **converge** vers l alors $l \geqslant 0$.

Proposition (Limites des suites extraites)

Si $(u_n)_{n\in\mathbb{N}}$ a une limite l (finie ou infinie) alors toutes les sous-suites $(u_{n+1})_{n\in\mathbb{N}}$, $(u_{n+2})_{n\in\mathbb{N}}$, $(u_{2n})_{n\in\mathbb{N}}$, $(u_{2n+1})_{n\in\mathbb{N}}$, etc. ont aussi pour limite l.

Proposition (Théorème de comparaison)

Soient $(u_n)_{n\in\mathbb{N}}$ et $(v_n)_{n\in\mathbb{N}}$ deux suites telles que, pour tout $n \in \mathbb{N}$, $u_n \leqslant v_n$.

1. Si $(u_n)_{n\in\mathbb{N}}$ diverge vers $+\infty$ alors $(v_n)_{n\in\mathbb{N}}$ aussi.
2. Si $(v_n)_{n\in\mathbb{N}}$ diverge vers $-\infty$ alors $(u_n)_{n\in\mathbb{N}}$ aussi.

Proposition (Théorème d'encadrement ou des gendarmes)

Soient $(u_n)_{n\in\mathbb{N}}$, $(v_n)_{n\in\mathbb{N}}$ et $(w_n)_{n\in\mathbb{N}}$ trois suites telles que :

1. Pour tout $n \in \mathbb{N}$, $u_n \leqslant v_n \leqslant w_n$.
2. $(u_n)_{n\in\mathbb{N}}$ et $(w_n)_{n\in\mathbb{N}}$ convergent vers une même limite l .

Alors $(v_n)_{n\in\mathbb{N}}$ converge aussi vers l .

Remarque

Le théorème de comparaison et celui des gendarmes donnent à la fois **l'existence et la valeur** de la limite de la suite.

11.2 Méthodes

11.2.1 Calculer des limites à l'aide des opérations usuelles

Méthode

Lorsque l'on vous demande de déterminer la limite d'une suite, commencez par regarder si vous pouvez conclure grâce aux limites de référence et aux opérations sur les limites (cf. tableaux Sous-section 11.1.3).

Exemple 11.5

1. Calculer $\lim\limits_{n\to+\infty}\left(\left(\dfrac{1}{2}\right)^n+n^2\right)$.

   On a $\lim\limits_{n\to+\infty}\left(\dfrac{1}{2}\right)^n=0$, car $-1<\dfrac{1}{2}<1$.
   De plus $\lim\limits_{n\to+\infty}n^2=+\infty$.

   D'où, par somme, $\lim\limits_{n\to+\infty}\left(\left(\dfrac{1}{2}\right)^n+n^2\right)=+\infty$.

2. Calculer $\lim\limits_{n\to+\infty}(n+3)\left(1+\dfrac{1}{n}\right)$.
   On a $\lim\limits_{n\to+\infty}(n+3)=+\infty$ par somme, car $\lim\limits_{n\to+\infty}n=+\infty$

   De plus, $\lim\limits_{n\to+\infty}\left(1+\dfrac{1}{n}\right)=1$ par somme, car $\lim\limits_{n\to+\infty}\dfrac{1}{n}=0$.

   D'où, par produit, $\lim\limits_{n\to+\infty}(n+3)\left(1+\dfrac{1}{n}\right)=+\infty$.

3. Calculer $\lim\limits_{n\to+\infty}\dfrac{\left(\frac{1}{3}\right)^n+\frac{1}{n}}{2^n+n}$.

   On a $\lim\limits_{n\to+\infty}\left(\dfrac{1}{3}\right)^n=0$, car $-1<\dfrac{1}{3}<1$.

   De plus, $\lim\limits_{n\to+\infty}\dfrac{1}{n}=0$.

   D'où, par somme, $\lim\limits_{n\to+\infty}\left(\left(\dfrac{1}{3}\right)^n+\dfrac{1}{n}\right)=0$.
   Par ailleurs, $\lim\limits_{n\to+\infty}2^n=+\infty$, car $2>1$.
   De plus, $\lim\limits_{n\to+\infty}n=+\infty$.
   D'où, par somme, $\lim\limits_{n\to+\infty}(2^n+2)=+\infty$.

   On en conclut que $\lim\limits_{n\to+\infty}\dfrac{\left(\frac{1}{3}\right)^n+\frac{1}{n}}{2^n+n}=0$, par quotient.
   Remarque : attention "$\dfrac{0}{\infty}$" *n'est pas une forme indéterminée.*

11.2.2 Comment utiliser et bien rédiger le théorème de comparaison et celui des gendarmes

Méthode

Lorsque l'on n'arrive pas à déterminer la limite d'une suite à l'aide des opérations usuelles, on peut essayer d'encadrer le terme général de la suite et voir si le théorème de comparaison ou celui des gendarmes ne pourraient pas s'appliquer.
Attention à bien rédiger l'application de ces théorèmes, en rappelant les hypothèses à vérifier, en citant le nom du théorème et en concluant (cf. exemple ci-dessous pour la rédaction).
Souvent dans les exercices, lorsqu'il faut appliquer un de ces théorèmes pour déterminer une limite, une question intermédiaire consistant à encadrer le terme général de la suite vient avant la question portant sur le calcul de la limite.

Exemple 11.6
Étudier la nature de la suite $(u_n)_{n\in\mathbb{N}}$ de terme général $u_n = n + (-1)^n$.

Soit $n \in \mathbb{N}$. On a :

$$-1 \leq (-1)^n \leq 1$$

$$\Rightarrow \quad n - 1 \leq n + (-1)^n \leq n + 1.$$

Or, $\lim\limits_{n\to+\infty} (n-1) = +\infty$.

Ainsi :

- Pour tout $n \in \mathbb{N}$, $n - 1 \leq u_n$.
- $\lim\limits_{n\to+\infty} (n-1) = +\infty$.

D'où, **par le théorème de comparaison**, on en déduit que la suite $(u_n)_{n\in\mathbb{N}}$ converge et $\lim\limits_{n\to+\infty} u_n = +\infty$.

Remarque : l'inégalité "$u_n \leq n+1$ pour tout $n \in \mathbb{N}$" n'apporte rien ici, car $\lim\limits_{n\to+\infty} (n+1) = +\infty$, ce qui n'apporte pas de contraintes sur la limite de la suite (u_n).

Exemple 11.7
Étudier la nature de la suite $(u_n)_{n\in\mathbb{N}^*}$ de terme général $u_n = \dfrac{1+(-1)^n}{n}$.

Soit $n \in \mathbb{N}^*$. On a :

$$-1 \leq (-1)^n \leq 1$$

$$\Rightarrow \quad 0 \leq 1 + (-1)^n \leq 2$$

$$\Rightarrow \quad 0 \leq \frac{1 + (-1)^n}{n} \leq \frac{2}{n}.$$

Or, $\lim\limits_{n \to +\infty} \frac{2}{n} = 0$ par quotient.
Et, $\lim\limits_{n \to +\infty} 0 = 0$.

Ainsi :

- Pour tout $n \in \mathbb{N}^*$, $0 \leq u_n \leq \frac{2}{n}$.
- $\lim\limits_{n \to +\infty} 0 = 0$.
- $\lim\limits_{n \to +\infty} \frac{2}{n} = 0$.

D'où, **par le théorème des gendarmes**, on en déduit que la suite $(u_n)_{n \in \mathbb{N}}$ converge et $\lim\limits_{n \to +\infty} u_n = 0$.

11.3 Pour s'entraîner

11.3.1 Exercices

Exercice 11.1
Déterminer les limites suivantes :

1. $\lim\limits_{n \to +\infty} (n^2 + n)$.
2. $\lim\limits_{n \to +\infty} (n^2 - 3)\left(\frac{1}{n} - 2\right)$.
3. $\lim\limits_{n \to +\infty} \frac{\frac{1}{n} - 2}{n^2 + 3}$.
4. $\lim\limits_{n \to +\infty} \frac{1}{n^{-2} + \frac{1}{3^n}}$.

Exercice 11.2
Soit $(u_n)_{n \in \mathbb{N}}$ la suite définie par $u_0 = 3$ et $u_{n+1} = \sqrt{u_n - 1} + 1$, pour tout entier n.

On admet que, pour tout entier n, u_n est bien définie et $u_n > 1$.

1. Montrer que la suite $(w_n)_{n \in \mathbb{N}}$ définie par $w_n = \ln(u_n - 1)$ est géométrique.
2. En déduire l'expression de w_n, puis de u_n en fonction de n.
3. Quelle est la limite de $(u_n)_{n \in \mathbb{N}}$?

Exercice 11.3

En admettant que, pour tout $n \geq 1$, $e^n \geq n^2$, en déduire $\lim\limits_{x \to +\infty} \dfrac{e^n}{n}$.

Exercice 11.4

Étudier la nature de la suite $(u_n)_{n \in \mathbb{N}^*}$ de terme général $u_n = \dfrac{n + (-1)^n}{n^2}$.

11.3.2 Corrigés

Solution 11.1

1. $\lim\limits_{n \to +\infty} n^2 = +\infty$ et $\lim\limits_{n \to +\infty} n = +\infty$.
   Donc par somme, $\lim\limits_{n \to +\infty} (n^2 + n) = +\infty$.
2. $\lim\limits_{n \to +\infty} n^2 = +\infty$, donc $\lim\limits_{n \to +\infty} (n^2 - 3) = +\infty$ par somme.
   De plus, $\lim\limits_{n \to +\infty} \dfrac{1}{n} = 0$, donc $\lim\limits_{n \to +\infty} \left(\dfrac{1}{n} - 2\right) = -2$ par somme.
   Donc, par produit, $\lim\limits_{n \to +\infty} (n^2 - 3)\left(\dfrac{1}{n} - 2\right) = -\infty$.
3. $\lim\limits_{n \to +\infty} \dfrac{1}{n} = 0$.
   Donc, par somme, $\lim\limits_{n \to +\infty} \left(\dfrac{1}{n} - 2\right) = -2$.
   Par ailleurs, $\lim\limits_{n \to +\infty} n^2 = +\infty$.
   Donc, par somme, $\lim\limits_{n \to +\infty} (n^2 + 3) = +\infty$.
   D'où par quotient, $\lim\limits_{n \to +\infty} \dfrac{\frac{1}{n} - 2}{n^2 + 3} = 0$.
4. $\lim\limits_{n \to +\infty} n^{-2} = 0$, car $-2 < 0$.
   De plus, $\lim\limits_{n \to +\infty} \dfrac{1}{3^n} = \lim\limits_{n \to +\infty} \left(\dfrac{1}{3}\right)^n = 0$, car $-1 < \dfrac{1}{3} < 1$.
   D'où, par somme, $\lim\limits_{n \to +\infty} \dfrac{1}{n^{-2} + \frac{1}{3^n}} = 0$.
   On ne peut pas conclure directement en passant par l'inverse, car la limite du dénominateur vaut 0 (cf. tableau limite inverse d'une suite). Il faut auparavant étudier le signe du dénominateur, pour savoir si la limite est $+\infty$ ou $-\infty$.
   Or, pour tout $n \in \mathbb{N}$, $n^{-2} + \frac{1}{3^n} > 0$.
   D'où , $\lim\limits_{n \to +\infty} \left(n^{-2} + \dfrac{1}{3^n}\right) = +\infty$.

   Attention, aux limites du type "$\dfrac{1}{0}$" :

Ne pas écrire explicitement « $\frac{1}{0}$ » sur une copie, même si c'est l'esprit. Il faut rédiger correctement en donnant la limite du numérateur et du dénominateur et en concluant grâce à la règle sur les quotients.
On voit souvent écrit que la limite d'une constante divisée par un terme qui tend vers 0 vaut 0. Ceci est faux. Vous devez revenir au calcul numérique pour corriger l'erreur. En effet, « $\frac{1}{0,00001} = 100000$ », nombre qui doit plutôt faire songer à une quantité infiniment grande qu'à 0. Pour ne pas se tromper, il faut revenir à la représentation graphique de la fonction inverse qui tend vers ∞ .
Il ne faut pas oublier de raisonner sur le signe du dénominateur. La limite du quotient est infiniment grande et la règle des signes dit qu'elle est négative (on peut se faire une idée en considérant « $\frac{1}{-0,00001} = -100000$ »).

Solution 11.2

1. Soit $n \in \mathbb{N}$.
   On a :

$$\begin{aligned} w_{n+1} &= \ln(u_{n+1} - 1) && \text{par définition de } (w_n) \\ &= \ln\left(\sqrt{u_n - 1} + 1 - 1\right) && \text{par définition de } (u_n) \\ &= \ln\left(\sqrt{u_n - 1}\right) \\ &= \frac{1}{2}\ln(u_n - 1) \\ &= \frac{1}{2}w_n. \end{aligned}$$

   Donc la suite (w_n) est géométrique de raison $q = \frac{1}{2}$ et de premier terme $w_0 = \ln(u_0 - 1) = \ln(2)$.
   Remarque : il allait penser à la propriété $\ln(\sqrt{a}) = \frac{1}{2}\ln(a)$.

2. Soit $n \in \mathbb{N}$.
   On a $w_n = w_0 q^n = \ln(2)\left(\frac{1}{2}\right)^n$.
   Or, $e^{w_n} = u_n - 1$.
   Donc $u_n = e^{w_n} = 1 = e^{\ln(2)\left(\frac{1}{2}\right)^n} + 1$.

3. Comme $-1 < \frac{1}{2} < 1$, on a $\lim_{n\to+\infty} \left(\frac{1}{2}\right)^n = 0$.

Et donc, par produit, $\lim_{n\to+\infty} \ln(2)\left(\frac{1}{2}\right)^n = 0$ (car $\ln 2$ est une constante).
Donc, $\lim_{n\to+\infty} \mathrm{e}^{\ln(2)\left(\frac{1}{2}\right)^n} = e^0 = 1$.
D'où, par somme, $\lim_{n\to+\infty} \left(\mathrm{e}^{\ln(2)\left(\frac{1}{2}\right)^n} + 1\right) = 1 + 1 = 2$.
En conclusion, $\lim_{n\to+\infty} u_n = 2$.

Solution 11.3
Soit $n \geq 1$.
On a $e^n \geq n^2 \Rightarrow \dfrac{e^n}{n} \geq n$.
Or, $\lim_{n\to+\infty} n = +\infty$.

Ainsi :

- Pour tout $n \geq 1$, $\dfrac{e^n}{n} \geq n$.
- $\lim_{n\to+\infty} n = +\infty$.

D'où, par le théorème de comparaison, on en déduit que $\lim_{n\to+\infty} \dfrac{e^n}{n} = +\infty$.

Solution 11.4
Soit $n \in \mathbb{N}^*$. On a :

$$-1 \leq (-1)^n \leq 1$$

$$\Rightarrow \quad n - 1 \leq n + (-1)^n \leq n + 1$$

$$\Rightarrow \quad \frac{n-1}{n^2} \leq \frac{n+(-1)^n}{n^2} \leq \frac{n+1}{n^2}.$$

Or, $\lim_{n\to+\infty} \dfrac{n-1}{n^2} = \lim_{n\to+\infty} \left(\dfrac{1}{n} - \dfrac{1}{n^2}\right) = 0$ par somme.
Et, $\lim_{n\to+\infty} \dfrac{n+1}{n^2} = \lim_{n\to+\infty} \left(\dfrac{1}{n} + \dfrac{1}{n^2}\right) = 0$ par somme.

Ainsi :

- Pour tout $n \in \mathbb{N}^*$, $\dfrac{n-1}{n^2} \leq u_n \leq \dfrac{n+1}{n^2}$.
- $\lim_{n\to+\infty} \dfrac{n-1}{n^2} = 0$.
- $\lim_{n\to+\infty} \dfrac{n+1}{n^2} = 0$.

D'où, par le théorème des gendarmes, on en déduit que la suite $(u_n)_{n\in\mathbb{N}}$ converge et $\lim_{n\to+\infty} u_n = 0$.

Chapitre 12

Limites de fonctions

Les notions de limite et de continuité sont omniprésentes en analyse. Savoir calculer la limite d'une fonction en un point donné et chercher de potentielles asymptotes à la courbe permettent de préciser l'allure générale de la représentation graphique d'une fonction. Dans ce chapitre, nous introduisons d'abord la notion de limite d'une fonction et la notion d'asymptote, puis nous présenterons des techniques de calcul de limites, basés sur des opérations similaires à celles vues dans le chapitre sur la convergence de suites. Enfin, comme pour les suites, nous verrons le pendant pour les fonctions du théorème de comparaison et des gendarmes. Ainsi dans ce chapitre vous retrouverez des résultats très similaires à ceux abordés dans le chapitre 11, à ceci près que contrairement aux suites, on s'intéressera aussi ici à des limites autres que $+\infty$.

Sommaire

12.1 Cours

Soit f une fonction définie sur un intervalle I de $\mathbb{R}$ et $x_0 \in I$ (x_0 peut être une extrémité de I).

12.1.1 Définitions et interprétation graphique

Définition (Limite finie en x_0)

Soit ℓ un réel. On dit que f admet ℓ pour limite en x_0 si $f(x)$ est aussi proche que l'on veut de ℓ dès que x est suffisamment proche de x_0.
On écrit

$$\lim_{x \to x_0} f(x) = l$$

ou

$$f(x) \underset{x \to x_0}{\to} l.$$

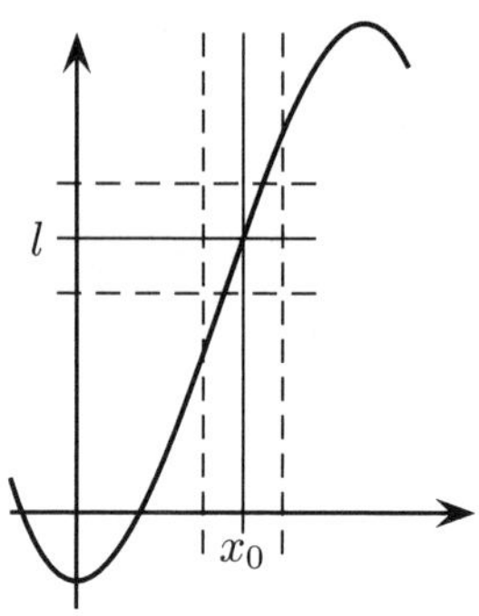

FIGURE 12.1 – Pour tout nombre $\epsilon > 0$ aussi petit soit-il, les nombres $f(x)$ sont dans l'intervalle $]l - \epsilon; l + \epsilon[$, dès que l'on choisit x assez proche de x_0.

Erreurs à éviter

Une fonction peut ne pas avoir de limite lorsque x tend vers x_0.
En revanche, si **la limite existe, elle est unique**.
On parle alors de **la** limite de f en x_0.

Exemple 12.1
$\lim_{x \to 1} (4x - 1) = 3.$
En effet, quand x se rapproche de 1, $4x - 1$ se rapproche de $4 \times 1 - 1 = 3$.

Définition (Limite infinie en un réel x_0)

On dit que f tend vers $+\infty$ (resp. $-\infty$) en x_0 si $f(x)$ est aussi grand (resp. petit) que l'on veut dès que x est suffisamment proche de x_0.
On note $\lim_{x \to x_0} f(x) = +\infty$ ou $f(x) \underset{x \to x_0}{\to} +\infty$
(resp. $\lim_{x \to x_0} f(x) = -\infty$ ou $f(x) \underset{x \to x_0}{\to} -\infty$).

L'unicité de la limite s'étend à ce cas.

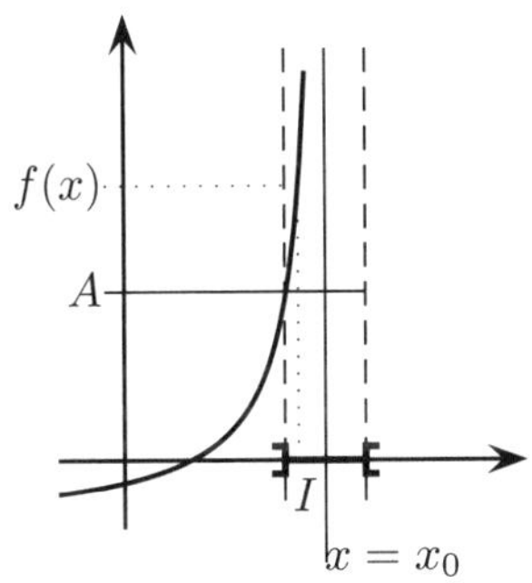

FIGURE 12.2 – Tout intervalle ouvert de la forme $]A; +\infty[$ contient $f(x)$ pour x suffisament proche de x_0.

Exemple 12.2
$\lim_{x \to 0} \frac{1}{x^2} = +\infty.$

Remarque

Comme le montre l'exemple ci-dessus, il n'est pas nécessaire que la fonction soit définie en x_0 pour parler de sa limite en x_0.
Il suffit qu'elle soit définie au voisinage de x_0.

Définition (Asymptote verticale)

Si $\lim_{x \to x_0} f(x) = +\infty$ alors la droite verticale d'équation $x = x_0$ est asymptote verticale à C_f en $+\infty$.

Ce résultat reste vrai en remplaçant $+\infty$ par $-\infty$.

Exemple 12.3

$\lim_{x \to 1} f(x) = +\infty$ signifie que le nombre $f(x)$ peut être rendu aussi grand que l'on veut, à condition de choisir x suffisamment proche du nombre réel 1. Cela traduit bien une proximité entre la courbe de f et la droite verticale d'équation $x = 1$ « loin en haut » sur le graphique. Autrement dit, cette droite est asymptote à $\mathcal{C}_f$.

On considère maintenant que la fonction f est définie sur un intervalle I de la forme $[a; +\infty[$ (resp. $]-\infty; a]$).

Définition (Limites finies en l'infini)

Soit l un nombre réel.
On dit que f tend vers l en $+\infty$ (resp. $-\infty$) si f est aussi proche que l'on veut de l dès que x est suffisamment grand (resp. petit).

On note cette limite $\lim_{x \to +\infty} f(x) = l$ (resp. $\lim_{x \to -\infty} f(x) = l$).

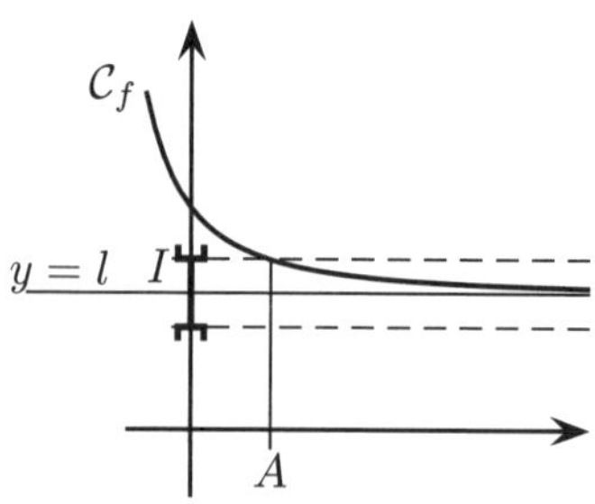

FIGURE 12.3 – Tout intervalle ouvert contenant l contient toutes les valeurs $f(x)$ pour x assez grand. Autrement dit, pour tout intervalle I contenant l, il existe un réel A tel que pour si $x > A$ alors $f(x) \in I$.

Définition (Asymptote horizontale)

Si $\lim_{x \to +\infty} f(x) = l$, alors $y = l$ est asymptote horizontale à C_f au voisinage de $+\infty$.

Le résultat reste valable en remplaçant $+\infty$ par $-\infty$.

Exemple 12.4

$\lim_{x \to +\infty} f(x) = 3$ signifie que le nombre $f(x)$ peut être rendu aussi proche de 3 que l'on veut, à condition de choisir x suffisamment grand.
Cela traduit bien une proximité entre la courbe de f et la droite horizontale d'équation $y = 3$ « loin à droite » sur le graphique.
Autrement dit, cette droite est asymptote à $\mathcal{C}_f$ en $+\infty$.

Définition (Limites infinies en l'infini)

On dit que f tend vers $+\infty$ (resp. $-\infty$) en $+\infty$ si f est aussi grand que l'on veut dès que x est suffisamment grand (resp. petit).
On note cette limite $\lim_{x \to +\infty} f(x) = +\infty$ (resp. $\lim_{x \to -\infty} f(x) = +\infty$).

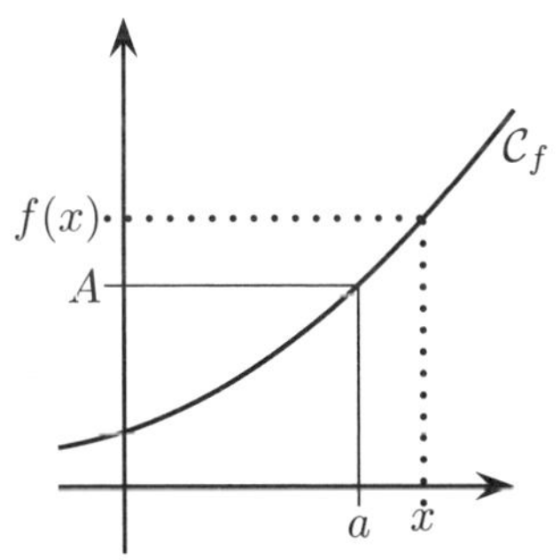

FIGURE 12.4 – Tout intervalle ouvert de la forme $]A; +\infty[$ contient $f(x)$ pour x assez grand. Autrement dit, pour tout réel A, il existe un réel a tel que pour tout $x > a$ alors $f(x) > A$.

Exemple 12.5

$\lim_{x \to -\infty} x^2 = +\infty$.

12.1.2 Limites des fonctions usuelles

Les fonctions usuelles ont les limites résumées dans le tableau ci-dessous. On retrouve facilement ces limites en ayant en tête les représentations graphiques de ces fonctions usuelles (cf. Chapitre 6).

f	D_f	Limites
$f(x) = ax + b$	$\mathbb{R}$	Si $a > 0$ $\lim\limits_{x \to +\infty} (ax+b) = +\infty$ et $\lim\limits_{x \to -\infty} (ax+b) = -\infty$ Si $a < 0$ $\lim\limits_{x \to +\infty} (ax+b) = -\infty$ et $\lim\limits_{x \to -\infty} (ax+b) = +\infty$
$f(x) = x^2$	$\mathbb{R}$	$\lim\limits_{x \to +\infty} x^2 = \lim\limits_{x \to -\infty} x^2 = +\infty$
$f(x) = x^3$	$\mathbb{R}$	$\lim\limits_{x \to +\infty} x^3 = +\infty$ et $\lim\limits_{x \to -\infty} x^3 = -\infty$
$f(x) = \dfrac{1}{x}$	$\mathbb{R}^*$	$\lim\limits_{x \to +\infty} \dfrac{1}{x} = 0^+$, $\lim\limits_{x \to -\infty} \dfrac{1}{x} = 0^-$ $\lim\limits_{\substack{x \to 0 \\ x>0}} \dfrac{1}{x} = +\infty$ et $\lim\limits_{\substack{x \to 0 \\ x<0}} \dfrac{1}{x} = -\infty$
$f(x) = \sqrt{x}$	$\mathbb{R}^+$	$\lim\limits_{x \to 0} \sqrt{x} = \sqrt{0} = 0$ et $\lim\limits_{x \to +\infty} \sqrt{x} = +\infty$
$f(x) = e^x$	$\mathbb{R}$	$\lim\limits_{x \to +\infty} e^x = +\infty$ et $\lim\limits_{x \to -\infty} e^x = 0$
$f(x) = \ln x$	$\mathbb{R}_+^*$	$\lim\limits_{x \to 0} \ln x = -\infty$ et $\lim\limits_{x \to +\infty} \ln x = +\infty$

12.1.3 Opérations classiques

On admettra que les sommes, les produits, les inverses, les quotients ou les composées des fonctions usuelles que nous étudierons vérifient tous que, si $a \in D_f$, alors $\lim\limits_{x \to a} f(x) = f(a)$.

Dans les autres cas, aux bornes de leur ensemble de définition, on appliquera les opérations sur les limites présentées dans les tableaux suivants, et qui **sont exactement les mêmes que pour les suites, y compris pour les formes indéterminées**.

Proposition (Opérations sur les limites)

Limite de (λf) :

$\lambda \setminus \lim f$	$-\infty$	$\ell \in \mathbb{R}$	$+\infty$
$\lambda < 0$	$+\infty$	$\lambda\ell$	$-\infty$
$\lambda = 0$	0	0	0
$\lambda > 0$	$-\infty$	$\lambda\ell$	$+\infty$

Limite de $f + g$:

$\lim g \setminus \lim f$	$-\infty$	$\ell \in \mathbb{R}$	$+\infty$
$-\infty$	$-\infty$	$-\infty$	FI
$\ell' \in \mathbb{R}$	$-\infty$	$\ell + \ell'$	$+\infty$
$+\infty$	FI	$+\infty$	$+\infty$

Limite de $f \times g$:

$\lim f \setminus \lim g$	$-\infty$	$\ell < 0$	$\ell = 0$	$\ell > 0$	$+\infty$
$-\infty$	$+\infty$	$+\infty$	FI	$-\infty$	$-\infty$
$\ell' < 0$	$+\infty$	$\ell\ell'$	0	$\ell\ell'$	$-\infty$
$\ell' = 0$	FI	0	0	0	FI
$\ell' > 0$	$-\infty$	$\ell\ell'$	0	$\ell\ell'$	$+\infty$
$+\infty$	$-\infty$	$-\infty$	FI	$+\infty$	$+\infty$

Proposition

Dans la suite, 0^+ *signifie que la fonction converge vers 0 en étant positive et* 0^- *signifie que la fonction converge vers 0 en étant négative.*

Limite de $(\frac{1}{g})$:

$\lim g$	$-\infty$	0^-	$\ell \in \mathbb{R}^*$	0^+	$+\infty$
$\lim 1/g$	0	$-\infty$	$1/\ell$	$+\infty$	0

Lorsque la fonction g *tend vers* 0*, il faut faire attention au signe de* g *afin de déterminer si la limite de* $1/g$ *est* $+\infty$ *ou* $-\infty$*. La meilleure façon de retenir le tableau ci-dessus est d'avoir en tête la représentation graphique de la fonction inverse (cf. Chapitre 6).*

Limite de f/g :

$\lim g \setminus \lim f$	$-\infty$	$\ell < 0$	$\ell = 0$	$\ell > 0$	$+\infty$
$-\infty$	FI	0	0	0	FI
$\ell' < 0$	$+\infty$	ℓ/l'	0	ℓ/l'	$-\infty$
0^-	$+\infty$	∞	FI	$-\infty$	$-\infty$
0^+	$-\infty$	$-\infty$	FI	$+\infty$	$+\infty$
$\ell' > 0$	$-\infty$	ℓ/l'	0	ℓ/l'	$+\infty$
$+\infty$	FI	0	0	0	FI

Proposition (Règle de composition des limites)

Soient a, b et ℓ des réels pouvant aussi valoir $\pm\infty$.
Si $\lim_{x\to a} f(x) = b$ et $\lim_{y\to b} g(y) = \ell$ alors $\lim_{x\to a} g(f(x)) = \ell$.

Exemple 12.6
$\lim_{x\to+\infty} (8x^2 - 5) = +\infty$ et $\lim_{x\to+\infty} \ln x = +\infty$.
D'où $\lim_{x\to+\infty} \ln(8x^2 - 5) = +\infty$.

12.1.4 Théorèmes de comparaison et théorème des gendarmes

Théorème (de passage à la limite dans les inégalités)

Soient f et g deux fonctions définies sur I sauf peut-être en x_0 et possédant une limite en x_0.

1. Si, pour tout $x \in I\backslash\{x_0\}$, $f(x) \geq g(x)$ alors $\lim_{x\to x_0} f(x) \geq \lim_{x\to x_0} g(x)$.
2. En particulier, si pour tout $x \in I\backslash\{x_0\}$ $f(x) \geq 0$, alors $\lim_{x\to x_0} f(x) \geq 0$.

Erreurs à éviter

On dit que l'opération de passage à la limite est compatible avec les inégalités larges.
Ces résultats ne s'étendent pas aux inégalités strictes.
Contre-exemple :
pour tout $x \in]0, +\infty]$, $1 - \frac{1}{x} < 1$, *mais pourtant* $\lim_{x\to+\infty} 1 - \frac{1}{x} = 1 \not< 1$.
Comme pour les suites, une inégalité stricte devient large par passage à la limite.

Théorème (de comparaison)

Soient f, g et h trois fonctions définies sur I, sauf peut-être en x_0.

1. Si, pour tout $x \in I \backslash \{x_0\}$, $f(x) \leq g(x)$ et $\lim\limits_{x \to x_0} f(x) = +\infty$, alors $\lim\limits_{x \to x_0} g(x) = +\infty$.
2. Si, pour tout $x \in I \backslash \{x_0\}$, $f(x) \leq g(x)$ et $\lim\limits_{x \to x_0} g(x) = -\infty$, alors $\lim\limits_{x \to x_0} f(x) = -\infty$.

Théorème (d'encadrement ou théorème des gendarmes)

Soient f, g, h trois fonctions définies sur I sauf peut-être en x_0.

Si :

1. Pour tout $x \in I \backslash \{x_0\}$ $\quad g(x) \leq f(x) \leq h(x)$,
2. $\lim\limits_{x \to x_0} g(x) = \lim\limits_{x \to x_0} h(x) = l$,

alors f possède une limite en x_0 et $\lim\limits_{x \to x_0} f(x) = l$

Remarque

Les deux théorèmes précédents donnent **l'existence de la limite ainsi que sa valeur**.

Il n'est donc pas utile quand on applique ces théorèmes de démontrer d'abord l'existence de la limite.

12.2 Méthodes

12.2.1 Déterminer des limites de fonctions grâce aux opérations usuelles et aux limites de référence

Méthode

Lorsque l'on vous demande de déterminer la limite d'une fonction, commencez par regarder si vous ne pouvez pas conclure grâce aux limites de référence et aux opérations sur les limites (cf. tableaux Sous-section 12.1.3).
La méthode reste ainsi la même que pour les suites, à ceci près que pour les suites on s'intéresse uniquement à la limite en $+\infty$.

Exemple 12.7

1. Calculer $\lim\limits_{x \to +\infty} \left(e^x + x^2\right)$.

   On a $\lim\limits_{x \to +\infty} e^x = +\infty$.
   De plus $\lim\limits_{x \to +\infty} x^2 = +\infty$.
   D'où, par somme, $\lim\limits_{x \to +\infty} \left(e^x + x^2\right) = +\infty$.

2. Calculer $\lim\limits_{x \to 0} (x - 3)(1 + \ln x)$.
   On a $\lim\limits_{x \to 0} (x - 3) = 0 - 3 = -3$.
   De plus, $\lim\limits_{x \to 0} \ln x = -\infty$.
   D'où, par somme, $\lim\limits_{x \to 0} (1 + \ln x) = -\infty$.
   D'où, par produit, $\lim\limits_{x \to 0} (x - 3)(1 + \ln x) = +\infty$.
   Attention aux signes !

3. Calculer $\lim\limits_{x \to 0} \dfrac{1}{\ln(1 + x^2)}$.
   On a $\lim\limits_{x \to 0} (1 + x^2) = 1$.
   D'où, par composition, $\lim\limits_{x \to 0} \ln(1 + x^2) = \ln(1) = 0$.
   Attention, comme nous allons passer par l'inverse, il nous faut d'abord étudier le signe de $\ln(1+x^2)$ avant de conclure (cf. représentation graphique de la fonction inverse).
   Or, pour tout $x \in \mathbb{R}$, $x^2 \geq 0$, d'où $1 + x^2 \geq 1$ et donc par $\ln(1 + x^2) \geq 0$.
   Ainsi, par inverse, on en déduit que $\lim\limits_{x \to 0} \dfrac{1}{\ln(1 + x^2)} = +\infty$.

12.2.2 Savoir utiliser le théorème de comparaison et celui des gendarmes

Méthode

Lorsque l'on n'arrive pas à déterminer la limite d'une suite à l'aide des opérations usuelles, on peut essayer d'encadrer le terme général de la suite et voir si le théorème de comparaison ou celui des gendarmes ne pourraient pas s'appliquer.
Attention à bien rédiger l'application de ces théorèmes, en rappelant les hypothèses à vérifier et en citant le nom du théorème avant de conclure (cf. exemples ci-dessous pour la rédaction).

Exemple 12.8
En admettant que, pour tout $x \in \mathbb{R}$, $x^2 + 1 \leq e^{x^2} \leq 1 + x^2 e^{x^2}$, déduire un encadrement de $\dfrac{e^x - 1}{x}$, puis $\displaystyle\lim_{x\to 0} \frac{e^x - 1}{x}$.

Soit $x \in \mathbb{R}^*$.
De l'inégalité donnée dans l'énoncé, il vient :

$$x^2 + 1 \leq e^{x^2} \leq 1 + x^2 e^{x^2}$$

$$\Rightarrow \quad x^2 \leq e^{x^2} - 1 \leq x^2 e^{x^2}$$

$$\Rightarrow \quad 1 \leq \frac{e^{x^2} - 1}{x^2} \leq e^{x^2} \quad \text{car } x^2 > 0$$

Ainsi, on a :

- Pour tout $x \in \mathbb{R}^*$, $1 \leq \dfrac{e^{x^2} - 1}{x^2} \leq e^{x^2}$
- $\displaystyle\lim_{x\to 0} 1 = 1$
- $\displaystyle\lim_{x\to 0} e^{x^2} = 1$

D'où, par le théorème des gendarmes, on en déduit que $\displaystyle\lim_{x\to 0} \frac{e^{x^2} - 1}{x^2} = 1$.

12.3 Pour s'entraîner

12.3.1 Exercices

Exercice 12.1
Calculer les limites suivantes :

1. $\lim\limits_{x\to+\infty} \left(x^2 + e^x\right)$.
2. $\lim\limits_{x\to0} \dfrac{1}{\sqrt{x} + x^2}$.
3. $\lim\limits_{x\to5} \sqrt{x-3}$.
4. $\lim\limits_{x\to3} \dfrac{1-x}{x+1}$.
5. $\lim\limits_{x\to-\infty} \left(e^x + x^2\right)\left(3 + \dfrac{1}{x}\right)$.
6. $\lim\limits_{x\to+\infty} \dfrac{1}{\ln\left(1-\frac{1}{x}\right)}$.

Exercice 12.2

1. En admettant que, pour tout $x \geq 1$, $e^x \geq x^2$, montrer que $\dfrac{e^x}{x} \underset{x\to+\infty}{\longrightarrow} +\infty$.
2. En admettant que, pour tout $x \in]-1, +\infty[$, $\dfrac{x^2}{1+x^2} \leq \ln(1+x^2) \leq x^2$, montrer que $\lim\limits_{x\to0} \dfrac{\ln(1+x^2)}{x^2} = 1$.

Remarque : vous pouvez pour vous entraîner démontrer les inégalités admises, en utilisant la méthode présentée à la sous-section 7.2.6

12.3.2 Corrigés

Solution 12.1

1. On a $\lim\limits_{x\to+\infty} x^2 = +\infty$ et $\lim\limits_{x\to+\infty} e^x = +\infty$.
   D'où, par somme, $\lim\limits_{x\to+\infty} \left(x^2 + e^x\right) = +\infty$.
2. On a $\lim\limits_{x\to0} \sqrt{x} = 0$ et $\lim\limits_{x\to0} x^2 = 0$.
   D'où, par somme, $\lim\limits_{x\to0} \left(\sqrt{x} + x^2\right) = 0$.
   Comme on souhaite ensuite passer à l'inverse, il nous faut déterminer le signe de $\sqrt{x} + x^2$, afin de savoir si la limite de l'inverse sera $+\infty$ ou $-\infty$.
   Or, pour tout $x \in \mathbb{R}$, $\sqrt{x} + x^2 \geq 0$.
   D'où, par inverse $\lim\limits_{x\to0} \dfrac{1}{\sqrt{x} + x^2} = +\infty$.
3. $\lim\limits_{x\to5} (x-3) = 5 - 3 = 2$.
   D'où, par composition, $\lim\limits_{x\to5} \sqrt{x-3} = \sqrt{5-3} = \sqrt{2}$.

4. On a $\lim_{x\to 3}(1-x)=-2$.
   De plus, $\lim_{x\to 3}(x+1)=4$.
   D'où, par quotient, $\lim_{x\to 3}\dfrac{1-x}{x+1}=\dfrac{-2}{4}=-\dfrac{1}{2}$.
5. Par composition, $\lim_{x\to -\infty} e^x=0$.
   De plus, $\lim_{x\to -\infty} x^2=+\infty$.
   D'où, par somme, $\lim_{x\to -\infty}\left(e^x+x^2\right)=+\infty$.
   Par ailleurs, $\lim_{x\to -\infty}\dfrac{1}{x}=0$.
   D'où, par somme, $\lim_{x\to -\infty}\left(3+\dfrac{1}{x}\right)=3$.
   Ainsi, par produit, on en déduit que $\lim_{x\to -\infty}\left(e^x+x^2\right)\left(3+\dfrac{1}{x}\right)$.
6. $\lim_{x\to +\infty}\left(1-\dfrac{1}{x}\right)=1$.
   Donc, par composition, $\lim_{x\to +\infty}\ln\left(1-\dfrac{1}{x}\right)=0$.
   Ici on ne peut pas conclure directement sans avoir étudier auparavant le signe de $\ln\left(1-\frac{1}{x}\right)$ (cf. tableau limite de l'inverse d'une fonction).
   Or, $1-\frac{1}{x}<1$, donc $\ln\left(1-\frac{1}{x}\right)<0$.
   D'où par inverse, $\lim_{x\to +\infty}\dfrac{1}{\ln\left(1-\frac{1}{x}\right)}=-\infty$.

Solution 12.2

1. Soit $x\geq 1$.
   De l'inégalité donnée dans l'énoncé, il vient :

$$e^x\geq x^2$$

$$\Rightarrow \quad \frac{e^x}{x}\geq x \quad \text{car} \quad x>0$$

   Ainsi, on a :
   - Pour tout $x\geq 1$, $\dfrac{e^x}{x}\geq x$.
   - $\lim_{x\to +\infty} x=+\infty$.

   D'où, par le théorème de comparaison, on en déduit que $\lim_{x\to +\infty}\dfrac{e^x}{x}=+\infty$.

2. Soit $x \in]-1,+\infty[\setminus \{0\}$.
De l'inégalité donnée dans l'énoncé, il vient :

$$\frac{x^2}{1+x^2} \leq \ln(1+x^2) \leq x^2$$

$$\Rightarrow \quad \frac{1}{1+x^2} \leq \frac{\ln(1+x^2)}{x^2} \leq 1 \quad \text{car } x^2 > 0$$

Ainsi, on a :

- Pour tout $x \in]-1,+\infty[\setminus \{0\}$, $\dfrac{1}{1+x^2} \leq \dfrac{\ln(1+x^2)}{x^2} \leq 1$.
- $\lim\limits_{x \to 0} 1 = 1$.
- $\lim\limits_{x \to 0} \dfrac{1}{1+x^2} = 1$ par quotient.

D'où, par le théorème des gendarmes, on en déduit que $\lim\limits_{x \to 0} \dfrac{\ln(1+x^2)}{x^2} = 1$.

Chapitre 13

Dérivée seconde et convexité

Dans ce chapitre, nous allons aborder la notion de dérivée seconde, notion qui peut être utile en tant que telle pour étudier des fonctions et qui se trouve aussi être au cœur de la notion de convexité, cette dernière apportant notamment un éclairage sur la représentation graphique de la fonction et/ou permettant de démontrer des inégalités fonctionnelles.

Sommaire

13.1 Cours

Soit I un intervalle de $\mathbb{R}$.

13.1.1 Dérivée seconde

Définition (Dérivées seconde)

On dit que f est 2 fois dérivable sur I si f et f' sont dérivables.

Dans ce cas, on note $f'' := (f')'$, appelée **dérivée seconde de** f.

Exemple 13.1
La fonction f définie sur $\mathbb{R}$ par $f : x \mapsto e^{x^2}$ est deux fois dérivable sur $\mathbb{R}$.
En effet, la fonction f est dérivable sur $\mathbb{R}$ et pour tout $x \in \mathbb{R}$, $f'(x) = 2xe^{x^2}$.
La fonction $f' : x \mapsto 2xe^{x^2}$ est elle-même dérivable sur $\mathbb{R}$ et, pour tout $x \in \mathbb{R}$, $f''(x) = 2e^{x^2} + 4x^2e^{x^2}$.

13.1.2 Convexité

Définition (Convexité)

Une fonction est convexe sur I si quels que soient les points A, B dont les abscisses appartiennent à I, le segment $[AB]$ est situé au-dessus du graphe de $\mathcal{C}_f$ entre A et B.

Une fonction est concave sur I si quels que soient les points A, B dont les abscisses appartiennent à I, le segment $[AB]$ est situé en dessous du graphe de $\mathcal{C}_f$ entre A et B.

En résumé, f est convexe sur I quand $\mathcal{C}_f$ est au-dessous de ses cordes sur I.

Et f est concave sur I quand $\mathcal{C}_f$ est au-dessus de ses cordes sur I.

Exemple 13.2
La fonction carrée est convexe sur $\mathbb{R}$.

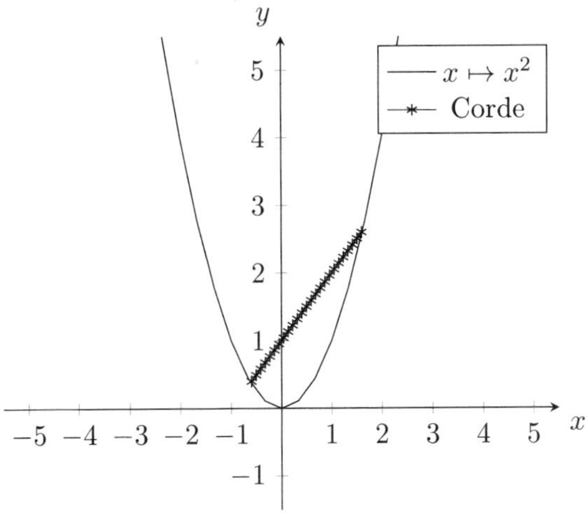

FIGURE 13.1 – Fonction carrée

La fonction cube n'est pas convexe sur $\mathbb{R}$. Elle est convexe sur $\mathbb{R}_+$ et concave sur $\mathbb{R}_-$.

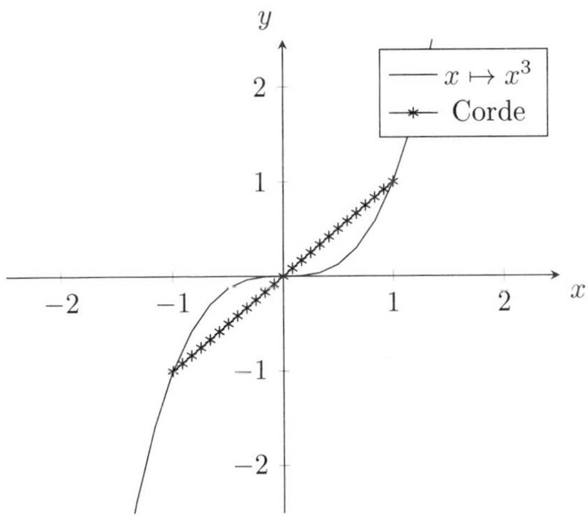

FIGURE 13.2 – Fonction cube

Notez bien le changement dans l'incurvation de la courbe, qui passe d'une courbure typique d'une fonction concave à une courbure typique d'une fonction convexe.

Proposition (Première caractérisation pour les fonctions dérivables)

Soit f une fonction dérivable sur un intervalle I.

1. f est **convexe** sur I si et seulement si f' **est croissante** sur I.
2. f est **concave** sur I si et seulement si f' **est décroissante** sur I.

Proposition (Deuxième caractérisation pour les fonctions dérivables)

Soit f une fonction dérivable sur un intervalle I.

1. f est **convexe** sur I si et seulement si la portion de $\mathcal{C}_f$ sur I est **au-dessus** de chacune de ses tangentes.
2. f est **concave** sur I si et seulement si la portion de $\mathcal{C}_f$ sur I est **en dessous** de chacune de ses tangentes.

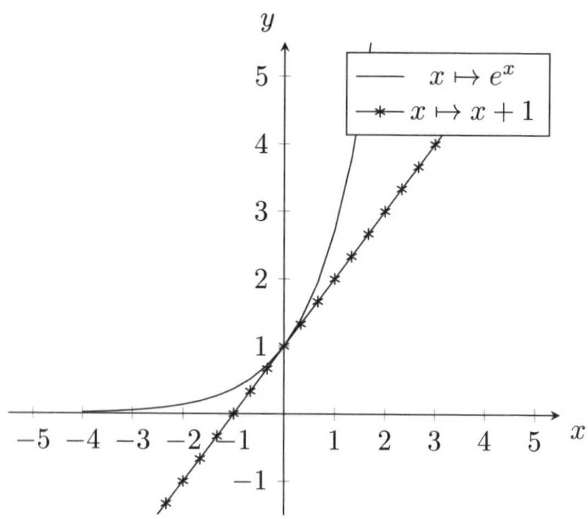

FIGURE 13.3 – La fonction exponentielle est convexe sur $\mathbb{R}$. En particulier, $\mathcal{C}_{\exp}$ est au-dessus de sa tangente au point d'abscisse 0, tangente qui a pour équation $y = x + 1$.

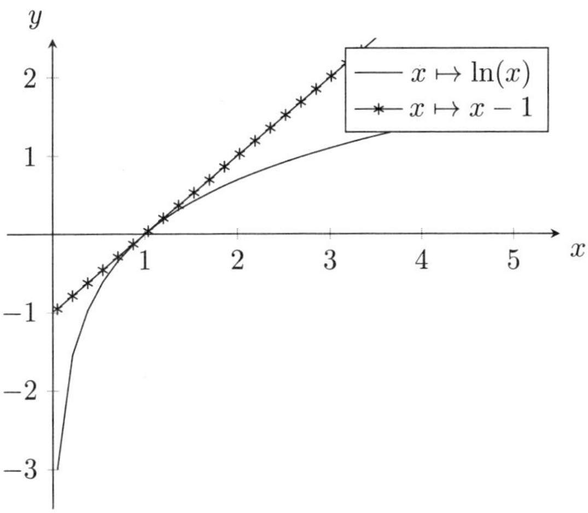

FIGURE 13.4 – La fonction logarithme est concave sur $\mathbb{R}_+^*$. En particulier, $\mathcal{C}_{\ln}$ est au-dessous de sa tangente au point d'abscisse 1, tangente qui a pour équation $y = x - 1$.

Proposition (Caractérisation pour les fonctions deux fois dérivables)

Soit f une fonction deux fois dérivable sur un intervalle I.

1. f est **convexe** sur I si et seulement si pour tout $x \in I$, $f'' \geq 0$.
2. f est **concave** sur I si et seulement si pour tout $x \in I$, $f'' \leq 0$.

Exemple 13.3

1. On retrouve que la fonction ln est concave sur $]0, +\infty[$, car ln est deux fois dérivable sur $\mathbb{R}$ et sa dérivée seconde, qui est $x \mapsto -\dfrac{1}{x^2}$, est négative sur $]0, +\infty[$.

2. On retrouve aussi que la fonction exp est convexe sur $\mathbb{R}$, car exp est deux fois dérivable sur $\mathbb{R}$ et sa dérivée seconde, qui est $x \mapsto e^x$, est positive sur $\mathbb{R}$.

Définition (Point d'inflexion)

Soit f une fonction définie au voisinage d'un réel x_0 de son ensemble de définition I.

On dit que le point $(x_0, f(x_0))$ est un **point d'inflexion** de la courbe $\mathcal{C}_f$ lorsque f passe de "convexe" à "concave", ou de "concave" à "convexe", en x_0.

Proposition (Point d'inflexion pour les fonctions dérivables)

Soit f une fonction dérivable sur un intervalle I et x_0 un élément intérieur à I (c'est-à-dire pas une extrémité).

Alors $\mathcal{C}_f$ admet un point d'inflexion en x_0 si et seulement si la tangente à $\mathcal{C}_f$ en ce point traverse $\mathcal{C}_f$.

Proposition (Point d'inflexion pour les fonctions deux fois dérivables)

Soit f une fonction deux fois dérivable sur un intervalle I et x_0 un élément intérieur à I (c'est-à-dire pas une extrémité).

Alors $(x_0, f(x_0))$ est un **point d'inflexion** de f si et seulement si f'' **s'annule et change de signe** en x_0.

Exemple 13.4
La fonction cube $f : x \mapsto x^3$ admet un seul point d'inflexion au point d'abscisse 0 (cf. Figure 13.2).
En effet, f est deux fois dérivable sur $\mathbb{R}$ et pour tout $x \in \mathbb{R}$, $f'(x) = 3x^2$ et $f''(x) = 6x$.
Soit $x \in \mathbb{R}$, $f''(x) > 0 \Leftrightarrow 6x > 0 \Leftrightarrow x > 0$.
D'où f'' s'annule et change de signe en 0.

13.2 Méthodes

13.2.1 Exemple d'utilisation de la dérivée seconde

Méthode

Lorsque l'on souhaite étudier les variations d'une fonction f, il est usuel de dériver la fonction et d'étudier le signe de sa dérivée f'.
Cependant, il arrive parfois que ce ne soit pas possible de résoudre $f' > 0$ directement.
Dans ce cas, il est possible d'étudier le signe de f' en étudiant ses variations, c'est-à-dire en étudiant le signe de la dérivée seconde de f qui est f''.

Exemple 13.5

Étudier les variations de la fonction f définie sur $\mathbb{R}$ par $f(x) = 1 - x + \dfrac{x^2}{2} - e^{-x}$.
La fonction f est dérivable sur $\mathbb{R}$, car somme de fonctions dérivables sur $\mathbb{R}^+$, et pour tout $x \in \mathbb{R}$, $f'(x) = -1 + x + e^{-x}$.
On ne sait pas résoudre sur $\mathbb{R}$, l'inéquation $1 + x + e^{-x} > 0$.
Par contre, f' est elle-même dérivable sur $\mathbb{R}$ et, pour tout $x \in \mathbb{R}$, $f''(x) = 1 - e^{-x}$.
Soit $x \in \mathbb{R}$, $f''(x) > 0 \Leftrightarrow 1 - e^{-x} > 0 \Leftrightarrow e^{-x} < 1 \Leftrightarrow -x < 0 \Leftrightarrow x > 0$.
Comme $f''(0) = 1 - e^{-0} = 1 - 1 = 0$, on en déduit le tableau de variation suivant :

x	$-\infty$		0		$+\infty$
$f'(x)$		$-$	0	$+$	
f'		↘	0	↗	

Ainsi, pour tout $x \in \mathbb{R}$, $f'(x) \geq 0$.
D'où f est croissante sur $\mathbb{R}$ et même strictement croissante sur $\mathbb{R}$ (car f' ne s'annule qu'en 0).

13.2.2 Convexité et inégalités fonctionnelles

Méthode

Le fait de montrer qu'une fonction est convexe (resp. concave) sur un intervalle I permet d'en déduire que sa représentation graphique $\mathcal{C}_f$ se situe en dessous (resp. au-dessus) de ses cordes et, lorsqu'elle est en plus dérivable, au-dessus de ses tangentes (resp. en dessous).
En exprimant l'équation de la corde ou de la tangente en un point donné, on peut ainsi en déduire des inégalités fonctionnelles.

Exemple 13.6
Montrer en utilisant la convexité que, pour tout $x \in [0,1]$, $x \leq e^x - 1 \leq x(e-1)$.

Monter que, pour tout $x \in [0,1]$, $x \leq e^x - 1$ équivaut à montrer que, pour tout $x \in [0,1]$, $x + 1 \leq e^x$.
Comme nous l'avons vu dans le cours, la fonction $f : x \to e^x$ est convexe sur $\mathbb{R}$.
D'où $\mathcal{C}_f$ est toujours au-dessus de ses tangentes sur $\mathbb{R}$.
En particulier, $\mathcal{C}_f$ est toujours au-dessus de sa tangente en 0 sur $\mathbb{R}$.
Or, l'équation de la tangente à $\mathcal{C}_f$ en 0 est $y = f(0) + f'(0)(x-0) = x+1$.
D'où, pour tout $x \in \mathbb{R}$, $x + 1 \leq e^x$.
Et donc en particulier, pour tout $x \in [0,1]$, $x + 1 \leq e^x$.

Montrons maintenant que, pour tout $x \in [0,1]$, $e^x - 1 \leq x(e-1)$, ce qui équivaut à montrer que pour tout $x \in [0,1]$, $e^x \leq 1 + x(e-1)$.
Comme f est convexe sur $\mathbb{R}$, elle l'est en particulier sur $[0,1]$, et donc $\mathcal{C}_f$ se situe au-dessous de sa corde sur $[0,1]$.
Or l'équation de la corde à $\mathcal{C}_f$ sur $[0,1]$ est $y = f(0) + \dfrac{f(1)-f(0)}{1-0}x$, c'est-à-dire $y = 1 + (e-1)x$.
D'où, pour tout $x \in [0,1]$, $e^x \leq 1 + x(e-1)$.
Donc en particulier, pour tout $x \in [0,1]$, $e^x - 1 \leq x(e-1)$

Conclusion : pour tout $x \in [0,1]$, on a $x \leq e^x - 1 \leq x(e-1)$.

13.2.3 Convexité et représentation graphique d'une fonction

Méthode

Lorsqu'on étudie une fonction donnée, on souhaite généralement avoir l'idée la plus précise possible de l'allure de sa courbe représentative.
Pour avoir une idée de la courbe représentative d'une fonction, on étudie ses variations, on détermine ses limites et ses potentielles asymptotes (cf. Chapitres 7 et 12). On peut aussi calculer l'équation de ses tangentes en des points particuliers.
Afin d'affiner encore l'allure de la courbe et notamment connaître son incurvation, on peut chercher les points d'inflexion de cette dernière.

Exemple 13.7
On considère la fonction f définie par $f(x) = -x^2 + 3x - \ln x$ sur $\mathbb{R}_+^*$ et on donne $1/\sqrt{2} \simeq 0.7$
Déduire l'allure de la courbe $\mathcal{C}_f$, après avoir :

1. étudié les variations de f,
2. déterminé les tangentes horizontales de $\mathcal{C}_f$,
3. calculé $\lim\limits_{x \to -\infty} f(x)$ (on admettra que $\lim\limits_{x \to +\infty} f(x) = -\infty$)
4. étudié la convexité de f et déterminé ses potentiels points d'inflexion.

f est dérivable sur $\mathbb{R}_+^*$, car somme de fonctions dérivables sur $\mathbb{R}_+^*$ et, pour tout $x \in \mathbb{R}_+^*$,

$$f'(x) = -2x + 3 - \frac{1}{x} = \frac{-2x^2 + 3x - 1}{x}.$$

D'où, pour tout $x \in \mathbb{R}_+^*$, $f'(x)$ est du signe de $-2x^2 + 3x - 1$.
Le discriminant de $-2x^2 + 3x - 1$ vaut $\Delta = 1 > 0$.
Ce trinôme admet donc deux racines qui sont $x_1 = \dfrac{-3-1}{-4} = 1$ et $x_2 = \dfrac{-3+1}{-4} = \dfrac{1}{2}$.
D'où, comme $-2x^2 + 3x - 1$ est négatif à l'extérieur des racines et positif entre les racines (faire le tableau de signe si besoin), on en déduit que f est strictement décroissante sur $]0; \frac{1}{2}[$ et $[1; +\infty[$ et strictement croissante sur $[\frac{1}{2}; 1]$.

Recherchons les tangentes horizontales à $\mathcal{C}_f$.
Pour cela on résout $f'(x) = 0$ avec $x \in \mathbb{R}_+^*$.
On a $f'(x) = 0 \Leftrightarrow -2x^2 + 3x - 1 = 0 \Leftrightarrow x = \dfrac{1}{2}$ ou $x = 1$.
D'où C_f admet une tangente horizontale en $\dfrac{1}{2}$ et en 1.

Par ailleurs, $\lim_{x\to 0}(-x^2+3x)=0$ et $\lim_{x\to 0}\ln x=-\infty$.
Donc $\lim_{x\to 0} -\ln x=+\infty$ et donc, par somme, $\lim_{x\to 0}(x^2+3x-\ln x)=+\infty$.
D'où, le tableau de variation suivant :

x	0 $\qquad\qquad$ $+\infty$
$f'(x)$	$\|\|$ $\qquad$ $-$
f	$+\infty$ $\searrow$ $-\infty$

Enfin, f' est dérivable sur $\mathbb{R}_+^*$, car somme de fonctions dérivables sur $\mathbb{R}_+^*$ et, pour tout $x\in\mathbb{R}_+^*$, $f''(x)=-2+\dfrac{1}{x^2}$.

Soit $x\in\mathbb{R}_+^*$, $f''(x)>0 \Leftrightarrow -2+\dfrac{1}{x^2}>0 \Leftrightarrow \dfrac{1-2x^2}{x^2}>0 \Leftrightarrow 1-2x^2>0 \Leftrightarrow x^2<\dfrac{1}{2} \Leftrightarrow -1/\sqrt{2}<x<1/\sqrt{2}$.
Ainsi f'' est positive sur $]0;1/\sqrt{2}]$ et négative sur $[1/\sqrt{2};+\infty[$.
D'où f est convexe sur $]0;1/\sqrt{2}]$ et concave sur $[1/\sqrt{2};+\infty[$, avec un point d'inflexion en $1/\sqrt{2}$.

On en déduit l'allure suivante pour $\mathcal{C}_f$.

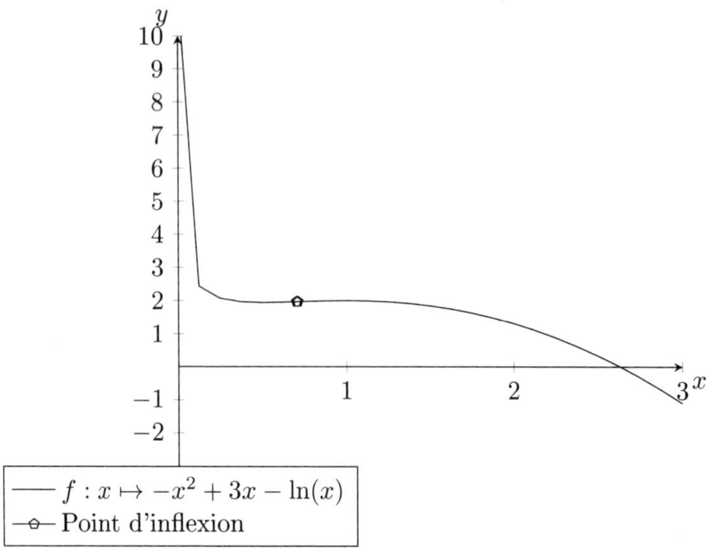

On prendra bien soin de bien de respecter le sens de variations, les limites, les tangentes horizontales et le changement d'incurvation de la courbe au point d'abscisse $1/\sqrt{2}$.

13.3 Pour s'entraîner

13.3.1 Exercices

Exercice 13.1
On considère la fonction f définie sur $]0;+\infty[$ par $f(x) = \dfrac{x}{e^x - 1}$.

1. Justifier que f est dérivable et sur $]0;+\infty[$ et calculer $f'(x)$ pour tout $x \in]0;+\infty[$.
2. Donner l'équation de la tangente à la courbe représentative de f en 0.
3. Étudier les variations de la fonction u définie sur $\mathbb{R}$ par $u(x) = (1-x)e^x - 1$.
4. Montrer que, pour tout $x \in \mathbb{R}_+^*$, $f'(x) < 0$. Et en déduire les variations de f.

Exercice 13.2
Montrer, grâce à la concavité du logarithme que, pour tout $x > 0$, $\ln x \leq x - 1$.

Exercice 13.3
Soit f la fonction définie sur $\mathbb{R}$ par $f(x) = \dfrac{e^x - 1}{e^x + 1}$.

1. Justifier que f est dérivable sur $\mathbb{R}$ et expliciter f'.
2. Dresser le tableau de variations de f (limites incluses).
   On admettra que $\lim\limits_{x \to +\infty} f(x) = 1$.
3. Sur quels intervalles la fonction f est-elle convexe ? concave ? Déterminer les points d'inflexion de f.
4. Tracer dans un repère orthonormé $\mathcal{C}_f$, ainsi que la tangente au point d'inflexion.

13.3.2 Corrigés

Solution 13.1

1. Pour $x \in]0;+\infty[$, $e^x - 1 \neq 0$.
   D'où, f est dérivable sur $]0;+\infty[$ (comme quotient de fonctions dérivables sur $]0;+\infty[$ dont le dénominateur ne s'annule pas sur cet intervalle) et, pour tout $x \in]0;+\infty[$,
   $$f'(x) = \frac{1 \times (e^x - 1) - x \times e^x}{(e^x - 1)^2} = \frac{(1-x)e^x - 1}{(e^x - 1)^2}.$$
2. L'équation de la tangente à $\mathcal{C}_f$ en 0 vérifie :
   $y = f'(0)(x - 0) + f(0) = -\frac{1}{2}x + 1$.

3. u est dérivable sur $\mathbb{R}$ comme produit et somme de fonctions dérivables sur $\mathbb{R}$ et, pour tout $x \in \mathbb{R}$, $u'(x) = (1-x)e^x - e^x = -xe^x$.
   D'où $u'(x)$ est du signe de $-x$.
   D'où le tableau de variation suivant :

x	$-\infty$		0		$+\infty$
$u'(x)$		$+$	0	$-$	
u		$\nearrow$	0	$\searrow$	

4. D'après la question précédente, pour tout $x \in \mathbb{R}_+^*$,

$$f'(x) = \frac{(1-x)e^x - 1}{(e^x-1)^2} = \frac{u(x)}{(e^x-1)^2}.$$

   D'où $f'(x)$ est du signe de $u(x)$ pour tout $x > 0$.
   Or, pour tout $x \in \mathbb{R}_+^*$, $u(x) < 0$ (cf. tableau de variation).
   D'où, pour tout $x \in \mathbb{R}_+^*$, $f'(x) < 0$.
   On en conclut que f est strictement décroissante sur $\mathbb{R}_+^*$.

Solution 13.2

La fonction $f : x \mapsto \ln x$ est deux fois dérivables sur $\mathbb{R}_+^*$ et, pour tout $x \in \mathbb{R}_+^*$,

$$f'(x) = \frac{1}{x} \text{ et } f''(x) = -\frac{1}{x^2} < 0.$$

D'où f est concave sur $\mathbb{R}_+^*$.
D'où $\mathcal{C}_f$ est toujours au-dessous de ses tangentes sur $\mathbb{R}_+^*$.
En particulier, $\mathcal{C}_f$ est toujours au-dessous de sa tangente en 1 sur $\mathbb{R}_+^*$.
Or, l'équation de la tangente à $\mathcal{C}_f$ en 1 est

$$y = f(1) + f'(1)(x-1) = 0 + 1 \times (x-1) = x - 1.$$

D'où, pour tout $x \in \mathbb{R}_+^*$, $\ln x \leq x - 1$.

Solution 13.3

1. f est définie et dérivable sur $\mathbb{R}$ (car quotient de fonctions dérivables sur $\mathbb{R}$ dont le dénominateur ne s'annule pas sur $\mathbb{R}$) et, pour tout $x \in \mathbb{R}$,

$$f'(x) = \frac{2e^x}{(e^x+1)^2} > 0.$$

   Donc f est strictement croissante sur $\mathbb{R}$.

2. On admet que $\lim\limits_{x \to +\infty} f(x) = 1$.
   Par ailleurs, $\lim\limits_{x \to -\infty} e^x = 0$.
   D'où, par somme, $\lim\limits_{x \to -\infty} (e^x + 1) = 1$ et $\lim\limits_{x \to -\infty} (e^x - 1) = -1$.
   Et donc, par quotient, on en déduit que $\lim\limits_{x \to -\infty} f(x) = -1$.

   On en déduit le tableau de variation suivant :

x	$-\infty$		$+\infty$
$f'(x)$	$\frac{1}{2}$	$+$	
f	-1	$\nearrow$	1

3. f' est elle-même dérivable sur $\mathbb{R}$ (car quotient de fonctions dérivables sur $\mathbb{R}$ dont le dénominateur ne s'annule pas sur $\mathbb{R}$) et, pour tout $x \in \mathbb{R}$,

$$f''(x) = \frac{2e^x \times (e^x + 1)^2 - 2e^x \times 2e^x(e^x + 1)}{(e^x + 1)^4} = \frac{2e^x(e^x + 1)(e^x + 1 - 2e^x)}{(e^x + 1)^4}.$$

   D'où, $f''(x) = \dfrac{2e^x(e^x + 1)(1 - e^x)}{(e^x + 1)^4}$.
   Soit $x \in \mathbb{R}$, $f'(x)$ est donc du signe de $1 - e^x$.
   Or, $1 - e^x > 0 \Leftrightarrow e^x < 1 \Leftrightarrow x < 0$.
   Ainsi, $f'' > 0$ sur $]-\infty; 0]$ et $f'' < 0$ sur $[0; +\infty[$.
   D'où f est convexe sur $]-\infty; 0]$ et concave sur $[0; +\infty[$, avec un point d'inflexion en 0.

4. La tangente à $\mathcal{C}_f$ en 0 vérifie l'équation $y = f'(0)(x - 0) + f(0) = \frac{1}{2}(x - 0) + 0 = \frac{1}{2}x$. a

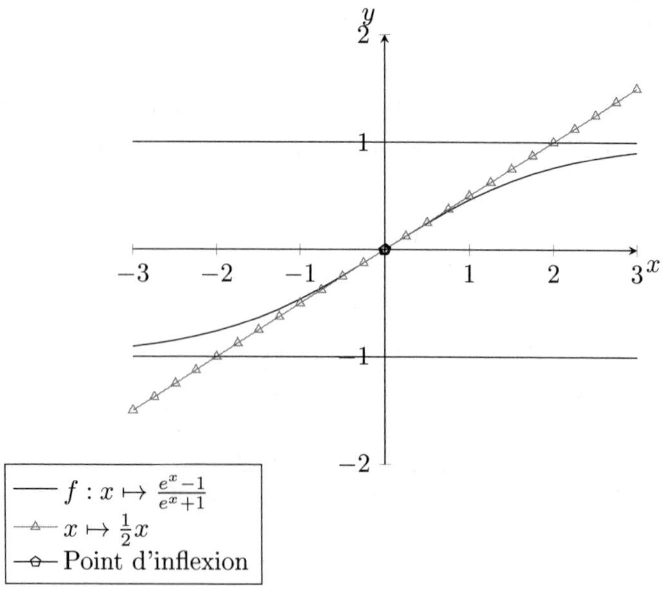
y
2
1
−1
−2
−3
−2
−1
1
2
3
x
$f : x \mapsto \frac{e^x-1}{e^x+1}$
$x \mapsto \frac{1}{2}x$
Point d'inflexion

Chapitre 14

Continuité d'une fonction

Nous allons retrouver dans ce chapitre la notion de limite d'une fonction, qui se trouve être au cœur de la notion de continuité d'une fonction. Il est donc impératif de bien maîtriser le calcul de limites d'une fonction pour réussir les exercices de ce chapitre. Nous commencerons par présenter la notion de continuité d'une fonction. Puis nous verrons une application de la continuité à la preuve de l'existence de solutions d'équations particulières que l'on ne sait pas résoudre à la main.

Sommaire

14.1 Cours

Soit f une fonction d'une variable réelle.

14.1.1 Définition et première propriétés

Définition (Continuité en un point)

On dit que f est **continue** en $x_0 \in D_f$ si $\lim\limits_{x \to x_0} f(x) = f(x_0)$.

Remarque

Pour que f soit continue en x_0 il est nécessaire que f soit définie en x_0 !

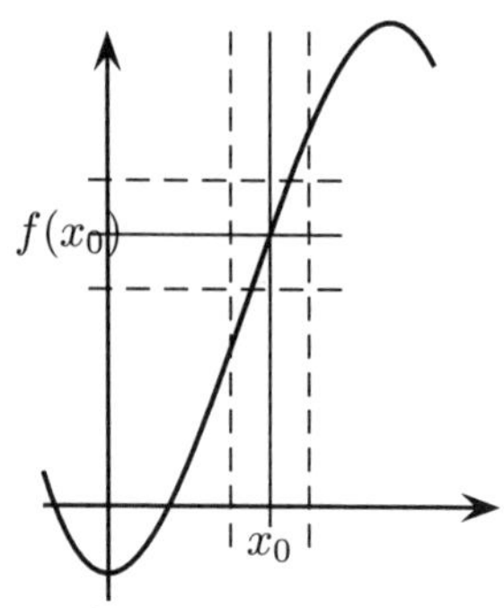

FIGURE 14.1 – Fonction continue en x_0.

Définition (Continuité sur un intervalle)

On dit que f est continue sur un **intervalle** I si elle est continue en tout point de I.

Remarque

En termes graphiques, une fonction est continue sur un intervalle I si on peut tracer sa représentation graphique sur l'intervalle I sans lever le stylo.

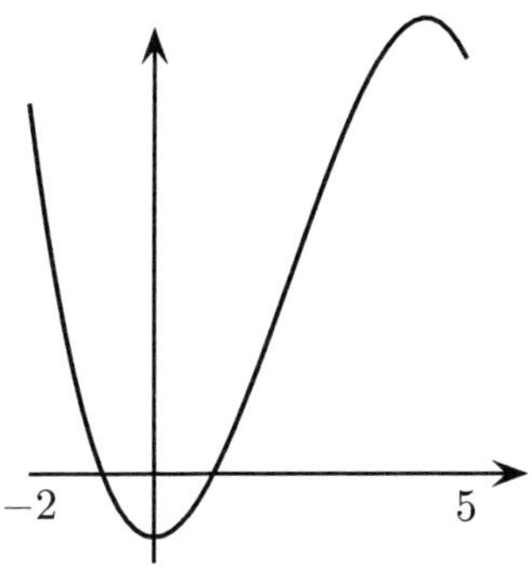

FIGURE 14.2 – Fonction continue sur $[-2; 5]$.

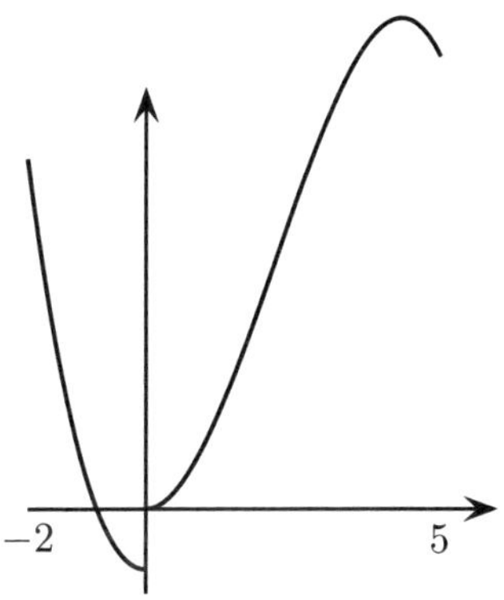

FIGURE 14.3 – Fonction qui n'est pas continue sur $[-2; 5]$, car non continue en 0, mais qui est continue par exemple sur $[1; 5]$.

Erreurs à éviter

On parle de fonction continue sur un **intervalle**. Ainsi on n'écrira pas "f est continue sur $\mathbb{R}^*$", mais "f est continue sur $\mathbb{R}_+^*$ et $\mathbb{R}_-^*$".

Proposition (Lien continuité et dérivabilité)

Toute fonction dérivable sur un intervalle I est continue sur I.

Erreurs à éviter

Attention, la réciproque est fausse !
Une fonction continue sur un intervalle I n'est pas nécessairement dérivable sur I.
Contre-exemple type : la fonction racine qui est continue en 0 (cf. sa représentation graphique), mais qui n'est pas dérivable en 0.

14.1.2 Continuité des fonctions de référence et opérations

Théorème (Fonctions de référence)

1. Les fonctions $x \mapsto x^n$ sont continues sur $\mathbb{R}$ pour tout $n \in \mathbb{N}$. En particulier toute fonction polynôme est continue sur $\mathbb{R}$.
   Les fonctions $x \mapsto x^{-n}$ sont continues sur $\mathbb{R}_-^*$ et sur $\mathbb{R}_+^*$ pour tout $n \in \mathbb{N}$.
2. La fonction $x \mapsto \ln x$ est continue sur $\mathbb{R}_+^*$.
   La fonction $x \mapsto e^x$ est continue sur $\mathbb{R}$.
3. La fonction $x \mapsto \sqrt{x}$ est continue sur $\mathbb{R}^+$.
4. La fonction valeur absolue $x \mapsto |x|$ est continue sur $\mathbb{R}$.

Proposition (Opérations sur les fonctions continues)

Soient f et g deux fonctions continues en x_0 (resp. sur I) et $\lambda \in \mathbb{R}$. Alors

1. $f + g$, λf et $f \times g$ sont continues en x_0 (resp. sur I).
2. Si, en outre f ne s'annule pas sur I, alors $\dfrac{1}{f}$ est continue en x_0 (resp. sur I).

14.1.3 Existence et unicité des solutions d'une équation du type $f(x) = k$

Théorème (Théorème des valeurs intermédiaires)

Soit f une fonction **continue sur un intervalle** $[a; b]$.
Alors, pour tout réel k entre $f(a)$ et $f(b)$, l'équation $f(x) = k$ admet au moins une solution sur $[a; b]$.

Remarque

En ECG, vous verrez que ce théorème sera généralisé avec a et b pouvant valoir l'infini, en remplaçant $f(a)$ (resp. $f(b)$) par $\lim_{x \to a} f(x)$ (resp. $\lim_{x \to b} f(x)$).

Erreurs à éviter

Ce théorème permet donc d'obtenir l'**existence** de solutions d'équation du type $f(x) = 0$.
Attention, il n'y a pas forcément unicité de la solution.
Pour avoir en plus l'unicité, il faut ajouter une hypothèse de stricte monotonie, comme l'indique la proposition ci-dessous.

Proposition (Corollaire du théorème des valeurs intermédiaires)

Soit f une fonction **continue et strictement monotone sur un intervalle** $[a; b]$.
Alors, pour tout réel k entre $f(a)$ et $f(b)$, l'équation $f(x) = k$ admet une **unique solution** sur $[a; b]$.

14.2 Méthodes

14.2.1 Savoir justifier la continuité d'une fonction

Méthode

La justification de la continuité d'une fonction se rédige de la même façon que la dérivabilité d'une fonction.

Exemple 14.1
Étudier la continuité de la fonction $f : x \mapsto \frac{\ln x}{x}$.

$D_f = \{x \in \mathbb{R},\ x > 0\} = \mathbb{R}_+^*$.
La fonction $x \mapsto \ln(x)$ est continue sur $\mathbb{R}_+^*$.
La fonction $x \mapsto x$ est continue sur $\mathbb{R}_+^*$ **et ne s'annule pas** sur $\mathbb{R}_+^*$ (car pour tout $x \in \mathbb{R}_+^*,\ x \neq 0$).
D'où, par quotient de fonctions continues sur $\mathbb{R}_+^*$ dont le dénominateur ne s'annule pas sur $\mathbb{R}_+^*$, on en déduit que f est continue sur $\mathbb{R}_+^*$.

14.2.2 Existence et unicité des solutions d'une équation du type $f(x) = k$

Attention, la constante k doit être indépendante de x ! Par exemple, si l'on vous demande de montrer que l'équation $g(x) = x$ admet une solution sur un intervalle I, dites d'abord que cela revient à montrer que l'équation $g(x) - x = 0$ admet une solution sur I.
Puis appliquer le théorème des valeurs intermédiaires avec la fonction $f : x \mapsto g(x) - x$ et $k = 0$.
Ne surtout pas appliquer le théorème avec la fonction g et $k = x$, car k doit être une constante et ne doit donc surtout pas dépendre de x.

Méthode

1. Commencer par mettre l'équation sous la forme $f(x) = k$, si nécessaire.
2. Montrer ensuite que la fonction f est continue sur I.
3. Si l'on vous demande de montrer l'unicité de la solution de l'équation, montrer en plus que la fonction est strictement monotone sur I, par exemple en la dérivant.
4. Appliquer le théorème adapté, en le citant explicitement :
   — soit le théorème des valeurs intermédiaires, si l'on vous demande juste l'existence d'au moins une solution,
   — soit son corollaire, si l'on vous demande l'existence et l'unicité d'une solution.

Exemple 14.2
Montrer que l'équation $\ln(x)x = 3$ admet au moins une solution sur $[1;3]$.

On définit sur $[1;3]$ la fonction f par $f(x) = \ln(x)x$.

- La fonction $f : x \mapsto \ln(x)x$ est **continue** sur $[1,3]$ (car produit de fonctions usuelles continues sur $[1,3]$).
- $f(1) = 0$.
- $f(3) = 3\ln(3)$.

Or, $3 \in [0; 3\ln(3)]$ (car $3 > e$, donc $\ln(3) > \ln(e) = 1$ et donc $3\ln(3) > 3$).
D'après le théorème des valeurs intermédiaires, on en déduit qu'il existe **au moins** un réel $\alpha \in [1;3]$ tel que $f(\alpha) = 3$, autrement dit tel que $\ln(\alpha)\alpha = 3$.

Exemple 14.3
Montrer que l'équation $x + \ln(x) = 1$ possède une unique solution α sur $\left[\frac{1}{4}; 2\right]$.
On admettra que $\frac{1}{4} + \ln(\frac{1}{4}) < 1$.

On définit donc sur $\left[\frac{1}{4}; 2\right]$ la fonction f par $f(x) = x + \ln(x)$.

Continuité de f
La fonction $f : x \mapsto x + \ln(x)$ est continue sur $\left[\frac{1}{4}; 2\right]$ (somme de fonctions continues sur cet intervalle).

Monotonie de f
f est dérivable sur $\left[\frac{1}{4}; 2\right]$ et pour tout $x \in \left[\frac{1}{4}; 2\right]$, $f'(x) = 1 + \dfrac{1}{x} = \dfrac{x+1}{x} > 0$ (car $x > 0$).
Donc f est strictement croissante sur $\left[\frac{1}{4}; 2\right]$.
De plus, on a $f(\frac{1}{4}) = \frac{1}{4} + \ln(\frac{1}{4}) < 1$ (d'après l'énoncé) et $f(2) = 2 + \ln 2 > 1$.

D'où $1 \in \left[f(\frac{1}{4}); f(2)\right]$.
Ainsi :

- f est continue et strictement croissante sur $\left[\frac{1}{4}; 2\right]$.
- $1 \in \left[f(\frac{1}{4}); f(2)\right]$.

Donc, d'après le corollaire du théorème des valeurs intermédiaires, il **existe un unique** $\alpha \in \left[\frac{1}{4}; 2\right]$ tel que $f(\alpha) = 0$, autrement dit tel que $\alpha + \ln(\alpha) = 1$.

14.3 Pour s'entraîner

14.3.1 Exercices

Exercice 14.1
À l'aide des théorèmes généraux, déterminer sur quel intervalle les fonctions suivantes sont continues.

1. $a(x) = \ln x + x^2$.
2. $b(x) = (e^x + x)(x^2 - 1)$.
3. $c(x) = \dfrac{\sqrt{x}}{x^2 + 1}$.

Exercice 14.2
On considère l'application φ définie sur $\mathbb{R}_+^*$ par : $\varphi(x) = \dfrac{x \ln(x) - 1}{x}$

1. On admettra que $\lim\limits_{x \to 0} x \ln(x) = 0$.
   Déterminer la limite de $\varphi(x)$ lorsque x tend vers 0 par valeurs positives.
   Interpréter graphiquement cette limite.
2. Déterminer la limite de $\varphi(x)$ lorsque x tend vers $+\infty$.
3. Justifier la dérivabilité de φ sur $\mathbb{R}_+^*$ et déterminer sa dérivée.
4. Dresser le tableau de variation de φ en faisant apparaître les limites de φ en 0 et $+\infty$.
5. Prouver l'existence d'un unique réel $\alpha \in [1; e]$ tel que $\varphi(\alpha) = 0$.

Exercice 14.3
On considère la fonction f définie sur $]0; +\infty[$ par $f(x) = 2 - \frac{1}{2}\ln(x)$.
Montrer que l'équation $f(x) = x$ admet une unique solution sur $[1; e]$.

14.3.2 Corrigés

Solution 14.1

1. On a $D_a = \mathbb{R}_+^*$.
   Les fonctions usuelles $x \mapsto \ln x$ et $x \mapsto x^2$ sont continues sur $\mathbb{R}_+^*$.
   D'où, par somme, a est continue sur $\mathbb{R}_+^*$.

2. $D_b = \mathbb{R}$.
   Les fonctions usuelles $x \mapsto x$, $x \mapsto e^x$, $x \mapsto x^2$ sont continues sur $\mathbb{R}$.
   D'où, par somme, $x \mapsto e^x + x$ et $x \mapsto x^2 - 1$ sont continues sur $\mathbb{R}$.
   D'où, par produit de fonctions continues sur $\mathbb{R}$, b est continue sur $\mathbb{R}$.

3. $D_c = \big\{x,\ x^2 + 1 \neq 0 \text{ et } x \geq 0\big\} = \mathbb{R}_+$.
   La fonction $x \mapsto x^2 + 1$ est continue sur $\mathbb{R}$ (car fonction polynomiale), donc sur $\mathbb{R}_+$ et ne s'annule pas sur $\mathbb{R}_+$.
   De plus, la fonction $x \mapsto \sqrt{x}$ est continue $\mathbb{R}_+$.
   D'où, par quotient de fonctions continues sur $\mathbb{R}_+$ dont le dénominateur ne s'annule pas sur $\mathbb{R}_+$, c est continue sur $\mathbb{R}_+$.

Solution 14.2

1. Soit $x \in \,]0; +\infty[$. On a $\varphi(x) = \dfrac{x \ln(x) - 1}{x}$.
   Or $\lim\limits_{x \to 0} x \ln(x) = 0$ (d'après l'énoncé).
   D'où, $\lim\limits_{x \to 0} \{x \ln(x) - 1\} = -1$.
   De plus, $\lim\limits_{x \to 0} x = 0$.
   Et $x > 0$.
   D'où, par quotient, $\lim\limits_{x \to 0} \varphi(x) = -\infty$.
   On en déduit que l'axe des ordonnées (Oy) est asymptote à $\mathcal{C}$.

2. Des limites usuelles $\lim\limits_{x \to +\infty} \dfrac{1}{x} = 0$ et $\lim\limits_{x \to +\infty} \ln(x) = +\infty$, on déduit que $\lim\limits_{x \to +\infty} \varphi(x) = +\infty$ par somme.

3. Les fonctions usuelles $x \mapsto \ln(x)$, $x \mapsto -\dfrac{1}{x}$ et $x \mapsto \ln(x) - \dfrac{1}{x}$ sont dérivables sur $]0; +\infty[$.
   Donc φ est dérivable sur $\mathbb{R}_+^*$ par somme.
   Et pour tout $x \in \,]0; +\infty[$, $\varphi'(x) = \dfrac{1}{x} + \dfrac{1}{x^2} > 0$.
   Donc φ est strictement croissante sur $]0; +\infty[$.

4. D'où, le tableau suivant :

x	0		$+\infty$
$\varphi'(x)$	$\|\|$	$+$	
φ	$-\infty$	$\nearrow$	$+\infty$

5. On a vu que φ était dérivable sur$\mathbb{R}_+^*$, donc en particulier sur $[1; e]$.
Donc φ est en particulier continue sur $[1; e]$ et est strictement croissante sur $[1; e]$ (cf. tableau de variation ci-dessus).
De plus, $f(1) = \ln(1) - 1 = -1 < 0$ et $f(e) = \ln(e) - \dfrac{1}{e} = 1 - \dfrac{1}{e} > 0$ (car $e > 2$).
D'où $0 \in [f(1); f(e)]$.
Donc, d'après le corollaire du théorème des valeurs intermédiaires, il existe un unique $\alpha \in [1; e]$ tel que $f(\alpha) = 0$.

Solution 14.3

Montrer que l'équation $f(x) = x$ admet une unique solution sur $[1; e]$ équivaut à montrer que l'équation $f(x) - x = 0$ admet une unique solution sur $[1; e]$.
Attention à ne pas appliquer ici le corollaire du théorème des valeurs intermédiaires avec f directement.
On définit sur $[1; e]$ la fonction g par $g(x) = f(x) - x$.

g est dérivable sur $[1; e]$ (car somme de fonctions usuelles dérivables sur $[1; e]$) et pour tout $x \in [1; e]$, $g'(x) = -\dfrac{1}{2x} - 1 = -\dfrac{2x+1}{2x}$.
Or, pour tout $x \in [1; e]$, on a $2x + 1 > 0$ et $2x > 0$.
D'où, pour tout $x \in [1; e]$, $g'(x) < 0$.
Et donc g est strictement décroissante sur $[1; e]$.
Ainsi, g est continue sur $[1; e]$ (par somme de fonctions usuelles continues sur $]0; +\infty[$) et strictement décroissante sur $[1; e]$.
De plus $g(1) = 2 - \dfrac{1}{2}\ln 1 - 1 = 1 > 0$ et $g(e) = 2 - \dfrac{1}{2}\ln e - 1 = 2 - \dfrac{1}{2} - e = \dfrac{3}{2} - e < 0$ (car $e > 0$).
D'où $0 \in [g(e); g(1)]$.
Donc, d'après le corollaire du théorème des valeurs intermédiaires, il existe un unique $\alpha \in [1; e]$ tel que $g(\alpha) = 0$, c'est-à-dire tel que $f(\alpha) = \alpha$.

Chapitre 15

Primitive et équations différentielles

Dans ce chapitre, nous allons définir la notion de primitive d'une fonction. Nous présenterons les primitives usuelles à connaître par cœur, ainsi que les opérations autorisées sur les primitives. Nous verrons que ces opérations permettront de déterminer les primitives de fonctions plus complexes à partir de celles usuelles. Nous enchaînerons ensuite sur la notion d'équation différentielle et verrons comment résoudre deux types particuliers d'équations différentielles.

Sommaire

15.1 Cours

Soit f une fonction définie sur un intervalle I de $\mathbb{R}$.

15.1.1 Primitives : définition et premières propriétés

Définition (Primitive)

On dit que la fonction F est **une primitive** de la fonction f sur l'**intervalle** I si F est dérivable sur I et si pour tout $x \in I,\ F'(x) = f(x)$.

Exemple 15.1
$F : x \mapsto \dfrac{x^3}{3} + 3$ est une primitive sur $\mathbb{R}$ de $f : x \mapsto x^2$.

Théorème (Existence)

Toute fonction **continue** sur un intervalle I de $\mathbb{R}$ possède **au moins une primitive** sur I.

Théorème (Ensemble des primitives)

Soit F une primitive de f sur l'intervalle I.
Alors l'ensemble des primitives de f sur I est l'ensemble des fonctions de la forme $F + k$ où $k \in \mathbb{R}$.

Théorème (Primitives et unicité)

Soit $x_0 \in I$.
Alors pour tout $y_0 \in \mathbb{R}$, il existe une **unique** primitive F de f telle que $F(x_0) = y_0$.

Proposition (Opérations sur les primitives)

Soient F et G deux fonctions qui sont des primitives respectivement de f et de g et soit λ un nombre réel.

1. $F+G$ est une primitive de $f+g$.
2. λF est une primitive de λf.

15.1.2 Primitives usuelles

Proposition (Primitives usuelles)

Fonction f	**Primitives F**	**Ensemble de définition**
$x \mapsto x^n \quad (n \in \mathbb{N}^*)$	$x \mapsto \dfrac{x^{n+1}}{n+1} + C$	$\mathbb{R}$
$x \mapsto \dfrac{1}{x^2}$	$x \mapsto -\dfrac{1}{x} + C$	$\mathbb{R}_+^*$ ou $\mathbb{R}_-^*$
$x \mapsto \dfrac{1}{\sqrt{x}}$	$x \mapsto 2\sqrt{x} + C$	$\mathbb{R}_+^*$
$x \mapsto \dfrac{1}{x}$	$x \mapsto \ln\lvert x\rvert + C$	$\mathbb{R}_+^*$ ou $\mathbb{R}_-^*$
$x \mapsto e^x$	$x \mapsto e^x + C$	$\mathbb{R}$

Proposition (Primitives de fonctions composées)

Soit u une fonction définie et continue sur un intervalle I.

Fonction f	**Primitives F**	**Ensemble de définition**
$x \mapsto u'(x)u(x)$	$x \mapsto \dfrac{u^2(x)}{2} + C$	I
$x \mapsto \dfrac{u'(x)}{u(x)}$	$x \mapsto \ln\lvert u(x)\rvert + C$	u ne s'annulant pas sur I
$x \mapsto u'(x)e^{u(x)}$	$x \mapsto e^{u(x)} + C$	I

Remarque

Attention, à bien mettre les valeurs absolues autour de x pour le logarithme, car un logarithme est défini sur $]0; +\infty[$.

15.1.3 Équations différentielles

Définition (Équation différentielle)

Soit f une fonction définie sur un intervalle I.
On dit que la fonction g est une solution de l'équation différentielle $y' = f$ sur I si et seulement si g est dérivable sur I et, pour tout réel x de I, on a $g'(x) = f(x)$.

Proposition (Équation différentielle $y' = ay$)

Soit $a \in \mathbb{R}$.

Les solutions de l'équation différentielle $y' = ay$ sont les fonctions de la forme $x \mapsto Ce^{ax}$, où C est une constante quelconque.

Proposition

Soit $a \in \mathbb{R}$.

Si f et g sont solutions de l'équation différentielle $y' = ay$ alors $f + kg$, où $k \in \mathbb{R}$, l'est aussi.

Proposition (Équation différentielle $y' = ay + b$)

Soit $a \in \mathbb{R}$ et $b \in \mathbb{R}$, avec $a \neq 0$.

La fonction $x \to -\frac{b}{a}$ est une solution particulière de l'équation différentielle $y' = ay + b$, appelée solution particulière constante de l'équation.

Proposition

Soit $a \in \mathbb{R}$ et $b \in \mathbb{R}$, avec $a \neq 0$.

Les solutions de l'équation différentielle $y' = ay + b$ sont les fonctions de la forme $x \mapsto Ce^{ax} - \frac{b}{a}$, où C est une constante quelconque.

Remarque

Ainsi les solutions de l'équation différentielle $y' = ay + b$ se décomposent sous la forme d'une solution de l'équation différentielle $y' = ay$ additionnée à la solution particulière constante de l'équation différentielle $y' = ay + b$.

15.2 Méthodes

15.2.1 Déterminer une primitive "à vue" d'une fonction donnée

Méthode

1. Repérer les primitives usuelles.
2. Repérer les primitives de fonctions composées, rappelées dans le tableau ci-dessous.

Fonction	**Primitive**
$f(x) = u'(x)u(x)$	$F(x) = \dfrac{u(x)^2}{2}$
$f(x) = \dfrac{u'(x)}{u(x)}$	$F(x) = \ln \lvert u(x) \rvert$ *Ne pas oublier les valeurs absolues !*
$f(x) = u'(x)e^{u(x)}$	$F(x) = e^{u(x)}$

3. Utiliser les propriétés de linéarité des primitives.

Exemple 15.2

1. Déterminer primitive de la fonction f définie sur $\mathbb{R}_+^*$ par $f : x \mapsto \dfrac{1}{x} + 2\dfrac{1}{\sqrt{x}}$.

   D'après le cours une primitive de la fonction $x \mapsto \dfrac{1}{x}$ sur $\mathbb{R}_+^*$ est la fonction $x \mapsto \ln(x)$ (valeur absolue inutile ici car on se place sur $\mathbb{R}_+^*$ et donc $x \geq 0$) et une primitive de la fonction $x \mapsto \dfrac{1}{\sqrt{x}}$ sur $\mathbb{R}_+^*$ est la fonction $x \mapsto 2\sqrt{x}$.
   D'où, par linéarité, on en déduit qu'une primitive de la fonction f sur $\mathbb{R}_+^*$ est $F : x \mapsto \ln x + 4\sqrt{x}$.
   Remarque : pensez à dériver F pour vérifier votre solution.

2. Déterminer une primitive de la fonction f définie sur $\mathbb{R}$ par $f : x \mapsto \dfrac{3e^x}{e^x + 1}$.

f est continue sur $\mathbb{R}$ (car quotient de fonctions continues sur $\mathbb{R}$ dont le dénominateur ne s'annule pas sur $\mathbb{R}$). D'où f admet des primitives sur $\mathbb{R}$.

On remarque que f est de la forme $3 \times \frac{u'}{u}$ avec $u : x \to e^x + 1$.

D'après le cours, on en déduit que $F : x \mapsto 3\ln|u(x)| = 3\ln|e^x + 1|$ est une primitive de f sur $\mathbb{R}$.

Remarque : $3\ln|e^x+1| = 3\ln(e^x+1)$, *car* $e^x+1 > 0$ *et donc* $|e^x+1| = e^x+1$.

15.2.2 Résoudre une équation différentielle du type $y' = ay + b$

Méthode

1. Déterminer la solution particulière constante de l'équation différentielle $y' = ay + b$, qui est la fonction $x \to -\frac{b}{a}$ d'après le cours.
2. Déterminer l'ensemble des solutions générales de l'équation différentielle $y' = ay$, qui est l'ensemble des fonctions $x \mapsto Ce^{ax}$, où C est une constante quelconque, d'après le cours.
3. Conclure en utilisant le fait que les solutions de l'équation différentielle $y' = ay + b$ se décomposent sous la forme d'une solution de l'équation différentielle $y' = ay$ additionnée à la solution particulière constante de l'équation différentielle $y' = ay + b$.

Exemple 15.3

On considère l'équation différentielle $y' = 2y - 1$.

Déterminer l'ensemble des solutions de cette équation.

On a à faire à une équation différentielle de la forme $y' = ay + b$, avec $a = 2$ et $b = -1$.

1) Déterminons la solution particulière constante de l'équation différentielle $y' = 2y - 1$

D'après le cours, la solution particulière constante de l'équation différentielle $y' = 2y - 1$ est $x \mapsto \frac{1}{2}$.

2) Déterminons la solution générale de l'équation différentielle $y' = 2y$

D'après le cours, l'ensemble des solutions de l'équation différentielle $y' = 2y$ est l'ensemble des fonctions $x \mapsto Ce^{2x}$, $C \in \mathbb{R}$.

3) Conclusion

Toujours d'après le cours, la solution générale de l'équation différentielle $y' = 2y-1$ est l'ensemble des fonction $x \mapsto Ce^{2x} + \frac{1}{2}$, $C \in \mathbb{R}$.

15.3 Pour s'entraîner

15.3.1 Exercices

Exercice 15.1
Vérifier que :

1. $x \mapsto \ln(2x+1)$ est une primitive de $x \mapsto \frac{2}{2x+1}$ sur $\left]-\frac{1}{2};+\infty\right[$.
2. $x \mapsto \dfrac{1}{2}e^{x^2}$ est une primitive de $x \mapsto xe^{x^2}$ sur $\mathbb{R}$.
3. $x \mapsto -\ln(1+e^{-x})$ est une primitive de $x \mapsto \dfrac{e^{-x}}{1+e^{-x}}$ sur $\mathbb{R}$.

Exercice 15.2
Donner une primitive des fonctions suivantes, en précisant son domaine de définition :

1. $x \mapsto 5x^3+6$.
2. $x \mapsto \dfrac{9}{x^2} - \dfrac{1}{x^2}$.
3. $x \mapsto 4e^x(e^x+1)$.
4. $x \mapsto 3e^{3x}$.
5. $x \mapsto 5xe^{x^2}$.
6. $x \mapsto \dfrac{2x}{x^2+1}$.
7. $x \mapsto \dfrac{\ln(x)}{x}$.
8. $x \mapsto \dfrac{1}{x\ln(x)}$.

Exercice 15.3

1. On considère l'équation différentielle $2y' + 3y = 0$.
   (a) Déterminer la solution générale de cette équation.
   (b) Déterminer l'unique solution telle que $y(1) = 2$.
2. On considère l'équation différentielle $2y' - 3y = 1$.
   (a) Déterminer la solution générale de cette équation.
   (b) Déterminer l'unique solution telle que $y(0) = 1$.

15.3.2 Corrigés

Solution 15.1

1. $f : x \mapsto \ln(2x+1)$ est de la forme $\ln(u)$ avec, pour tout $x \in \left]-\frac{1}{2};+\infty\right[$, $u(x) = 2x+1 > 0$.
   D'où, par composition, f est bien définie et dérivable sur $\left]-\frac{1}{2};+\infty\right[$ et pour tout $x \in \left]-\frac{1}{2};+\infty\right[$, $f'(x) = \dfrac{u'(x)}{u(x)} = \dfrac{2}{2x+1}$.
   D'où f est bien une primitive de $x \mapsto \dfrac{2}{2x+1}$ sur $\left]-\frac{1}{2};+\infty\right[$

2. $f : x \mapsto \frac{1}{2}e^{x^2}$ est de la forme $\frac{1}{2}e^u$ avec pour tout $x \in \mathbb{R},\ u(x) = x^2$.
D'où, par composition, f est bien définie et dérivable sur $\mathbb{R}$ et, pour tout $x \in \mathbb{R},\ f'(x) = \frac{1}{2}u'(x)e^{u(x)} = \frac{1}{2} \times 2x \times e^{x^2} = xe^{x^2}$.
D'où f est bien une primitive de $x \mapsto xe^{x^2}$ sur $\mathbb{R}$.
3. $f : x \mapsto -\ln(1+e^{-x})$ est de la forme $-\ln(u)$ avec, pour tout $x \in \mathbb{R},\ u(x) = 1 + e^{-x} > 0$.
D'où, par composition, f est bien définie et dérivable sur $\mathbb{R}$ et, pour tout $x \in \mathbb{R},\ f'(x) = -\frac{u'(x)}{u(x)} = -\frac{-e^{-x}}{1+e^{-x}} = \frac{e^{-x}}{1+e^{-x}}$.
D'où f est bien une primitive de $x \mapsto \frac{e^{-x}}{1+e^{-x}}$ sur $\mathbb{R}$.

Solution 15.2

Pensez à vérifier vos solutions en les dérivant.

1. La fonction $f : x \mapsto 5x^3 + 6$ est définie et continue sur $\mathbb{R}$.
D'où, elle admet des primitives sur $\mathbb{R}$.
Une primitive de la fonction f est par exemple la fonction
$$F : x \mapsto 5\frac{x^4}{4} + 6x = \frac{5}{4}x^4 + 6x.$$
2. La fonction $f : x \mapsto \frac{9}{x^2} - \frac{1}{x^3} = 9 \times \frac{1}{x^2} - x^{-3}$ est définie et continue sur $\mathbb{R}_+^*$ et sur $\mathbb{R}_-^*$.
D'où, elle admet des primitives sur $\mathbb{R}_+^*$ et sur $\mathbb{R}_-^*$.
Une primitive de la fonction f sur $\mathbb{R}_+^*$ et sur $\mathbb{R}_-^*$ est par exemple la fonction
$$F : x \mapsto 9 \times \left(-\frac{1}{x}\right) - \frac{x^{-3+1}}{-3+1} = -\frac{9}{x} - \frac{x^{-2}}{-2} = -\frac{9}{x} + \frac{1}{2x^2}.$$
3. La fonction $f : x \mapsto 4e^x(e^x + 1)$ est définie et continue sur $\mathbb{R}$.
D'où, elle admet des primitives sur $\mathbb{R}$.
De plus, f est de la forme $4u'u$ avec pour tout $x \in \mathbb{R},\ u(x) = e^x + 1$.
D'où, une primitive de la fonction f sur $\mathbb{R}$ est par exemple
$$F : x \mapsto 4\frac{u(x)^2}{2} = 2u(x)^2 = 2(e^x + 1)^2.$$
4. La fonction $f : x \mapsto 3e^{3x}$ est définie et continue sur $\mathbb{R}$.
D'où, elle admet des primitives sur $\mathbb{R}$.
De plus, f est de la forme $u'e^u$, avec pour tout $x \in \mathbb{R},\ u(x) = 3x$. D'où, une primitive de la fonction f sur $\mathbb{R}$ est par exemple
$$F : x \mapsto e^{u(x)} = e^{3x}.$$
5. La fonction $f : x \mapsto 5xe^{x^2}$ est définie et continue sur $\mathbb{R}$.
D'où, elle admet des primitives sur $\mathbb{R}$.

De plus, f est de la forme $\frac{5}{2}u'e^u$ avec, pour tout $x \in \mathbb{R}$, $u(x) = x^2$.
D'où, une primitive de la fonction f sur $\mathbb{R}$ est par exemple

$$F : x \mapsto \frac{5}{2}e^{u(x)} = \frac{5}{2}e^{x^2}.$$

6. La fonction $f : x \mapsto \dfrac{2x}{x^2+1}$ est définie et continue sur $\mathbb{R}$ (car pour tout $x \in \mathbb{R}, x^2 + 1 \neq 0$).
D'où, elle admet des primitives sur $\mathbb{R}$.
De plus, f est de la forme $\dfrac{u'}{u}$, avec pour tout $x \in \mathbb{R}$, $u(x) = x^2 + 1$.
D'où, une primitive de la fonction f sur $\mathbb{R}$ est par exemple

$$F : x \mapsto \ln(|u(x)|) = \ln(|x^2 + 1|) = \ln(x^2 + 1).$$

7. La fonction $f : x \mapsto \dfrac{\ln(x)}{x} = \dfrac{1}{x} \times \ln(x)$ est définie et continue sur

$$D_f = \{x \in \mathbb{R},\ x > 0 \ \text{ et } \ x \neq 0\} = \mathbb{R}_+^*.$$

D'où, elle admet des primitives sur $\mathbb{R}_+^*$.
De plus, f est de la forme $u'u$ avec, pour tout $x \in \mathbb{R}_+^*$, $u(x) = \ln(x)$.
D'où, une primitive de la fonction f sur $\mathbb{R}_+^*$ est par exemple

$$F : x \mapsto \frac{u(x)^2}{2} = \frac{1}{2}(\ln(x))^2.$$

8. La fonction $f : x \mapsto \dfrac{1}{x\ln(x)} = \dfrac{\frac{1}{x}}{\ln(x)}$ est définie et continue sur

$$D_f = \{x \in \mathbb{R},\ x > 0 \ \text{ et } \ x\ln x \neq 0\} = \{x \in \mathbb{R},\ x > 0 \ \text{ et } \ x \neq 1\},$$

c'est-à-dire sur $]0;1[\,\cup\,]1;+\infty[$.
D'où, elle admet des primitives sur $]0;1[$ et sur $]1;+\infty[$.
De plus, f est de la forme $\dfrac{u'}{u}$ avec, pour tout $x \in\ ]0;1[\,\cup\,]1;+\infty[$, $u(x) = \ln(x)$.
D'où, une primitive de la fonction f sur $]0;1[$ et sur $]1;+\infty[$ est par exemple

$$F : x \mapsto \ln(|u(x)|) = \ln(|\ln(x)|).$$

Solution 15.3

1. (a) On a : $2y' + 3y = 0 \Leftrightarrow 2y' = -3y \Leftrightarrow y' = -\frac{3}{2}y$.
D'après le cours, on en déduit que l'ensemble des solutions de l'équation différentielle $2y' + 3y = 0$ est l'ensemble des fonctions $x \mapsto Ce^{-\frac{3}{2}x}$, $C \in \mathbb{R}$.

(b) Soit y une solution de cette équation différentielle telle que $y(1) = 2$.
D'une part, d'après la question précédente, il existe une constante C telle que, pour tout $x \in \mathbb{R}$, $y(x) = Ce^{-\frac{3}{2}x}$.
D'autre part, $y(1) = 2 \Leftrightarrow Ce^{-\frac{3}{2}\times 1} = 2 \Leftrightarrow Ce^{-\frac{3}{2}} = 2 \Leftrightarrow C = 2e^{\frac{3}{2}}$.
Ainsi, l'unique solution de l'équation différentielle $2y'+3y = 0$ qui vérifie $y(1) = 2$ est la fonction $x \mapsto 2e^{\frac{3}{2}}e^{-\frac{3}{2}x} = 2e^{\frac{3}{2}-\frac{3}{2}x}$.

2. On a : $2y' - 3y = 1 \Leftrightarrow 2y' = 3y + 1 \Leftrightarrow y' = \dfrac{3}{2}y + \dfrac{1}{2}$.

(a) On cherche tout d'abord la solution particulière constante de l'équation différentielle $y' = \dfrac{3}{2}y + \dfrac{1}{2}$.
D'après le cours, cette solution est $x \mapsto \dfrac{-\frac{1}{2}}{\frac{3}{2}} = -\dfrac{1}{3}$.
On cherche ensuite la solution générale de l'équation différentielle $y' = \dfrac{3}{2}y$.
D'après le cours, la solution générale de l'équation différentielle $y' = \dfrac{3}{2}y$ est donnée par l'ensemble des fonctions $x \mapsto Ce^{\frac{3}{2}x}$, $C \in \mathbb{R}$.
On en conclut alors que la solution générale de l'équation différentielle $y' = \dfrac{3}{2}y + \dfrac{1}{2}$, qui est la même que celle de l'équation différentielle $2y' - 3y = 1$, est l'ensemble des fonctions $x \mapsto Ce^{\frac{3}{2}x} - \frac{1}{3}$, $C \in \mathbb{R}$.

(b) Soit y une solution de l'équation différentielle $2y' - 3y = 1$ vérifiant $y(0) = 1$.
D'après la question précédente, il existe une constante C telle que, pour tout $x \in \mathbb{R}$, $y(x) = Ce^{\frac{3}{2}x} - \dfrac{1}{3}$.
D'où : $y(0) = 1 \Leftrightarrow Ce^{\frac{3}{2}\times 0} - \frac{1}{3} = 1 \Leftrightarrow C - \dfrac{1}{3} = 1 \Leftrightarrow C = \dfrac{4}{3}$.
Ainsi, l'unique solution de l'équation différentielle $2y'-3y = 1$ qui vérifie $y(0) = 1$ est la fonction $x \mapsto \dfrac{4}{3}e^{\frac{3}{2}x} - \dfrac{1}{3}$.

Chapitre 16

Intégration sur un segment

Dans ce chapitre nous allons présenter la notion d'intégrale d'une fonction sur un segment. Nous verrons que cette notion est directement liée à celle de primitive d'une fonction continue. Nous expliquerons dans ce chapitre comment justifier l'existence et calculer des intégrales. Dans le chapitre 21, une autre méthode de calcul d'intégrale sera présentée, ainsi qu'une application à l'étude de suites définies par des intégrales (au programme uniquement de la spécialité maths). Cette notion d'intégrale sera particulièrement utile en ECG lorsque vous aborderez le chapitre portant sur les variables aléatoires à densité.

Sommaire

16.1 Cours

Soit $(a,b) \in \mathbb{R}^2$ avec $a < b$ et f une fonction définie sur le segment $[a;b]$.

16.1.1 Intégrale sur un segment

Définition (Intégrale)

Soit F **une** primitive de f sur $[a;b]$. On définit l'intégrale de f sur $[a;b]$ par :

$$\int_a^b f(t)dt = [F(t)]_a^b = F(b) - F(a).$$

Remarques

1. La différence $F(b) - F(a)$, qui est notée $[F(t)]_a^b$, **ne dépend pas du choix de la primitive** F.
On peut donc choisir n'importe quelle primitive, on obtiendra le même résultat.

   En effet, si l'on remplace la primitive F par une primitive G, on sait qu'il existe alors un réel k tel que $G = F + k$.
D'où, $G(b) - G(a) = F(b) + k - (F(a) + k) = F(b) - F(a)$.

2. Les réels a et b sont appelés les **bornes** de l'intégrale.
La variable t est **muette**, c'est-à-dire que $\int_a^b f(t)dt = \int_a^b f(x)dx$.

   Il est cependant très important de faire apparaître ce dt ou dx qui **indique selon quelle variable on intègre**.

Exemple 16.1

$$\int_1^2 x^2 dx = \left[\frac{x^3}{3}\right]_1^2 = \frac{8}{3} - \frac{1}{3} = \frac{7}{3} \text{ mais } \int_1^2 x^2 dt = \left[x^2 t\right]_1^2 = x^2 \times 2 - x^2 \times 1 = x^2.$$

16.1.2 Interprétation graphique

Théorème (Interprétation en terme d'aire)

$\int_a^b f(t)dt$ représente l'**aire signée** du domaine délimité par $\mathcal{C}_f$ (courbe représentative de f dans un repère orthonormé), l'axe des abscisses et les droites d'équations $x = a$ et $x = b$.

Méthode (Calcul d'aire et intégrale)

Soit f une fonction continue sur $[a;b]$.

1. Si f est **positive** sur $[a;b]$, on a $\int_a^b f(t)dt =$ **l'aire sous la courbe de $\mathcal{C}_f$ entre a et b.**
2. Si f est **négative** sur $[a;b]$, on a $\int_a^b f(t)dt =$ **l'opposée de l'aire définie ci-dessus.**
3. Si f change de signes sur $[a;b]$ alors on découpe l'intervalle $[a;b]$ en intervalles sur lesquels f garde un signe constant.

16.1.3 Premières propriétés

La plupart des propriétés présentées ci-dessous sont évidentes lorsque l'on interprète les intégrales en terme d'aire.

Proposition (Propriétés)

Soit f une fonction continue sur $[a;b]$.

1. $\int_a^b f(t)dt = -\int_b^a f(t)dt.$
2. $\int_a^a f(t)dt = 0.$

Proposition (Linéarité de l'intégrale)

Soient f et g deux fonctions continues sur $[a;b]$ et $\lambda \in \mathbb{R}$. On a :

$$\int_a^b (f(t)+g(t))dt = \int_a^b f(t)dt + \int_a^b g(t)dt \quad \text{et} \quad \int_a^b \lambda f(t)dt = \lambda \int_a^b f(t)dt.$$

Exemple 16.2

1. $\displaystyle\int_0^4 (e^t + t^2)dt = \int_0^4 e^t dt + \int_0^4 t^2 dt.$
2. $\displaystyle\int_1^3 2f(t)dt = 2\int_1^3 f(t)dt.$

Proposition (Relation de Chasles)

Soit f une fonction continue sur un segment I et soit a, b, c trois éléments de I. On a :

$$\int_a^b f(t)dt = \int_a^c f(t)dt + \int_c^b f(t)dt.$$

Exemple 16.3

$\displaystyle\int_1^5 f(t)dt = \int_1^3 f(t)dt + \int_3^5 f(t)dt.$

Théorème (Fondamental de l'intégration)

Soit f une fonction continue sur $[a;b]$. Alors la fonction

$$F : x \mapsto \int_a^x f(t)dt$$

est **l'unique primitive de f sur $[a;b]$ qui s'annule en a.**
En particulier, F est dérivable sur $[a;b]$ et sa dérivée est $F' = f$.

Exemple 16.4

$f : x \mapsto x + 1$ est continue sur $[1;10]$.

Donc $F : x \mapsto \displaystyle\int_1^x (t+1)dt$ est l'unique primitive de f sur $[1;10]$ qui s'annule en 1.

En effet, pour tout $x \in [1;10]$, $F(x) = \left[\frac{t^2}{2} + t\right]_1^x = \frac{x^2}{2} + x - (\frac{1^2}{2} + 1) = \frac{x^2}{2} + x - \frac{3}{2}$.

On retrouve bien que $F' = f$ et $F(1) = \frac{1}{2} + 1 - \frac{3}{2} = 0$!

16.1.4 Théorème de positivité et d'encadrement

Proposition (Positivité et inégalités)

Soient f et g deux fonctions continues sur $[a;b]$.

1. Si, pour tout $t \in [a;b]$, $f(t) \geq 0$ alors $\displaystyle\int_a^b f(t)dt \geq 0$.
2. Si, pour tout $t \in [a;b]$, $f(t) \geq g(t)$ alors $\displaystyle\int_a^b f(t)dt \geq \int_a^b g(t)dt$.

Erreurs à éviter

Les réciproques sont fausses ! Une intégrale peut être positive sur un segment, sans pour autant que la fonction que l'on intègre sur ce segment soit positive.
Cette affirmation est évidente lorsque l'on considère l'interprétation de l'intégrale en termes d'aire.

Remarque

Cette proposition signifie que l'on peut intégrer des inégalités, sans changer le sens des inégalités, **à condition que les bornes de l'intégrale soient dans l'ordre croissant** ($a \leq b$).
Elle dit aussi que :

— l'intégrale d'une fonction positive avec des bornes croissantes est positive,
— l'intégrale d'une fonction positive avec des bornes décroissantes est négative,
— l'intégrale d'une fonction négative avec des bornes croissantes est négative,
— l'intégrale d'une fonction négative avec des bornes décroissantes est positive.

Proposition (Inégalité de la moyenne)

Soit f une fonction continue sur $[a;b]$.
Soient m et M deux réels tels que, pour tout $t \in [a;b]$, $m \leq f(t) \leq M$.
Alors, on a :

$$m \leq \frac{1}{b-a}\int_a^b f(t)dt \leq M.$$

16.2 Méthodes

16.2.1 Existence et calcul d'intégrales

Méthode

Pour justifier l'existence d'une intégrale du type $\displaystyle\int_a^b f(t)dt$ et la calculer, on procède comme suit :

1. On commence par justifier que la fonction f est continue sur $[a;b]$.
2. On cherche une primitive F de f sur $[a;b]$.
   On pourra à cette occasion appliquer la méthode présentée dans la sous-section 15.2.1.
3. On applique la formule $\displaystyle\int_a^b f(t)dt = [F(t)]_a^b = F(b) - F(a)$.

Exemple 16.5
Calculer $\displaystyle\int_0^1 \frac{3e^t}{e^t+1}dt$.

On définit sur $[0;1]$ la fonction $f : t \mapsto \dfrac{3e^t}{e^t+1}$.
f est continue sur $[0;1]$, car quotient de fonctions définies sur $[0;1]$, dont le dénominateur ne s'annule pas sur $[0;1]$.
D'où f admet des primitives sur $[0;1]$ et donc $\displaystyle\int_0^1 \frac{3e^t}{e^t+1}dt$ existe.
On remarque que f est de la forme $3 \times \dfrac{u'}{u}$ avec $u : t \to e^t + 1$.
D'après le cours, on en déduit que $F : t \mapsto 3\ln|u(t)| = 3\ln|e^t+1| = 3\ln(e^t+1)$ est une primitive de f sur $[0;1]$.

On en conclut alors que :

$$\int_0^1 \frac{3e^t}{e^t+1}dt = \left[3\ln\left(e^t+1\right)\right]_0^1 = 3\ln(e+1) - 3\ln(2) = 3\ln\left(\frac{e+1}{2}\right).$$

16.2.2 Application du théorème fondamental de l'intégration

Méthode

1. Le théorème fondamental de l'intégration permet d'étudier des fonctions du type $F : x \mapsto \displaystyle\int_a^x f(t)dt$, en précisant leur domaine de définition et leur dérivée, permettant ainsi d'en étudier leurs variations.
2. Attention, pour appliquer ce théorème, la borne a doit être une constante, c'est-à-dire indépendante de x.
3. Par ailleurs, x doit être la borne supérieure de l'intégrale. Si ce n'est pas le cas, on utilisera le fait que $\displaystyle\int_x^a f(t)dt = -\int_a^x f(t)dt$ pour s'y ramener.

Exemple 16.6
On définit sur $\left[\frac{1}{2};5\right]$ la fonction H par $H(x) = \displaystyle\int_{\frac{1}{2}}^x \frac{dt}{t^2+1}$.

Montrer que H est dérivable sur $\left[\frac{1}{2};5\right]$, expliciter sa dérivée, puis étudier ses variations.

On pose $h : t \mapsto \frac{1}{t^2+1}$.
h est continue sur $\left[\frac{1}{2};5\right]$, car quotient de fonctions continues sur $\left[\frac{1}{2};5\right]$ dont le dénominateur ne s'annule pas sur $\left[\frac{1}{2};5\right]$.
D'où, d'après le théorème fondamental de l'intégration, H est définie et dérivable sur $\left[\frac{1}{2};5\right]$ et pour tout $x \in \left[\frac{1}{2};5\right]$, $H'(x) = h(x) = \frac{1}{x^2+1} > 0$.
Donc H est strictement croissante sur $\left[\frac{1}{2};5\right]$.

16.3 Pour s'entraîner

16.3.1 Exercices

Exercice 16.1
Calculer les intégrales suivantes après en avoir justifié l'existence :

1. $\displaystyle\int_0^1 (3t^2+t-1)dt.$
2. $\displaystyle\int_1^{e} \frac{du}{u}.$
3. $\displaystyle\int_0^1 e^{2x-1}dx.$
4. $\displaystyle\int_0^1 xe^{x^2}dx.$
5. $\displaystyle\int_0^1 \frac{1}{t-2}dt.$
6. $\displaystyle\int_e^{e^2} \frac{1}{u\ln u}du.$
7. $\displaystyle\int_0^1 \sqrt{y}(y-2\sqrt{y})dy.$

Exercice 16.2

1. Démontrer que, pour tout $x \in [0;1]$, on a $0 \leq e^{x^2} \leq e^x$.
2. En déduire que $0 \leq \displaystyle\int_0^1 e^{x^2}dx \leq e-1$.

Exercice 16.3
On considère la fonction $F : x \mapsto \displaystyle\int_0^x \frac{t}{\sqrt{t+1}}dt$.

1. Justifier que F est bien définie sur $]-1;+\infty[$.
2. Étudier le signe de F sur $]-1;+\infty[$ par une méthode directe.
3. Montrer que F est dérivable sur $]-1;+\infty[$, puis étudier ses variations. Retrouver alors le résultat de la question précédente.

16.3.2 Corrigés

Solution 16.1

1. On pose $f : t \mapsto 3t^2+t-1$.
   f est définie et continue sur $[0;1]$, d'où f admet des primitives sur $[0;1]$ et donc $\displaystyle\int_0^1 (3t^2+t-1)dt$ existe.
   Une primitive F de f sur $[0;1]$ est $F : t \mapsto 3 \times \dfrac{t^3}{3} + \dfrac{t^2}{2} - t = t^3 + \dfrac{t^2}{2} - t$.
   On en conclut alors que $\displaystyle\int_0^1 (3t^2+t-1)dt = \left[t^3 + \frac{t^2}{2} - t\right]_0^1 = \frac{1}{2} - 0 = \frac{1}{2}.$
2. On pose $f : u \mapsto \dfrac{1}{u}$.
   f est définie et continue sur $[1;e]$, d'où f admet des primitives sur $[1;e]$ et donc $\displaystyle\int_0^1 \frac{du}{u}$ existe.
   Une primitive F de f sur $[1;e]$ est $F : u \mapsto \ln|u|$.
   On en conclut alors que : $\displaystyle\int_1^{e} \frac{du}{u} = [\ln|u|]_1^e = \ln|e| - \ln|1| = \ln(e) - \ln(1) =$ $1-0=1$.

3. On pose $f : x \mapsto e^{2x-1}$.
   f est définie et continue sur $[0;1]$, d'où f admet des primitives sur $[0;1]$ et donc $\displaystyle\int_0^1 e^{2x-1}dx$ existe.
   On remarque que f est de la forme $\dfrac{1}{2} \times 2 \times e^{2x-1} = \dfrac{1}{2}u'(x)u(x)$ avec $u : x \to e^{2x-1}$.
   D'après le cours, on en déduit que $F : x \mapsto \dfrac{1}{2}e^{u(x)} = \dfrac{1}{2}e^{2x-1}$ est une primitive de f sur $[0;1]$.

   On en conclut alors que $\displaystyle\int_0^1 e^{2x-1}dx = \left[\frac{1}{2}e^{2x-1}\right]_0^1 = \frac{1}{2}e^1 - \frac{1}{2}e^{-1}$.

4. On pose $f : x \mapsto xe^{x^2}$.
   f est définie et continue sur $[0;1]$, d'où f admet des primitives sur $[0;1]$ et donc $\displaystyle\int_0^1 xe^{x^2}dx$ existe.
   On remarque que f est de la forme $\dfrac{1}{2} \times 2x \times e^{x^2} = \dfrac{1}{2}u'(x)u(x)$ avec $u : x \to e^{x^2}$.
   D'après le cours, on en déduit que $F : x \mapsto \dfrac{1}{2}e^{u(x)} = \dfrac{1}{2}e^{x^2}$ est une primitive de f sur $[0;1]$.

   On en conclut alors que $\displaystyle\int_0^1 e^{x^2}dx = \left[\frac{1}{2}e^{x^2}\right]_0^1 = \frac{1}{2}e^1 - \frac{1}{2}e^0 = \frac{1}{2}(e-1)$.

5. On pose $f : t \mapsto \dfrac{1}{t-2}$.
   f est définie et continue sur $[0;1]$, d'où f admet des primitives sur $[0;1]$ et donc $\displaystyle\int_0^1 \frac{1}{t-2}dt$ existe.
   On remarque que f est de la forme $\dfrac{u'}{u}$ avec $u : t \to t-2$.
   D'après le cours, on en déduit que $F : t \mapsto \ln|u(t)| = \ln|t-2|$ est une primitive de f sur $[0;1]$.
   On en conclut alors que $\displaystyle\int_0^1 \frac{1}{t-2}dt = [\ln|t-2|]_0^1 = \ln|-2| - \ln|-1| =$ $\ln 2 - \ln 1 = \ln 2$.

6. On pose $f : u \mapsto \dfrac{1}{u\ln u} = \dfrac{\frac{1}{u}}{\ln u}$.
   f est définie et continue sur $[e;e^2]$, d'où f admet des primitives sur $[e;e^2]$ et donc $\displaystyle\int_e^{e^2} \frac{1}{u\ln u}$ existe.
   On remarque que f est de la forme $\dfrac{v'}{v}$ avec $v : u \to \ln(u)$.
   D'après le cours, on en déduit que $F : u \mapsto \ln|v(u)| = \ln|\ln(u)|$ est une primitive de f sur $[e;e^2]$.

On en conclut alors que $\displaystyle\int_e^{e^2} \frac{1}{u \ln u} du = [\ln|\ln(u)|]_e^{e^2} = \ln|\ln(e)| - \ln|\ln(e^2)| =$ $\ln|1| - \ln|2| = -\ln 2$

7. On pose $f : y \mapsto \sqrt{y}(y - 2\sqrt{y}) = y^{\frac{1}{2}}(y - 2y^{\frac{1}{2}}) = y^{\frac{1}{2}+1} - 2y^{\frac{1}{2}+\frac{1}{2}} = y^{\frac{3}{2}} - 2y$.
Il n'est pas possible ici de repérer des primitives usuelles ou de fonctions composées si on garde l'expression de f telle que donnée dans l'énoncé. L'astuce ici consiste à modifier l'expression de f pour se ramener à des puissances.
f est définie et continue sur $[0; 1]$, d'où f admet des primitives sur $[0; 1]$ et donc $\displaystyle\int_0^1 \sqrt{y}(y - 2\sqrt{y})dy$ existe.
Une primitive F de f sur $[0; 1]$ est $F : y \mapsto \dfrac{y^{\frac{3}{2}+1}}{\frac{3}{2}+1} - 2\dfrac{y^2}{2} = \dfrac{2}{5}y^{\frac{5}{2}} - y^2$.
On en conclut alors que $\displaystyle\int_0^1 \sqrt{y}(y - 2\sqrt{y})dy = \left[\frac{2}{5}y^{\frac{5}{2}} - y^2\right]_0^1 = (\frac{2}{5} - 1) - 0 =$ $-\dfrac{3}{5}$.

Solution 16.2

1. Soit $x \in [0; 1]$.
On a $0 \leq x^2 \leq x$ (cf. Chapitre 6).
D'où, la fonction exponentielle étant strictement croissante sur $\mathbb{R}$, on en déduit que $0 \leq e^{x^2} \leq e^x$.
2. Soit $x \in [0; 1]$. On a :

$$0 \leq e^{x^2} \leq e^x$$

$$\Rightarrow \quad \int_0^1 0dx \leq \int_0^1 e^{x^2}dx \leq \int_0^1 e^x dx \quad \text{car } 0 \leq 1$$

$$\Rightarrow \quad 0 \leq \int_0^1 e^{x^2}dx \leq [e^x]_0^1$$

$$\Rightarrow \quad 0 \leq \int_0^1 e^{x^2}dx \leq e - 1.$$

Solution 16.3

1. La fonction $f : t \mapsto \dfrac{t}{\sqrt{t+1}}$ est continue $]-1; +\infty[$ (car quotient de fonctions continues sur $]-1; +\infty[$ dont le dénominateur ne s'annule pas sur $]-1; +\infty[$) et $0 \in]-1; +\infty[$.
D'où, F est bien définie sur $]-1; +\infty[$, d'après le théorème fondamental de l'intégration.

2. Soit $x \in]-1;+\infty[$.
   Premier cas : $x \in]-1;0]$. Alors :
   - pour tout $t \in [x;0]$, $\dfrac{t}{\sqrt{t+1}} \leq 0$,
   - $x \leq 0$, donc les bornes de l'intégrale sont dans l'ordre décroissant.

   D'où $F(x) = \displaystyle\int_0^x \frac{t}{\sqrt{t+1}} dt \geq 0$.

   Deuxième cas : $x \in [0;+\infty[$. Alors :
   - pour tout $t \in [0;x]$, $\dfrac{t}{\sqrt{t+1}} \geq 0$,
   - $x \geq 0$, donc les bornes de l'intégrale sont dans l'ordre croissant.

   D'où $F(x) = \displaystyle\int_0^x \frac{t}{\sqrt{t+1}} dt \geq 0$.

   Donc F est positive sur $]-1;+\infty[$.
3. D'après le théorème fondamental de l'intégration (cf. hypothèses vérifiées d'après q.1), F est dérivable sur $]-1;+\infty[$ et pour tout $x \in]-1;+\infty[$, $F'(x) = \dfrac{x}{\sqrt{x+1}}$ du signe de x.
   D'où F' est négative sur $]-1;+\infty[$ et positive sur $[0;+\infty[$.
   Donc F est décroissante sur $]-1;+\infty[$ et croissante sur $[0;+\infty[$.
   Comme $F(0) = 0$, on retrouve les résultats sur le signe de F de la question précédente (faire le tableau de variation de F si besoin pour s'en convaincre).

Partie IV.
Notions vues uniquement en spécialité maths et qui sont au programme en ECG

Chapitre 17

Approfondissement autour des fonctions

Dans ce chapitre, nous allons aborder d'une part la notion de fonctions composées avec des applications au calcul de limites, de dérivées et de primitives de fonctions. Et d'autre part, nous présenterons des techniques permettant de lever des formes indéterminées lors d'un calcul de limite. Nous verrons notamment dans ce cadre un outil important : la croissance comparée.

Sommaire

17.1 Cours

17.1.1 Composée de fonctions

Définition

Définition

Soient E, F et G trois ensembles. $f : E \longrightarrow F$ et $g : F \longrightarrow G$ deux applications. On appelle composée de f et de g, et on note $g \circ f$, l'application de E dans G définie par :

$$\text{pour tout } x \in E, g \circ f(x) = g(f(x)),$$

que l'on peut encore écrire

$$g \circ f \quad : \quad \begin{cases} E & \longrightarrow G \\ x & \longmapsto g\big(f(x)\big). \end{cases}$$

La notation $g \circ f$ se lit « g rond f ».

Erreurs à éviter

Il est crucial que l'ensemble d'arrivée de f soit le même que l'ensemble de départ de g pour que la composition soit bien définie !

Exemple 17.1
Pour tout $x \in \mathbb{R}$, on pose $f(x) = x^2 - 1$, et $g(x) = x - 2$.
Alors, pour tout $x \in \mathbb{R}$, $g \circ f(x) = g(x^2 - 1) = (x^2 - 1) - 2 = x^2 - 3$
et $f \circ g(x) = f(x - 2) = (x - 2)^2 - 1 = x^2 - 4x + 3$.

Ainsi :

$$g \circ f \quad : \quad \begin{cases} \mathbb{R} & \longrightarrow \mathbb{R} \\ x & \longmapsto x^2 - 3 \end{cases}$$

et

$$f \circ g \quad : \quad \begin{cases} \mathbb{R} & \longrightarrow \mathbb{R} \\ x & \longmapsto x^2 - 4x + 3. \end{cases}$$

Remarque

Pour ne pas se tromper dans le calcul de fonctions composées, il faut voir la variable x de la fonction, comme une "boîte" dans laquelle on peut mettre ce que l'on veut, à condition que l'on mette la même quantité dans toutes les "boîtes" x.

Par exemple, si pour tout $x \in \mathbb{R}$, $f(x) = 2x + 3$, alors :

⋆ $f(\boxed{2x}) = 2 \times \boxed{2x} + 3$, c'est-à-dire $f(2x) = 4x + 3$,

⋆ $f(x^2) = 2 \times \boxed{x^2} + 3$, c'est-à-dire $f(x^2) = 2x^2 + 3$.

Pour ne pas se tromper dans les calculs, remplacez le carré de la "boîte" par des parenthèses.

Ainsi, ne faite pas l'erreur fréquente qui consiste à écrire que :
$f(x+1) = 2x+1+3 = 2x+4$ alors que $f(x+1) = 2(x+1)+3 = 2x+5$.

Erreurs à éviter

1. La composition n'est pas commutative : $g \circ f \neq f \circ g$ en général (cf. exemple précédent). Il est même possible que l'un soit défini et l'autre non.
2. On écrit $f \circ g$, mais pour calculer $f \circ g$ on commence par la fonction f, puis on applique la fonction g.

Limites

Proposition (Règle de composition des limites)

Soient a, b et ℓ des réels pouvant aussi valoir $\pm\infty$.
Si $\lim\limits_{x \to a} f(x) = b$ et $\lim\limits_{y \to b} g(y) = \ell$ alors $\lim\limits_{x \to a} g(f(x)) = \ell$.

Exemple 17.2

$\lim_{x \to +\infty} e^{-x} = 0$, car $\lim_{x \to +\infty} (-x) = -\infty$ et $\lim_{x \to -\infty} e^{x} = 0$.

$\lim_{x \to +\infty} \ln(8x^2 - 5) = +\infty$, car $\lim_{x \to +\infty} (8x^2 - 5) = +\infty$ et $\lim_{x \to +\infty} \ln x = +\infty$.

Dérivabilité

Proposition (Dérivée de $f \circ u$)

Soit u une fonction dérivable sur un intervalle I de $\mathbb{R}$ et à valeur dans un intervalle G.
Soit f une fonction dérivable sur G.
Soit $g : x \to f(u(x))$, autrement dit $g = f \circ u$.
Alors la fonction g est dérivable sur I et pour tout $x \in I$

$$g'(x) = u'(x) \times f'(u(x)).$$

En prenant pour f le cas particulier de la fonction puissance, inverse et racine, on obtient le tableau ci-dessous.

Proposition (Cas particulier)

Soit u une fonction dérivable sur un intervalle I.

Fonction f	**Fonction f'**	**Ensemble de définition de f'**
u^n	$n \times u' \times u^{n-1}$	I
$\frac{1}{u}$	$-\frac{u'}{u^2}$	u ne s'annulant pas sur I
$\sqrt{u}$	$\frac{u'}{2\sqrt{u}}$	u **strictement positive** sur I.

Remarques

1. En prenant pour cas particulier les fonctions carré, exponentielle et logarithme on retrouve le tableau 7.1.3 vu au Chapitre 7.
2. Les formules de dérivation des fonctions $\frac{1}{u}$ et $\sqrt{u}$ sont des cas particuliers de celle u^n en prenant respectivement $n = -1$ et $n = \frac{1}{2}$. Si vous avez du mal à retenir les formules des dérivées de ces deux fonctions, je vous invite à utiliser cette astuce pour les retrouver rapidement.

Primitives de fonctions composées

Proposition (Primitives et fonctions composées)

Soit u une fonction définie et continue sur I.

Fonction f	**Fonction F**	**Ensemble de définition de F**
$u'u^n$ $n \in \mathbb{Z}\backslash\{-1\}$	$\frac{u^{n+1}}{n+1} + C$	I si $n \geq 0$ u ne s'annulant pas sur I si $n < 0$
$\frac{u'}{u^2}$	$-\frac{1}{u} + C$	u ne s'annulant pas sur I
$\frac{u'}{\sqrt{u}}$	$2\sqrt{u} + C$	u **strictement positive** sur I

Remarques

1. En prenant pour cas particulier les fonctions carré, exponentielle et logarithme, on retrouve le tableau 15.1.2, vu au Chapitre 15.
2. Les primitives des fonctions $\frac{u'}{u^2}$ et $\frac{u'}{\sqrt{u}}$ sont des cas particuliers de celle $u'u^n$ en prenant respectivement $n = -1$ et $n = \frac{1}{2}$. Cette astuce permet ainsi de retrouver facilement les primitives de ces dernières, en retenant simplement celle de $u'u^n$.

17.1.2 Croissance comparée

Proposition

Soit $n \in \mathbb{N}$. On a : $\frac{x^n}{e^x} \underset{x \to +\infty}{\longrightarrow} 0$ et $x^n e^x \underset{x \to -\infty}{\longrightarrow} 0.$

Autrement dit en $+\infty$ ou $-\infty$, l'exponentielle l'emporte sur la puissance.

Exemple 17.3

$\frac{x}{e^x} \underset{x \to +\infty}{\longrightarrow} 0$ et $xe^x \underset{x \to -\infty}{\longrightarrow} 0$

Remarque

Par passage à l'inverse, on obtient immédiatement que $\frac{e^x}{x^n} \underset{x \to +\infty}{\longrightarrow} +\infty.$

Erreurs à éviter

- Attention, la croissance comparée ne s'applique pas pour des sommes ou des différences de fonctions ! Uniquement pour des quotients ou produit.
- Et elle s'applique aussi uniquement lorsqu'on a une forme indéterminée. Il ne faut donc pas voir de la croissance comparée là où il n'y en a pas.
  Ainsi $\lim_{x \to -\infty} xe^{-x} = -\infty$ par les propriétés du produit de limite tout simplement ("$(-\infty) \times (+\infty) = -\infty$").
  Il n'y a pas de forme indéterminée.

17.2 Méthodes

17.2.1 Dériver une fonction composée avec des racines carrées

Méthode

Toute fonction de la forme $x \mapsto \sqrt{u(x)}$ est dérivable sur tout intervalle où u est définie, **strictement positive** et dérivable.
Attention à ce cas où la fonction n'est de ce fait généralement pas dérivable sur son ensemble de définition, mais sur son ensemble de définition privé des points où u s'annule.
Cela est dû au fait que $x \to \sqrt{x}$ est dérivable sur $]0; +\infty[$.

Exemple 17.4
Étudier la dérivabilité de $f : x \mapsto \sqrt{3x-1}$.

On a $D_f = \{x \in \mathbb{R}, 3x - 1 \geq 0\} = \left[\frac{1}{3}; +\infty\right[$.
f est de la forme $\sqrt{u}$ avec $u : x \mapsto 3x - 1$.
Or, pour tout $x \in D_f$, $u(x) > 0 \Leftrightarrow 3x - 1 > 0 \Leftrightarrow x > \frac{1}{3}$.
D'où, f est dérivable sur $\left]\frac{1}{3}; +\infty\right[$ et pour tout $x \in \left]\frac{1}{3}; +\infty\right[$,

$$f'(x) = \frac{u'(x)}{2\sqrt{u(x)}} = \frac{3}{2\sqrt{3x-1}}.$$

17.2.2 Lever une forme indéterminée

Méthode

On rappelle qu'il existe quatre formes indéterminées :

$$\frac{\pm\infty}{\pm\infty}, \qquad \frac{0}{0}, \qquad (+\infty) + (-\infty), \qquad 0 \times \pm\infty.$$

Attention "0/ ∞" n'est pas une forme indéterminée.
Nous allons présenter ici trois techniques permettant de lever des formes indéterminées.

1. La factorisation par le terme prépondérant (très générale).
2. La croissance comparée (plus restreinte) et qui peut se combiner avec la précédente.
3. La méthode de la quantité conjuguée (plus marginale).

Méthode par croissance comparée

Méthode

Attention, la croissance comparée ne s'applique que pour des produits ou quotients de fonctions puissance et exponentielle et quand on est en $-\infty$ ou $+\infty$.

Exemple 17.5
Calculer $\lim_{x \to +\infty} \frac{e^x}{x^3}$.

On vérifie d'abord que l'on ne peut pas conclure par les opérations sur les limites.
On a $\lim_{x \to +\infty} e^x = +\infty$ et $\lim_{x \to +\infty} x^3 = +\infty$.
D'où, on a bien à faire à une forme indéterminée.
Par croissance comparées (la puissance l'emporte sur le logarithme), il vient :
$\lim_{x \to +\infty} \frac{e^x}{x^3} = +\infty$.

Par factorisation par le terme dominant

Méthode

Une méthode classique pour lever des formes indéterminées consiste à factoriser l'expression, dont on cherche à calculer la limite, par son terme dominant (celui qui l'emporte sur les autres).
On simplifie ensuite l'expression au minimum (sans simplification, on reste avec une forme indéterminée).

Voici quelques règles pour savoir quel est le terme qui domine :

- Ce sont les termes qui ont des limites infinies ($+\infty$ ou $-\infty$) qui l'emportent sur ceux qui ont des limites finies.
- Entre des termes en exponentielle ou puissance qui tendraient tous vers $+\infty$ ou $-\infty$, c'est le théorème de croissance comparée qui nous dit que l'exponentielle l'emporte sur la puissance.
- Entre deux puissances qui tendent vers $+\infty$, c'est la plus grande des deux puissances qui l'emporte.
  Mais attention, entre deux puissances qui tendent vers 0 c'est la plus petite des deux puissances qui l'emporte.
  Ainsi x l'emporte sur $\sqrt{x}$ en $+\infty$ mais c'est $\sqrt{x}$ qui l'emporte sur x en 0 (cf. représentation graphique de ces fonctions vue au chapitre 6).

Exemple 17.6
Calculer $\lim_{x \to +\infty} (x^2 - 3x + 1)$.

On a une forme indéterminée du type "$(+\infty) + (-\infty)$".
On la lève en factorisant par le terme dominant x^2.
On a $x^2 - 3x + 1 = x^2 \left(\frac{x^2}{x^2} - \frac{3x}{x^2} + \frac{1}{x^2} \right) = x^2 \left(1 - \frac{3}{x} + \frac{1}{x^2} \right)$.
Or, $\lim_{x \to +\infty} \frac{3}{x} = 0$ et $\lim_{x \to +\infty} \frac{1}{x^2} = 0$.
D'où, par somme, $\lim_{x \to +\infty} \left(1 - \frac{3}{x} + \frac{1}{x^2} \right) = 1$.
De plus, $\lim_{x \to +\infty} x^2 = +\infty$.
D'où, par produit, $\lim_{x \to +\infty} x^2 \left(1 - \frac{3}{x} + \frac{1}{x^2} \right) = +\infty$.
Ainsi, $\lim_{x \to +\infty} (x^2 - 3x + 1) = +\infty$.

Exemple 17.7
Calculer $\lim_{x \to +\infty} \frac{x^5 - 2x^3 + x}{x^4 + 1}$.

On a une forme indéterminée.
Pour la lever, on factorise par le terme dominant x^5 au numérateur et x^4 au dénominateur.

$$\frac{x^5 - 2x^3 + x}{x^4 + 1} = \frac{x^5 \left(\frac{x^5}{x^5} - \frac{2x^3}{x^5} + \frac{x}{x^5} \right)}{x^4 \left(1 + \frac{1}{x^4} \right)} = \frac{x^5 \left(1 - \frac{2}{x^2} + \frac{1}{x^4} \right)}{x^4 \left(1 + \frac{1}{x^4} \right)} = x \frac{\left(1 - \frac{2}{x^2} + \frac{1}{x^4} \right)}{\left(1 + \frac{1}{x^4} \right)}.$$

Après factorisation, pensez toujours à simplifier. Autrement vous ne lèverez pas l'indétermination !

Par quotient et somme, on a $\lim_{x \to +\infty} \left(1 - \frac{2}{x^2} + \frac{1}{x^4} \right) = 1$ et $\lim_{x \to +\infty} \left(1 + \frac{1}{x^4} \right) = 1$.
De plus, $\lim_{x \to +\infty} x = +\infty$.
D'où, par produit, $\lim_{x \to +\infty} x \frac{\left(1 - \frac{2}{x^2} + \frac{1}{x^4} \right)}{\left(1 + \frac{1}{x^4} \right)} = +\infty$.
On en conclut que $\lim_{x \to +\infty} \frac{x^5 - 2x^3 + x}{x^4} = +\infty$.

Exemple 17.8
Calculer $\lim\limits_{x \to 0} \dfrac{x^3 + 2x^4}{x^2 + x}$.

On a une forme indéterminée.

On la lève en factorisant par les termes dominants, qui attention ici sont les puissances les plus petites puisqu'on cherche une limite en 0.

On factorise donc par x^3 au numérateur et par x au dénominateur.

On a $\dfrac{x^3 + 2x^4}{x^2 + x} = \dfrac{x^3(1 + 2x)}{x(1 + x)} = x^2 \dfrac{1 + 2x}{1 + x}$.
Or, par produit, $\lim\limits_{x \to +\infty} x^2 \dfrac{1 + 2x}{1 + x} = 0 \times \dfrac{1}{1} = 0$.
D'où, $\lim\limits_{x \to 0} \dfrac{x^3 + 2x^4}{x^2 + x} = 0$.

Exemple 17.9
Calculer $\lim\limits_{x \to +\infty} \dfrac{x}{e^x + 1}$.

On a une forme indéterminée du type "$+\infty / +\infty$".

On la lève en factorisant par le terme dominant e^x au dénominateur (le numérateur étant déjà factorisé, on n'y touche pas), puis en appliquant la croissance comparée.

On a $\dfrac{x}{e^x + 1} = \dfrac{x}{e^x(1 + e^{-x})} = \dfrac{x}{e^x} \dfrac{1}{1 + e^{-x}}$.
Or, $\lim\limits_{x \to +\infty} \dfrac{x}{e^x} = 0$ par croissance comparée.

Et, par propriétés des limites, $\lim\limits_{x \to +\infty} \dfrac{1}{1 + e^{-x}} = 1$.

D'où, par produit, $\lim\limits_{x \to +\infty} \dfrac{x}{e^x} \dfrac{1}{1 + e^{-x}} = 0 \times 1 = 0$.

Donc $\lim\limits_{x \to +\infty} \dfrac{x}{e^x + 1} = 0$.

Par la méthode de la quantité conjuguée

Méthode

Soit x et y deux réels positifs.
On rappelle que $\sqrt{x}-\sqrt{y}$ est appelée l'**expression conjuguée** de $\sqrt{x}+\sqrt{y}$ et vérifie

$$(\sqrt{x}-\sqrt{y})(\sqrt{x}+\sqrt{y}) = x-y.$$

On utilise généralement cette astuce quand on a à calculer une limite avec une expression du type $\sqrt{x}-\sqrt{y}$ et que l'on se retrouve avec une forme indéterminée du type "$(+\infty)+(-\infty)$".
En effet, dans ce cas, en utilisant l'expression conjuguée, on remplace $(\sqrt{x}-\sqrt{y})$ par $(\sqrt{x}+\sqrt{y})$:

$$\sqrt{x}-\sqrt{y} = \frac{(\sqrt{x}-\sqrt{y})(\sqrt{x}+\sqrt{y})}{\sqrt{x}+\sqrt{y}} = \frac{x-y}{\sqrt{x}+\sqrt{y}}.$$

Le signe $-$ étant remplacer par un $+$ au dénominateur, on remplace une limite du type "$(+\infty)+(-\infty)$" par une du type "$(+\infty)+(+\infty)$" qui n'est plus une forme indéterminée.

Exemple 17.10
Calculer $\lim\limits_{x\to+\infty}\left(\sqrt{x^2+1}-x\right)$.

On a une forme indéterminée de type "$(+\infty)+(-\infty)$".

Or, $\sqrt{x^2+1}-x = \dfrac{(\sqrt{x^2+1}-x)(\sqrt{x^2+1}+x)}{\sqrt{x^2+1}+x} = \dfrac{(x^2+1)-(x^2)}{\sqrt{x^2+1}+x} = \dfrac{1}{\sqrt{x^2+1}+x}$.

Or, $\lim\limits_{x\to+\infty}(\sqrt{x^2+1}+x) = +\infty$ par somme.

D'où, par quotient, $\lim\limits_{x\to+\infty}\dfrac{1}{\sqrt{x^2+1}+x} = 0$.

On en conclut que $\lim\limits_{x\to+\infty}(\sqrt{x^2+1}-x) = 0$.

17.3 Pour s'entraîner

17.3.1 Exercices

Exercice 17.1

1. Soient $f : \begin{cases} \mathbb{R} & \to \mathbb{R} \\ x & \mapsto x^2 \end{cases}$ et $g : \begin{cases} \mathbb{R} & \to \mathbb{R} \\ x & \mapsto x+1 \end{cases}$
   Donner une expression de $g \circ f$ et de $f \circ g$.

2. Écrire la fonction $f : \begin{cases} [-1;+\infty[& \to \mathbb{R} \\ x & \mapsto \sqrt{x+1} \end{cases}$ comme la composée de deux fonctions.

Exercice 17.2

1. Donner le domaine de définition et de dérivation de $f : x \mapsto \dfrac{1}{(x+5)^3}$ et la dériver.

2. Donner le domaine de définition et de dérivation de $f : x \mapsto \sqrt{\dfrac{x-3}{2x-1}}$ et la dériver.

3. Justifier l'existence d'une primitive de $f : x \mapsto \dfrac{2x}{(x^2+6)^4}$ sur $\mathbb{R}$ et en donner un exemple.

4. Justifier l'existence d'une primitive de $f : x \mapsto \dfrac{5}{\sqrt{x+3}}$ sur $]-3;+\infty[$ et en donner un exemple.

Exercice 17.3
Déterminer les limites suivantes :

1. $\lim\limits_{x \to +\infty} \left(\dfrac{1}{x} + \dfrac{e^x}{x}\right)$.

2. $\lim\limits_{x \to +\infty} (x^2 - 4x + 2)$.

3. $\lim\limits_{x \to +\infty} \dfrac{x^5 - x^3 + x}{x^3 + 1}$.

4. $\lim\limits_{x \to +\infty} (e^x - x)$.

5. $\lim\limits_{x \to +\infty} (\sqrt{x+1} - \sqrt{x})$.

17.3.2 Corrigés

Solution 17.1

1. Soit $x \in \mathbb{R}$.

   On a $g \circ f(x) = g(f(x)) = g(x^2) = x^2 + 1$.

   D'où, $g \circ f : \begin{cases} \mathbb{R} & \to \mathbb{R} \\ x & \mapsto x^2 + 1 \end{cases}$

   Et, $f \circ g(x) = f(g(x)) = f(x+1) = (x+1)^2 = x^2 + 2x + 1$.

   D'où, $f \circ g : \begin{cases} \mathbb{R} & \to \mathbb{R} \\ x & \mapsto x^2 + 2x + 1 \end{cases}$

2. Posons $g : \begin{cases} [-1; +\infty[& \to \mathbb{R}_+ \\ x & \mapsto x + 1 \end{cases}$ et $h : \begin{cases} \mathbb{R}_+ & \to \mathbb{R} \\ x & \mapsto \sqrt{x} \end{cases}$

   Alors $h \circ g = f$.

Solution 17.2

1. $D_f = \{x \in \mathbb{R},\ x + 5 \neq 0\} = \mathbb{R} \setminus \{-5\}$.
   $f : x \mapsto \dfrac{1}{(x+5)^3} = (x+5)^{-3}$ est de la forme u^{-3} avec $u : x \mapsto x + 5$.
   Or, u est dérivable et ne s'annule pas sur D_f et pour tout $x \in D_f, u'(x) = 1$.
   D'où, f est dérivable sur D_f et pour tout $x \in D_f$,

   $$f'(x) = -3u'(x)u(x)^{-3-1} = -3 \times 1 \times (x+5)^{-4} = -\frac{3}{(x+5)^4}.$$

2. $D_f = \left\{x \in \mathbb{R},\ 2x - 1 \neq 0 \text{ et } \dfrac{x-3}{2x-1} \geq 0\right\}$ afin que $\dfrac{x-3}{2x-1}$ soit bien défini et que $\sqrt{\dfrac{x-3}{2x-1}}$ soit bien définie aussi.

   - $2x - 1 = 0 \Leftrightarrow x = \dfrac{1}{2}$

- Étudions le signe de $\dfrac{x-3}{2x-1}$

x	$-\infty$ $\qquad \frac{1}{2} \qquad 3 \qquad$ $+\infty$
$x-3$	$-$ | $-$ 0 $+$
$2x-1$	$-$ 0 $+$ | $+$
$\dfrac{x-3}{2x-1}$	$+$ || $-$ 0 $+$

D'où, $D_f = \left]-\infty; \frac{1}{2}\right[\cup [3; +\infty[$.

Par ailleurs, f est de la forme $\sqrt{u}$ avec $u : x \mapsto \dfrac{x-3}{2x-1}$.
Or, u est dérivable et strictement positive sur $D_f \setminus \{3\}$ (cf. tableau précédente) et pour tout $x \in D_f \setminus \{3\}$, $u'(x) = \dfrac{5}{(2x-1)^2}$ (faire le calcul).
D'où, par composition, f est dérivable sur $D_f \setminus \{3\}$ et pour tout $x \in D_f \setminus \{3\}$,

$$f'(x) = \frac{u'(x)}{2\sqrt{u(x)}} = \frac{\dfrac{5}{(2x-1)^2}}{2\sqrt{\dfrac{x-3}{2x-1}}} = \frac{5\sqrt{2x-1}}{2(2x-1)^2\sqrt{x-3}}.$$

3. La fonction $f : x \mapsto \dfrac{2x}{(x^2+6)^4} = (2x) \times (x^2+6)^{-4}$ est définie et continue sur $\mathbb{R}$ (car quotient de fonctions continues sur $\mathbb{R}$ dont le dénominateur ne s'annule pas sur $\mathbb{R}$). D'où, elle admet des primitives sur $\mathbb{R}$.
De plus, f est de la forme $u'u^{-4}$ avec $u : x \mapsto x^2 + 6$.
D'où, une primitive de la fonction f sur $\mathbb{R}$ est par exemple

$$F : x \mapsto \frac{u(x)^{-4+1}}{-4+1} = -\frac{1}{3}u(x)^{-3} = -\frac{1}{3} \times \frac{1}{u(x)^3} = -\frac{1}{3}\frac{1}{(x^2+6)^3}.$$

4. La fonction $f : x \mapsto \dfrac{5}{\sqrt{x+3}}$ est définie et continue sur $]-3; +\infty[$.
D'où, elle admet des primitives sur $]-3; +\infty[$.
De plus, f est de la forme $5 \times \dfrac{u'}{\sqrt{u}}$ avec $u : x \mapsto x + 3$.
D'où, une primitive de la fonction f sur $]-3; +\infty[$ est par exemple

$$F : x \mapsto 5 \times 2\sqrt{u(x)} = 10\sqrt{x+3}.$$

Solution 17.3

1. On a $\lim\limits_{n\to+\infty} \dfrac{1}{x} = 0$ et $\lim\limits_{n\to+\infty} \dfrac{e^x}{x} = +\infty$ par croissance comparée.
   D'où, par somme, $\lim\limits_{n\to+\infty} \left(\dfrac{1}{x} + \dfrac{e^x}{x}\right) = +\infty$.
2. On a ici une forme indéterminée du type "$(+\infty) + (-\infty)$".
   Pour la lever, nous allons factoriser par le terme dominant qui est x^2.

   On a $x^2 - 4x + 2 = x^2\left(\dfrac{x^2}{x^2} - \dfrac{4x}{x^2} + \dfrac{2}{x^2}\right) = x^2\left(1 - \dfrac{4}{x} + \dfrac{2}{x^2}\right)$.
   Or, par quotient, $\lim\limits_{x\to+\infty} \dfrac{4}{x} = 0$ et $\lim\limits_{x\to+\infty} \dfrac{2}{x^2} = 0$.
   D'où, par somme, $\lim\limits_{x\to+\infty} \left(1 - \dfrac{4}{x} + \dfrac{2}{x^2}\right) = 1$.
   De plus, $\lim\limits_{x\to+\infty} x^2 = +\infty$.
   D'où, par produit, $\lim\limits_{x\to+\infty} x^2\left(1 - \dfrac{4}{x} + \dfrac{2}{x^2}\right) = +\infty$.
   En conclusion, $\lim\limits_{x\to+\infty} (x^2 - 4x + 2) = +\infty$.
3. On a à nouveau une forme indéterminée.
   Pour la lever, on factorise par le terme dominant x^5 au numérateur et x^4 au dénominateur.
   On a $\dfrac{x^5 - 2x^3 + x}{x^4 + 1} = \dfrac{x^5\left(1 - \dfrac{2}{x^2} + \dfrac{1}{x^4}\right)}{x^4\left(1 + \dfrac{1}{x^4}\right)} = x\dfrac{\left(1 - \dfrac{2}{x^2} + \dfrac{1}{x^4}\right)}{\left(1 + \dfrac{1}{x^4}\right)}$.

   Par quotient et somme, on en déduit que $\lim\limits_{x\to+\infty} \left(1 - \dfrac{2}{x^2} + \dfrac{1}{x^4}\right) = 1$ et $\lim\limits_{x\to+\infty} \left(1 + \dfrac{1}{x^4}\right) = 1$.
   De plus, $\lim\limits_{x\to+\infty} x = +\infty$.
   D'où, par produit, $\lim\limits_{x\to+\infty} x\dfrac{\left(1 - \dfrac{2}{x^2} + \dfrac{1}{x^4}\right)}{\left(1 + \dfrac{1}{x^4}\right)} = +\infty$.
   On en conclut que $\lim\limits_{x\to+\infty} \dfrac{x^5 - 2x^3 + x}{x^4} = +\infty$.
4. On a ici une forme indéterminée du type "$(+\infty) + (-\infty)$".
   Ne surtout pas écrire que, $\lim\limits_{x\to+\infty} (e^x - x) = +\infty$ par croissance comparée.
   Ceci est faux car la croissance comparée ne s'applique pas aux sommes de fonctions.
   Elle permet juste de savoir que c'est l'exponentielle qui l'emporte sur la puissance.
   On lève alors l'indétermination en factorisant l'expression par ce terme.

Ainsi, on a $e^x - x = e^x \left(1 - \dfrac{x}{e^x}\right)$.
Or, $\lim\limits_{x \to +\infty} \dfrac{x}{e^x} = 0$, par croissance comparée.
D'où, par somme, $\lim\limits_{x \to +\infty} \left(1 + \dfrac{x}{e^x}\right) = 1$.
De plus, $\lim\limits_{x \to +\infty} e^x = +\infty$.
D'où, par produit, $\lim\limits_{x \to +\infty} e^x \left(1 - \dfrac{x}{e^x}\right) = +\infty$.
Ainsi, $\lim\limits_{x \to +\infty} (e^x - x) = +\infty$.

5. On a ici une forme indéterminée du type "$(+\infty) + (-\infty)$".
Pour la lever nous allons utiliser l'expression conjuguée.
On a
$\sqrt{x+1} - \sqrt{x} = \dfrac{(\sqrt{x+1} - \sqrt{x})(\sqrt{x+1} + \sqrt{x})}{\sqrt{x+1} + \sqrt{x}} = \dfrac{\sqrt{x+1}^2 - \sqrt{x}^2}{\sqrt{x+1} + \sqrt{x}}$.
D'où, $\sqrt{x+1} - \sqrt{x} = \dfrac{x+1-x}{\sqrt{x+1} + \sqrt{x}} = \dfrac{1}{\sqrt{x+1} + \sqrt{x}}$.
Or, $\lim\limits_{x \to +\infty} \sqrt{x} = +\infty$ et $\lim\limits_{x \to +\infty} \sqrt{x+1} = +\infty$.
D'où, par somme, $\lim\limits_{x \to +\infty} (\sqrt{x+1} + \sqrt{x}) = +\infty$.
Et donc, par quotient, $\lim\limits_{x \to +\infty} \dfrac{1}{\sqrt{x+1} + \sqrt{x}} = 0$.
On en conclut que $\lim\limits_{x \to +\infty} (\sqrt{x+1} - \sqrt{x}) = 0$.

Chapitre 18

Le raisonnement par récurrence

Nous allons présenter ici un raisonnement important qui s'appelle le raisonnement par récurrence. Comme vous le comprendrez très vite, vous serez amenés à appliquer ce type de raisonnement dans la plupart des chapitres abordés en ECG et à résoudre un certains nombre de questions dans les sujets de concours en appliquant ce raisonnement. Je vous invite donc à réviser ou à découvrir et travailler par vous même en profondeur les notions présentées dans ce chapitre. Cela vous permettra d'être plus à l'aise dès le début de l'année lorsque l'on vous présentera ce raisonnement fondamental.

Sommaire

18.1 Cours

Proposition (Principe du raisonnement par récurrence)

Soit $\mathcal{P}(n)$ une propriété dépendant d'un entier n.
Si

- **[Initialisation]** $\mathcal{P}(n_0)$ est vrai pour un certain entier n_0,
- **[Hérédité]** $\mathcal{P}(n) \implies \mathcal{P}(n+1)$ est vrai pour tout entier $n \geq n_0$,

alors $\mathcal{P}(n)$ est vraie pour tout entier $n \geq n_0$.

Définition (Hypothèse de récurrence)

Dans la partie Hérédité d'une récurrence, on appelle **hypothèse de récurrence** (souvent notée H.R.) la proposition $\mathcal{P}(n)$ que l'on suppose vraie pour le rang n fixé au départ.

Cette proposition reprend le principe des dominos. Si on fait tomber le premier domino et que, dès qu'un domino tombe, il entraîne le suivant dans sa chute, alors tous les dominos vont tomber.

Ainsi, si on montre qu'une propriété est vrai pour un rang n_0 donné et que, si elle est vrai à un rang fixé quelconque (hypothèse de récurrence) alors elle est vrai au suivant (hérédité), dans ce cas on peut en déduire que la propriété est vraie pour tous les rangs à partir de celui n_0. C'est le principe de récurrence.

Erreurs à éviter

1. On utilise le principe de récurrence pour démontrer des propriétés qui commence par "pour tout $n \in$ ..., montrer que ...".
   Si la propriété à démontrer ne dépend pas d'un entier, mais par exemple d'un nombre réel, ne surtout pas appliquer un raisonnement par récurrence, qui ne s'applique que pour les entiers !
2. Dans la partie hérédité, ne surtout pas supposer la propriété vraie pour « **tout** n » mais seulement pour « **un** n fixé ». Autrement, vous supposez vrai le résultat que vous voulez démontrer, ce qui n'a pas de sens.

Remarque

1. Avant d'appliquer un raisonnement par récurrence, **vérifier qu'il n'existe pas de démonstration directe.** De même, au cours de l'hérédité, si vous prouvez la propriété au rang $n+1$ sans utiliser l'hypothèse de récurrence, cela signifie que vous pouvez prouver directement le résultat.
2. La plupart du temps la propriété est vraie à partir du rang $n_0 = 0$ ou $n_0 = 1$, mais ce n'est pas une généralité. La propriété peut être vrai à partir du rang 5 ou 10 ou 1000, etc.

18.2 Méthodes

Méthode

En pratique, lorsqu'on démontre une propriété par récurrence, on procède comme suit :

1. On énonce ce que l'on va démonter et on écrit donc :

   Montrons par récurrence que pour tout $n \geq n_0$*, on a ...*

2. On énonce clairement la propriété $\mathcal{P}(n)$ à prouver, c'est-à-dire que l'on écrit :

   Pour tout $n \geq n_0$*, on pose* $\mathcal{P}(n)$: ....

3. **Initialisation :** on montre que $\mathcal{P}(n_0)$ est vraie.
4. **Hérédité :** on suppose que $\mathcal{P}(n)$ est vraie pour **un** entier $n \geq n_0$ **fixé**, et on déduit de cette hypothèse la propriété au rang $n+1$: $\mathcal{P}(n+1)$.
   On écrit :

   Soit $n \geq n_0$ *fixé. Supposons* $\mathcal{P}(n)$ *vraie, c'est-à-dire ...*
   Montrons que $\mathcal{P}(n+1)$ *est vraie aussi, c'est-à-dire ...*

5. **Conclusion :** on affirme que la propriété est vraie pour tout entier $n \geq n_0$, d'après le principe de récurrence, et on écrit donc :

   Par le principe de récurrence, on en déduit que pour tout $n \geq n_0, \ldots$.

Exemple 18.1

Montrer que, pour tout $n \geq 1$, $2^n \geq n$.

On rédige de la façon suivante :

1. **Montrons par récurrence que,** pour tout $n \geq 1$, $2^n \geq n$.
2. **Pour tout $n \geq 1$, on note $\mathcal{P}(n)$: $2^n \geq n$.**
3. **Initialisation**
   $2^1 = 2 \geq 1$, donc $\mathcal{P}(1)$ est vraie.
4. **Hérédité**
   Soit $n \geq 1$ fixé.
   Supposons que $\mathcal{P}(n)$ est vraie, c'est-à-dire que
   $$2^n \geq n.$$
   Montrons que $\mathcal{P}(n+1)$ est vraie, c'est-à-dire que
   $$2^{n+1} \geq n+1.$$
   On a $2^{n+1} = 2 \times 2^n$.
   Or, par hypothèse de récurrence (on rappelle que l'hypothèse de récurrence correspond au fait que l'on suppose $\mathcal{P}(n)$ vraie), on a $2^n \geq n$.
   D'où, $2 \times 2^n \geq 2n$ (en multipliant l'inégalité précédente par 2).
   Et donc $2^{n+1} \geq 2n$.
   Reste à voir si $2n \geq n+1$.
   Ne jamais oublier ce que l'on veut montrer, c'est-à-dire $\mathcal{P}(n+1)$, autrement dit ici que $2^{n+1} \geq n+1$.
   Or, $2n \geq n+1 \Leftrightarrow n \geq 1$, ce qui est vrai puisque l'on a supposé $n \geq 1$.
   Finalement, comme on a montré que $2^{n+1} \geq 2n$ et $2n \geq n+1$, on en déduit que
   $$2^{n+1} \geq n+1.$$
   Donc $\mathcal{P}(n+1)$ est vraie.
5. **Conclusion**
   Par le principe de récurrence, on en déduit que $2^n \geq n$ pour tout entier $n \geq 1$.

Ce qui est en grand doit toujours apparaître ainsi lorsqu'on rédige une récurrence. On adapte simplement le reste en fonction de ce que l'on demande de montrer.

18.3 Pour s'entraîner

18.3.1 Exercices

Exercice 18.1
On considère la suite $(u_n)_{n\in\mathbb{N}}$ définie par : $u_0 = 1$ et pour tout $n \in \mathbb{N}$, $u_{n+1} = \frac{1}{3}u_n + 2$.
Montrer que pour tout $n \in \mathbb{N}$, $u_n \leq 3$.

Exercice 18.2
On considère la suite $(u_n)_{n\in\mathbb{N}}$ définie par : $u_0 = 1$ et pour tout $n \in \mathbb{N}$, $u_{n+1} = u_n + 2n + 3$.
Montrer que pour tout $n \in \mathbb{N}$, $u_n = (n+1)^2$.

Exercice 18.3

1. Justifier que pour tout entier $n \geq 2$, on a $2(n+1)^2 \geq (n+2)^2$.
2. Montrer que pour tout $n \geq 6$, $2^n \geq (n+1)^2$.

18.3.2 Corrigés

Solution 18.1
Montrons par récurrence que pour tout $n \geq 0$, $u_n \leq 3$.
Pour tout $n \geq 0$, on note $\mathcal{P}(n)$: $u_n \leq 3$.
Initialisation
D'après l'énoncé $u_0 = 1$.
D'où on a bien $u_0 \leq 3$ et donc $\mathcal{P}(0)$ est vraie.
Hérédité
Soit $n \geq 0$ fixé. Supposons que $\mathcal{P}(n)$ est vraie, c'est-à-dire que $u_n \leq 3$.
Montrons que $\mathcal{P}(n+1)$ est vraie, c'est-à-dire que $u_{n+1} \leq 3$.
Par hypothèse de récurrence, on a :

$$
\begin{aligned}
& u_n \leq 3 \\
\Rightarrow \quad & \frac{1}{3}u_n \leq \frac{1}{3} \times 3 \\
\Rightarrow \quad & \frac{1}{3}u_n + 2 \leq 1 + 2 \\
\Rightarrow \quad & u_{n+1} \leq 3.
\end{aligned}
$$

Donc $\mathcal{P}(n+1)$ est vraie.

Conclusion
Par le principe de récurrence, on en déduit que $u_n \leq 3$ pour tout entier $n \geq 0$.

Solution 18.2
Montrons par récurrence que pour tout $n \geq 0$, $u_n = (n+1)^2$.
Pour tout $n \geq 0$, on note $\mathcal{P}(n)$: $u_n = (n+1)^2$.
Initialisation
D'après l'énoncé $u_0 = 1$ et $(0+1)^2 = 1$.
D'où on a bien $u_0 = (0+1)^2$ et donc $\mathcal{P}(0)$ est vraie.
Hérédité
Soit $n \geq 0$ fixé. Supposons que $\mathcal{P}(n)$ est vraie, c'est-à-dire que $u_n = (n+1)^2$.
Montrons que $\mathcal{P}(n+1)$ est vraie, c'est-à-dire que $u_{n+1} = (n+1+1)^2 = (n+2)^2$.
D'après l'énoncé, on a $u_{n+1} = u_n + 2n + 3$.
Or, par hypothèse de récurrence, on a $u_n = (n+1)^2$ (car on a supposé $\mathcal{P}(n)$ vraie).
D'où, on en déduit que $u_{n+1} = (n+1)^2 + 2n + 3 = n^2 + 2n + 1 + 2n + 3 = n^2 + 4n + 4 = (n+2)^2$.
Remarque : pour la dernière égalité, soit on reconnaît une identité remarquable directement, soit on développe $(n+2)^2$ *(puisque l'on sait ce qu'il faut démontrer) et on retrouve que c'est égal à* $n^2 + 4n + 4$. Donc $\mathcal{P}(n+1)$ est vraie.
Conclusion
Par le principe de récurrence, on en déduit que $u_n = (n+1)^2$, pour tout entier $n \geq 0$.

Solution 18.3

1. Soit $n \geq 2$.
   On a :
   $$\begin{aligned} & 2(n+1)^2 - (n+2)^2 \\ = \ & 2(n^2 + 2n + 1) - (n^2 + 4n + 4) \\ = \ & n^2 - 2. \end{aligned}$$
   Or, $n \geq 2$, d'où $n^2 - 2 \geq 0$.
   D'où, $2(n+1)^2 - (n+2)^2 \geq 0$.
   Et donc $2(n+1)^2 \geq (n+2)^2$.
2. Montrons par récurrence que pour tout $n \geq 6$, $2^n \geq (n+1)^2$.
   Pour tout $n \geq 6$, on note $\mathcal{P}(n)$: $2^n \geq (n+1)^2$.
   Initialisation
   $2^6 = 64$ et $7^2 = 49$.
   D'où on a bien $2^6 \geq (6+1)^2$ et donc $\mathcal{P}(6)$ est vraie.

Hérédité
Soit $n \geq 6$ fixé. Supposons que $\mathcal{P}(n)$ est vraie, c'est-à-dire que

$$2^n \geq (n+1)^2.$$

Montrons que $\mathcal{P}(n+1)$ est vraie, c'est-à-dire que $2^{n+1} \geq (n+2)^2$.
On a $2^{n+1} = 2 \times 2^n$.
Or, $2^n \geq (n+1)^2$ par hypothèse de récurrence.
D'où, $2 \times 2^n \geq 2 \times (n+1)^2$ (en multipliant par 2 l'inégalité précédente).
Autrement dit, $2^{n+1} \geq 2(n+1)^2$.
Or, d'après la première question, $2(n+1)^2 \geq (n+2)^2$ (puisque $n \geq 6 \geq 2$).
Ainsi, on a $2^{n+1} \geq 2(n+1)^2$ et $2(n+1)^2 \geq (n+2)^2$.
D'où $2^{n+1} \geq (n+2)^2$.
Donc $\mathcal{P}(n+1)$ est vraie.
Conclusion
Par le principe de récurrence, on en déduit que $2^n \geq (n+1)^2$ pour tout entier $n \geq 6$.

Chapitre 19

Approfondissement autour des suites

Nous avons abordé, aux chapitres 8 et 11, les notions de monotonie et de convergence d'une suite. Dans ce chapitre, nous allons voir que la monotonie d'une suite, combinée au caractère bornée de la suite, fournit un critère supplémentaire de convergence. Nous verrons aussi comment étudier un autre type de suite, connu sous le nom de suite définie par récurrence. Nous présenterons notamment un outil puissant, le théorème du point fixe, qui permet de trouver la limite éventuelle de ces suites lorsqu'elles convergent. Comme leur nom l'indique, les propriétés des suites définies par récurrence se montrent généralement par récurrence. La maîtrise du chapitre précédent est donc nécessaire afin d'étudier de telles suites.

Sommaire

19.1 Cours

19.1.1 Critère de convergence d'une suite monotone

Dans cette sous-section, nous allons voir un théorème central dans l'étude de la convergence de suites monotones.
Ce théorème nécessite d'introduire d'abord la notion de suites majorées et minorées.

Définition (Suite majorée, minorée, bornée)

Soit $(u_n)_{n\in\mathbb{N}}$ une suite.

1. Elle est dite **minorée** s'il existe un réel m, tel que pour tout $n \in \mathbb{N}$, $m \leq u_n$ (on dit que m est un minorant de la suite).
2. Elle est dite **majorée** s'il existe un réel M, tel que pour tout $n \in \mathbb{N}$, $u_n \leq M$ (on dit que M est un majorant de la suite).
3. Elle est dite **bornée** si elle est à la fois majorée et minorée, c'est-à-dire s'il existe un réel k, tel que pour tout $n \in \mathbb{N}$, $-k \leq u_n \leq k$.

Exemple 19.1

- La suite définie, pour tout $n \in \mathbb{N}$, par $u_n = \dfrac{1}{n+1}$ est majorée par 1.
  En effet, pour tout $n \in \mathbb{N}$, $n+1 \geq 1$, d'où $\dfrac{1}{n+1} \leq 1$.
- La suite définie, pour tout $n \in \mathbb{N}$, par $u_n = (-1)^n$ est bornée par 1.
  En effet, pour tout $n \in \mathbb{N}$, $(-1)^n$ vaut soit -1 soit 1, d'où $-1 \leq (-1)^n \leq 1$.

Remarque

1. Toute suite croissante est minorée par son premier terme u_0. En effet, pour tout $n \in \mathbb{N}$, on a :
$$u_0 \leq u_1 \leq u_2 \leq ... \leq u_n.$$
2. Toute suite décroissante est majorée par son premier terme u_0. En effet, pour tout $n \in \mathbb{N}$, on a :
$$u_0 \geq u_1 \geq u_2 \geq ... \geq u_n.$$

Théorème (Convergence monotone)

1. Toute suite croissante et non majorée diverge vers $+\infty$.
2. Toute suite décroissante et non minorée diverge vers $-\infty$.
3. Toute suite convergente est bornée.
4. Toute suite croissante et majorée est convergente.
5. Toute suite décroissante et minorée est convergente.

Erreurs à éviter

Contrairement au théorème des gendarmes, **ce théorème ne donne pas la limite de la suite.**

Si (u_n) est croissante et pour tout $n \geqslant 0, u_n \leqslant 5$, alors il est **faux de dire et d'écrire** que (u_n) converge vers 5.

On sait seulement que (u_n) converge vers une limite l telle que $l \leqslant 5$.
Par exemple, la suite $(u_n)_{n\in\mathbb{N}^*}$ définie par $u_n = 2 - \dfrac{1}{n}$ est croissante et majorée par 5, mais sa limite est 2.

19.1.2 Critère de convergence d'une suite définie par récurrence

On s'intéresse ici à des suites définies par un premier terme u_0 et par une relation de récurrence du type $u_{n+1} = f(u_n)$, où f est une fonction donnée.
Nous présentons ci-dessous un théorème qui permet déterminer la limite de ces suites lorsqu'elles sont convergentes.

Théorème (du point fixe)

Soit I un intervalle fermé, f une fonction définie sur I et (u_n) une suite définie, pour tout $n \in \mathbb{N}$, par :

$$u_{n+1} = f(u_n).$$

Si

1. f est continue sur I,
2. pour tout $n \in \mathbb{N}, u_n \in I$,
3. (u_n) est **convergente**,

a alors la limite l de la suite (u_n) est solution de l'équation $f(l) = l$.

Remarques

1. Ce théorème s'utilise **uniquement dans le cas d'une suite** (u_n) **convergente** et permet de trouver sa limite lorsque l'on est capable de résoudre l'équation $f(l) = l$.
2. Afin de montrer que la suite (u_n) convergence, on utilise généralement le théorème de convergence monotone.

19.2 Méthodes

19.2.1 Étude du caractère majoré, minoré d'une suite définie de manière explicite

On considère une suite (u_n) définie de manière explicite, c'est-à-dire telle que $u_n = f(n)$, où f une fonction définie au moins sur $\mathbb{R}^+$.

Méthode

Pour étudier le caractère bornée de la suite, on peut utiliser le résultat suivant :

- Soit f une fonction minorée par m sur $[0;+\infty[$.
  Autrement dit, pour tout $x \in [0;+\infty[$, $m \leq f(x)$.
  Alors en particulier on a que, pour tout $n \in \mathbb{N}$, $m \leq f(n)$.
  Autrement dit, pour tout $n \in \mathbb{N}$, $m \leq u_n$.
  La suite (u_n) est donc minorée par m.
- Soit f une fonction majorée par M sur $[0;+\infty[$.
  Autrement dit, pour tout $x \in [0;+\infty[$, $f(x) \leq M$.
  Alors en particulier on a que, pour tout $n \in \mathbb{N}$, $f(n) \leq M$.
  Autrement dit, pour tout $n \in \mathbb{N}$, $u_n \leq M$.
  La suite (u_n) est donc majorée par M.

Exemple 19.2

On considère la suite $(u_n)_{n\in\mathbb{N}}$ définie, pour tout $n \in \mathbb{N}$, par $u_n = \dfrac{2n+3}{n+1}$.
Montrer que $(u_n)_{n\in\mathbb{N}}$ est majorée par 3.

Pour tout $n \in \mathbb{N}$, on a $u_n = f(n)$, avec f définie par $f(x) = \dfrac{2x+3}{x+1}$.

1) Étudions les variations de f sur $[0,+\infty[$.

f est dérivable sur $[0,+\infty[$ (car quotient de fonctions dérivables sur $[0,+\infty[$ dont le dénominateur ne s'annule pas $[0,+\infty[$) et pour tout $x \in [0,+\infty[$,

$$f'(x) = \frac{2(x+1)-(2x+3)}{(x+1)^2} = -\frac{1}{(x+1)^2} < 0.$$

D'où, f est décroissante sur $[0,+\infty[$.

x	0	$+\infty$
f	3 ↘	

2) Étude de la suite

f admet ainsi un minimum sur $[0,+\infty[$ atteint en 0 et qui vaut 3.
Autrement dit, pour tout $x \geq 0$, $f(x) \leq 3$.
En particulier, pour tout $n \geq 0$, $f(n) \leq 3$.

x	0	n	$+\infty$
f	3 ↘	$f(n) = u_n$	↘

Ainsi, pour tout $n \geq 0$, $u_n \leq 3$.

3) Conclusion
La suite $(u_n)_{n \in \mathbb{N}}$ est donc majorée par 3.

19.2.2 Montrer qu'une suite définie par récurrence est convergente et déterminer sa limite

Méthode

On présente ici une méthode pour montrer qu'une suite (u_n) définie par une relation de récurrence du type $u_{n+1} = f(u_n)$, où f est une fonction donnée, est convergente et déterminer sa limite.

1. **On commence généralement par une une étude complète de f** (domaine de définition et tableau de variations).
   Remarque : ce n'est pas toujours nécessaire d'étudier les variations de f, notamment quand la relation de récurrence n'est pas trop complexe, car on peut alors montrer les points présentés ci-dessous assez simplement par des méthodes directes.
2. **On justifie que la suite est bien définie lorsque le domaine de définition de f n'est pas tout $\mathbb{R}$.**
   Autrement dit, on montre que, pour tout $n \in \mathbb{N}$, $u_n \in D_f$, généralement par récurrence, afin de justifier que $f(u_n)$ existe bien et donc que $u_{n+1} = f(u_n)$ a du sens.
3. **On montre que la suite est majorée ou minorée.**
   Autrement dit, on montre que pour tout $n \in \mathbb{N}$, $u_n \leq M$ ou $u_n \geq m$, généralement par récurrence (cf. Méthode 19.1.1), mais parfois cela peut se faire par des arguments directs.

Méthode (Suite)

4. **On conjecture la monotonie de la suite en regardant les premiers termes et on la démontre en procédant comme suit.**

   ⋆ **Soit sans récurrence, en étudiant le signe de** $u_{n+1} - u_n$ **pour tout** $n \in \mathbb{N}$ **de manière directe.**

   ⋆ **Soit par récurrence, en utilisant les variations** de f.

   1. Si f est **croissante** et $u_0 < u_1$, on peut montrer par récurrence que, pour tout $n \in \mathbb{N}, u_n \leq u_{n+1}$, et donc en déduire que (u_n) croissante.

   2. Si f est **croissante** et $u_1 < u_0$, on peut montrer par récurrence que, pour tout $n \in \mathbb{N}, u_{n+1} \leq u_n$, et donc en déduire que (u_n) est décroissante.

5. **On applique ensuite le théorème de convergence monotone.**
À l'aide des points précédents, on en déduit que la suite est soit croissante majorée, soit décroissante minorée et on conclut alors qu'elle converge en appliquant le théorème de convergence monotone.

6. **On applique le théorème du point fixe.**

   ⋆ On prend soin de vérifier et justifier les trois hypothèses du théorème du point fixe.

   ⋆ On en déduit alors que la limite ℓ de $(u_n)_{n\in\mathbb{N}}$ vérifie l'équation $f(\ell) = \ell$.

   ⋆ La résolution de $f(\ell) = \ell$ permet d'obtenir les limites possibles de (u_n).

   ⋆ Si plusieurs limites sont possibles, la majoration ou minoration de la suite démontrée précédemment permet souvent d'éliminer des solutions.
   Si ce n'est pas le cas, pensez à utiliser le fait qu'une suite croissante et minorée par son premier premier terme et qu'une suite décroissante est majorée par son premier terme afin d'éliminer des solutions.

Remarques

1. Ainsi lorsqu'on souhaite montrer la convergence d'une suite définie par récurrence et en déterminer sa limite, on combine le théorème de convergence monotone (pour montrer la convergence de la suite), dont on montre généralement les hypothèses par récurrence, avec celui du point fixe (pour déterminer la valeur de la limite).
2. Dans l'ordre des opérations, on peut intervertir l'étude de la monotonie avec la recherche d'un majorant ou d'un minorant. Souvent dans les sujets de concours il y a des questions intermédiaires et il faut donc se laisser guider par ces dernières.
3. Si f est **décroissante**, la suite (u_n) n'est pas monotone et la méthode présentée ci-dessus ne s'applique donc pas.

Exemple 19.3
On considère la suite $(u_n)_{n\in\mathbb{N}}$ définie par $u_0 = a$ et, pour tout entier n :

$$u_{n+1} = u_n\,(2 - u_n)\,,$$

où a est un réel donné tel que $0 < a < 1$.

1. Étudier les variations de la fonction $f\ : x \mapsto x(2-x)$.
2. Montrer par récurrence que, pour tout entier n, $0 \leq u_n \leq 1$.
3. Montrer que la suite (u_n) est croissante.
4. En déduire que la suite est convergente et calculer sa limite.

1. La fonction f est définie et dérivable sur $\mathbb{R}$ et pour tout $x \in \mathbb{R}$,

$$f'(x) = 2 - 2x = 2(1-x).$$

On en déduit que f est croissante sur $]-\infty; 1]$ et décroissante sur $[1; +\infty[$.
À noter que c'est surtout la partie sur laquelle f est croissante qui nous intéressera pour la suite.

2. Montrons par récurrence que pour tout $n \in \mathbb{N}$, $0 \leq u_n \leq 1$.
Pour tout $n \in \mathbb{N}$, posons $\mathcal{P}(n) : 0 \leq u_n \leq 1$.
Initialisation
$u_0 = a \in]0, 1[$, d'après l'énoncé.
Donc $\mathcal{P}(0)$ est vraie.
Hérédité
Soit $n \in \mathbb{N}$ fixé.
Supposons $\mathcal{P}(n)$ vraie, c'est-à-dire $0 \leq u_n \leq 1$ et montrons que $\mathcal{P}(n+1)$ est vraie, c'est-à-dire $0 \leq u_{n+1} \leq 1$.
On a :

$$0 \leq u_n \leq 1 \quad \text{par hypothèse de récurrence}$$

$$\Rightarrow \quad f(0) \leq f(u_n) \leq f(1) \quad \text{car } f \text{ est croissante sur } [0;1]$$

$$\Rightarrow \quad 0 \leq u_{n+1} \leq 1.$$

Donc $\mathcal{P}(n+1)$ est vraie.
Conclusion
Par le principe de récurrence, on en déduit que, pour tout $n \in \mathbb{N}$, $0 \leq u_n \leq 1$.

3. **Méthode 1 : raisonnement direct**
Soit $n \in \mathbb{N}$.
On a :

$$\begin{aligned} u_{n+1} - u_n &= u_n(2-u_n) - u_n \\ &= u_n(2-u_n-1) \\ &= u_n(1-u_n). \end{aligned}$$

Or, d'après la question précédente $u_n \geq 0$ et $1 - u_n \geq 0$ (car $u_n \leq 1$).
D'où, on en déduit que $u_n(1-u_n) \geq 0$.
Autrement dit, $u_{n+1} - u_n \geq 0$.
D'où, (u_n) est une suite croissante.

Méthode 2 : raisonnement par récurrence
On peut aussi montrer que (u_n) est une suite croissante avec un raisonnement par récurrence. Ici ce raisonnement est plus long, mais comme il est instructif (car applicable à des suites pour lesquelles un raisonnement direct ne marcherait pas), nous en présentons les détails ci-dessous.

Montrons par récurrence que, pour tout $n \in \mathbb{N}$, $u_n \leq u_{n+1}$.
Pour tout $n \in \mathbb{N}$, posons $\mathcal{P}(n)$: $u_n \leq u_{n+1}$.
Initialisation
$u_0 = a$ et $u_1 = a(2-a) = 2a - a^2$.
D'où $u_1 - u_0 = a - a^2 \geq 0$ (car pour tout $x \in [0;1]$, $x^2 \leq x$).
Donc $\mathcal{P}(0)$ est vraie.
Hérédité
Soit $n \in \mathbb{N}$ fixé. Supposons $\mathcal{P}(n)$ vraie, c'est-à-dire $u_n \leq u_{n+1}$ et montrons que $\mathcal{P}(n+1)$ est vraie, c'est-à-dire $u_{n+1} \leq u_{n+2}$.

Or, par hypothèse de récurrence,

$$\begin{aligned} & u_n \leq u_{n+1} \\ \Rightarrow\quad & f(u_n) \leq f(u_{n+1}) \\ & \text{car pour tout } n \in \mathbb{N}, 0 \leq u_n \leq 1 \text{ et } f \text{ croissante sur } [0;1] \\ \Rightarrow\quad & u_{n+1} \leq u_{n+2}. \end{aligned}$$

Donc $\mathcal{P}(n+1)$ est vraie.
Conclusion
Par le principe de récurrence, on en déduit que, pour tout $n \in \mathbb{N}$, $u_n \leq u_{n+1}$.
La suite (u_n) est donc croissante.

4. • La suite (u_n) est croissante (cf. q.3).
   • La suite (u_n) est majorée par 1 (cf. q.2).

   D'après le théorème de convergence monotone, la suite (u_n) converge donc vers une limite finie ℓ.

5. Ainsi :
   • f est continue sur $[0,1]$.
   • Pour tout $n \in \mathbb{N}$, $u_n \in [0,1]$.
   • (u_n) converge vers une limite ℓ.

   Bien rappeler les trois hypothèses du théorème du point fixe.
   D'où, par **le théorème du point fixe**, la limite ℓ de la suite (u_n) vérifie l'équation $f(\ell) = \ell$.
   Or, on a :

$$\begin{aligned} & f(\ell) = \ell \\ \Leftrightarrow\quad & \ell = \ell\,(2-\ell) \\ \Leftrightarrow\quad & \ell(\ell-1) = 0 \\ \Leftrightarrow\quad & \ell = 0 \text{ ou } \ell = 1. \end{aligned}$$

Par ailleurs, comme pour tout $n \in \mathbb{N}$, $0 \leq u_n \leq 1$, en passant à la limite dans ces inégalités, il vient $0 \leq \ell \leq 1$ (dans la plupart des cas, cela permet d'éliminer une solution mais pas ici).

Ici, comme la suite est croissante, on a que, pour tout $n \in \mathbb{N}$, $u_n \geq u_0 = a$.
D'où, en passant à la limite dans l'inégalité il vient $\ell \geq a$.
Or $a > 0$, donc $\ell > 0$.
De ce fait, la seule valeur possible pour la limite est 1.

On en conclut que la suite (u_n) converge vers 1.

19.2.3 Lever une forme indéterminée

On rappelle qu'il existe quatre formes indéterminées :

$$\frac{\pm\infty}{\pm\infty}, \qquad \frac{0}{0}, \qquad (+\infty) + (-\infty), \qquad 0 \times \pm\infty.$$

Méthode

Lorsque vous avez à faire à une forme indéterminée avec des puissances, une technique que vous pouvez essayer et qui marchera dans la plupart des cas que vous rencontrerez, consiste à factoriser par le terme dominant, comme pour les fonctions.

Exemple 19.4
Calculer $\displaystyle\lim_{n\to+\infty} \frac{n^{2015} + 2n^{2014}}{n^{2014} - 2n^{2015}}$.

On a ici encore une indétermination. On lève cette indétermination, en factorisant au numérateur et au dénominateur par les termes qui dominent et qui sont ici les plus grandes puissances de n :

On a $\displaystyle\frac{n^{2015} + 2n^{2014}}{n^{2014} - 2n^{2015}} = \frac{n^{2015}\left(1 + \frac{2n^{2014}}{n^{2015}}\right)}{n^{2015}\left(\frac{n^{2014}}{n^{2015}} - 2\right)} = \frac{1 + \frac{2}{n}}{\left(\frac{1}{n} - 2\right)}$.
Après factorisation, pensez toujours à simplifier. Autrement vous ne lèverez pas l'indétermination !

Or, $\displaystyle\lim_{n\to+\infty} (1 + \frac{2}{n}) = 1$ et $\displaystyle\lim_{n\to+\infty} (\frac{1}{n} - 2) = -2$.

Donc, par quotient, $\displaystyle\lim_{n\to+\infty} \frac{n^{2015} + 2n^{2014}}{n^{2014} - 2n^{2015}} = \frac{1}{-2} = -\frac{1}{2}$.

Méthode

Lorsque vous avez à faire à une forme indéterminée avec des racines, vous pouvez penser à utiliser l'expression conjuguée (cf. Définition 2.1.2 du Chapitre 2), comme pour les fonctions.

Exemple 19.5
Calculer $\lim\limits_{n\to+\infty}(\sqrt{n^2+1}-n)$.

On a ici une forme indéterminée du type "$+\infty-\infty$".
L'astuce consiste à passer par **l'expression conjuguée**!
On a $\sqrt{n^2+1}-n=\dfrac{(\sqrt{n^2+1}-n)(\sqrt{n^2+1}+n)}{\sqrt{n^2+1}+n}=\dfrac{(\sqrt{n^2+1})^2-n^2}{\sqrt{n^2+1}+n}$.
D'où, $\sqrt{n^2+1}-n=\dfrac{n^2+1-n^2}{\sqrt{n^2+1}+n}=\dfrac{1}{\sqrt{n^2+1}+n}$.
Or, $\lim\limits_{n\to+\infty}(\sqrt{n^2+1}+n)=+\infty$ (par composition et somme).
D'où, par inverse, $\lim\limits_{n\to+\infty}\dfrac{1}{\sqrt{n^2+1}+n}=0$.

19.3 Pour s'entraîner

19.3.1 Exercices

Exercice 19.1

1. Montrer que la suite $(u_n)_{n\in\mathbb{N}}$ définie par $u_n=\dfrac{n}{n+1}$ est minorée par 0 et majorée par 1.
2. Montrer que la suite $(u_n)_{n\in\mathbb{N}}$ définie par $u_n=\dfrac{n}{n^2+n+1}$ est minorée par -1 et majorée $\dfrac{1}{3}$.

Exercice 19.2
Déterminer les limites suivantes :

1. $\lim\limits_{n\to+\infty}(n^2-3n+2)$.
2. $\lim\limits_{n\to+\infty}\dfrac{n^5-2n^3+n}{n^4+1}$.
3. $\lim\limits_{n\to+\infty}(\sqrt{n+1}-\sqrt{n})$.

Exercice 19.3 (Étude d'une suite récurrente)
Soit $(u_n)_{n\in\mathbb{N}}$ la suite définie par $u_0=2$ et, pour tout $n\in\mathbb{N}$, $u_{n+1}=\sqrt{3u_n+4}$.
On admet que cette suite est bien définie.

1. Démontrer que pour tout entier naturel n, $0 \leq u_n \leq 4$.
2. Démontrer que cette suite est croissante.
3. Étudier sa convergence.

Exercice 19.4

On note $f : \mathbb{R} \to \mathbb{R}$ l'application définie, pour tout $x \in \mathbb{R}$, par

$$f(x) = x - \ln\left(1 + x^2\right)$$

On considère la suite $(u_n)_{n\geq 0}$ définie par $u_0 = 1$ et, pour tout $n \in \mathbb{N}$, $u_{n+1} = f(u_n)$.

On donne la valeur approchée $\ln(2) \simeq 0,69$.

1. Calculer la dérivée de f. En déduire le sens de variation de f.
2. Montrer que la suite $(u_n)_{n\geq 0}$ est décroissante.
3. Montrer que la suite $(u_n)_{n\geq 0}$ est minorée par 0.
4. Établir que la suite $(u_n)_{n\geq 0}$ converge et déterminer sa limite.

19.3.2 Corrigés

Solution 19.1

1. Soit $n \in \mathbb{N}$.
   De manière évidente, $\dfrac{n}{n+1} \geq 0$.
   Par ailleurs, $0 \leq 1$, d'où $n \leq n+1$ et donc $\dfrac{n}{n+1} \leq 1$.
   Ainsi, pour tout $n \in \mathbb{N}$, $0 \leq u_n \leq 1$.
   D'où, la suite $(u_n)_{n\in\mathbb{N}}$ est minorée par 0 et majorée par 1.
2. Pour tout $n \in \mathbb{N}$, on a $u_n = f(n)$, avec f définie sur $[0, +\infty[$ par $f(x) = \dfrac{x}{x^2 + x + 1}$.

   De manière évidente, pour tout $n \in \mathbb{N}$, $u_n \geq 0$.

   Montrons maintenant que, pour tout $n \in \mathbb{N}$, $u_n \geq \dfrac{1}{3}$.
   L'étude du signe de $u_{n+1} - u_n$, pour tout $n \in \mathbb{N}$, n'est pas évidente ici.
   D'où nous allons plutôt passer par l'étude des variations de f sur $[0, +\infty[$.
   f est dérivable sur $[0, +\infty[$ (car quotient de fonctions dérivables sur $[0, +\infty[$ dont le dénominateur ne s'annule pas $[0, +\infty[$) et pour tout $x \in [0, +\infty[$,

   $$f'(x) = \frac{1 \times (x^2 + x + 1) - x \times (2x + 1)}{(x^2 + x + 1)^2} = \frac{1 - x^2}{(x^2 + x + 1)^2} < 0,$$

   du signe de $1 - x^2$.
   Or, $1 - x^2 \geq 0 \Leftrightarrow x^2 \leq 1 \Leftrightarrow -1 \leq x \leq 1$.
   D'où, f est croissante sur $[0, 1]$ et décroissante sur $[1, +\infty[$.

x	0		1		$+\infty$
$f'(x)$		$+$	0	$-$	
f		$\nearrow$	$f(1)$	$\searrow$	

D'où, f admet ainsi un maximum sur $[0,+\infty[$ atteint en 1 et qui vaut $f(1) = \dfrac{1}{3}$.

Autrement dit, pour tout $x \geq 0,\ f(x) \leq \dfrac{1}{3}$.

En particulier, pour tout $n \geq 0,\ f(n) \leq \dfrac{1}{3}$.

Ainsi, pour tout $n \geq 0,\ 0 \leq f(n) \leq \dfrac{1}{3}$.

En conclusion, la suite $(u_n)_{n\in\mathbb{N}}$ est bien minorée par 0 et majorée par $\dfrac{1}{3}$.

Solution 19.2

1. On a ici une forme indéterminée du type "$(+\infty) + (-\infty)$" .
   Pour la lever, nous allons factoriser par le terme dominant qui est n^2.
   On a $n^2 - 3n + 2 = n^2\left(\dfrac{n^2}{n^2} - \dfrac{3n}{n^2} + \dfrac{2}{n^2}\right) = n^2\left(1 - \dfrac{3}{n} + \dfrac{2}{n^2}\right)$.
   Or, par quotient, $\lim\limits_{n\to+\infty} \dfrac{3}{n} = 0$ et $\lim\limits_{n\to+\infty} \dfrac{2}{n^2} = 0$.
   D'où, par somme, $\lim\limits_{n\to+\infty} \left(1 - \dfrac{3}{n} + \dfrac{2}{n^2}\right) = 1$.
   De plus, $\lim\limits_{n\to+\infty} n^2 = +\infty$.
   D'où, par produit, $\lim\limits_{n\to+\infty} n^2\left(1 - \dfrac{3}{n} + \dfrac{2}{n^2}\right) = +\infty$.
   En conclusion, $\lim\limits_{n\to+\infty} (n^2 - 3n + 2) = +\infty$.

2. On a à nouveau une forme indéterminée.
   Pour la lever, on factorise par le terme dominant n^5 au numérateur et n^4 au dénominateur.
   On a $\dfrac{n^5 - 2n^3 + n}{n^4 + 1} = \dfrac{n^5\left(1 - \dfrac{2}{n^2} + \dfrac{1}{n^4}\right)}{n^4\left(1 + \dfrac{1}{n^4}\right)} = n\dfrac{\left(1 - \dfrac{2}{n^2} + \dfrac{1}{n^4}\right)}{\left(1 + \dfrac{1}{n^4}\right)}$.
   Pensez à simplifier les puissances, sinon vous ne pourrez pas lever la forme indéterminée.
   Par quotient et somme, on en déduit que $\lim\limits_{n\to+\infty} \left(1 - \dfrac{2}{n^2} + \dfrac{1}{n^4}\right) = 1$ et

$\lim\limits_{n \to +\infty} \left(1 + \dfrac{1}{n^4}\right) = 1.$
De plus, $\lim\limits_{n \to +\infty} n = +\infty.$

D'où, par produit, $\lim\limits_{n \to +\infty} n \dfrac{\left(1 - \dfrac{2}{n^2} + \dfrac{1}{n^4}\right)}{\left(1 + \dfrac{1}{n^4}\right)} = +\infty.$

On en conclut que $\lim\limits_{n \to +\infty} \dfrac{n^5 - 2n^3 + n}{n^4} = +\infty.$

3. On a ici une forme indéterminée du type "$(+\infty) + (-\infty)$".
Pour la lever nous allons utiliser l'expression conjuguée.

On a $\sqrt{n+1} - \sqrt{n} = \dfrac{(\sqrt{n+1} - \sqrt{n})(\sqrt{n+1} + \sqrt{n})}{\sqrt{n+1} + \sqrt{n}} = \dfrac{\sqrt{n+1}^2 - \sqrt{n}^2}{\sqrt{n+1} + \sqrt{n}} =$
$\dfrac{n+1-n}{\sqrt{n+1} + \sqrt{n}} = \dfrac{1}{\sqrt{n+1} + \sqrt{n}}.$

Or, $\lim\limits_{n \to +\infty} \sqrt{n} = +\infty$ et $\lim\limits_{n \to +\infty} \sqrt{n+1} = +\infty.$
D'où, par somme, $\lim\limits_{n \to +\infty} \left(\sqrt{n+1} + \sqrt{n}\right) = +\infty.$
Et donc, par quotient, $\lim\limits_{n \to +\infty} \dfrac{1}{\sqrt{n+1} + \sqrt{n}} = 0.$
On en conclut que $\lim\limits_{n \to +\infty} (\sqrt{n+1} - \sqrt{n}) = 0.$

Solution 19.3

1. Montrons par récurrence que, pour tout $n \in \mathbb{N}$, $0 \leq u_n \leq 4$.
Pour tout $n \in \mathbb{N}$, on pose $\mathcal{P}(n) : 0 \leq u_n \leq 4$.
Initialisation
$u_0 = 2$ d'après l'énoncé, d'où $0 \leq u_0 \leq 4$.
Donc $\mathcal{P}(0)$ est vraie.
Hérédité
Soit $n \in \mathbb{N}$ fixé.
Supposons que $\mathcal{P}(n)$ est vraie, c'est-à-dire que $0 \leq u_n \leq 4$.
Et montrons que $\mathcal{P}(n+1)$ est vraie, c'est-à-dire que $0 \leq u_{n+1} \leq 4$.

Par hypothèse de récurrence, on a :

$$0 \leq u_n \leq 4$$

$$\Rightarrow \quad 0 \leq 3u_n \leq 12$$

$$\Rightarrow \quad 4 \leq 3u_n + 4 \leq 16$$

$$\Rightarrow \quad \sqrt{4} \leq \sqrt{3u_n + 4} \leq \sqrt{16}$$

car la fonction $x \mapsto \sqrt{x}$ est croissante sur $[0;4]$

$$\Rightarrow \quad 2 \leq u_{n+1} \leq 4.$$

Comme $2 \geq 0$, $\mathcal{P}(n+1)$ est vraie.
Conclusion
Par le principe de récurrence, on en déduit que $0 \leq u_n \leq 4$, pour tout entier n .

2. Montrons par récurrence que, pour tout $n \in \mathbb{N}$, $u_n \leq u_{n+1}$.
Pour tout $n \in \mathbb{N}$, on pose $\mathcal{P}(n) : u_n \leq u_{n+1}$.
Initialisation
$u_0 = 2$ et $u_1 = \sqrt{10}$.
D'où $u_0 \leq u_1$ et donc $\mathcal{P}(0)$ est vraie.
Hérédité
Soit $n \in \mathbb{N}$.
Supposons que $\mathcal{P}(n)$ est vraie, c'est-à-dire que $u_n \leq u_{n+1}$.
Et montrons que $\mathcal{P}(n+1)$ est vraie, c'est-à-dire que $u_{n+1} \leq u_{n+2}$.

Par hypothèse de récurrence, on a :

$$u_n \leq u_{n+1}$$

$$\Rightarrow \quad 3u_n + 4 \leq 3u_{n+1} + 4$$

$$\Rightarrow \quad \sqrt{3u_n + 4} \leq \sqrt{3u_{n+1} + 4}$$

$$\Rightarrow \quad u_{n+1} \leq u_{n+2}.$$

car la fonction $x \mapsto \sqrt{x}$ est croissante sur $[0;4]$ et pour tout $n \in \mathbb{N}$, $0 \leq u_n \leq 4$.
Donc $\mathcal{P}(n+1)$ est vraie.
Conclusion
Par le principe de récurrence, on en déduit que $u_n \leq u_{n+1}$ pour tout entier n .

3. La suite est croissante (cf. q.2) et majorée par 4 (cf. q.1).
Donc, d'après le théorème de convergence monotone, elle converge vers un réel ℓ.
De plus,
   - $f : x \mapsto \sqrt{3x+4}$ est continue sur $[0;4]$.
   - Pour tout $n \in \mathbb{N}$, $0 \leq u_n \leq 4$.
   - (u_n) converge vers ℓ.

   D'après le théorème du point fixe, on en déduit que ℓ vérifie $\ell = f(\ell)$, c'est-à-dire $\ell = \sqrt{3\ell+4}$.
Or, $\ell = \sqrt{3\ell+4} \Rightarrow \ell^2 = 3\ell + 4 \Leftrightarrow \ell^2 - 3\ell - 4 = 0$.
La résolution de cette équation du second degré donne $\ell = 4$ ou $\ell = -1$.
Or -1 n'est pas possible, car on a montré à la q.1 que, pour tout $n \in \mathbb{N}$, $0 \leq u_n \leq 4$ et donc en passant à la limite on a $0 \leq \ell \leq 4$.
On en déduit donc que $\ell = 4$ et donc que la suite converge vers 4.

Solution 19.4

1. f est dérivable sur $\mathbb{R}$, car somme et composée de fonctions dérivables sur $\mathbb{R}$ et, pour tout $x \in \mathbb{R}$,
$$f'(x) = 1 - \frac{2x}{1+x^2} = \frac{1+x^2-2x}{1+x^2} = \frac{(x-1)^2}{1+x^2} > 0.$$
Donc f est strictement croissante sur $\mathbb{R}$.
2. Soit $n \in \mathbb{N}$,
$u_{n+1} - u_n = f(u_n) - u_n = (u_n - \ln(u_n^2+1)) - u_n = -\ln(u_n^2+1)$.
Or,$1 + u_n^2 \geq 1$, d'où $\ln\left(1+u_n^2\right) \geq \ln(1) = 0$ (car la fonction logarithme est strictement croissante sur $]0;+\infty[$) et donc $-\ln\left(1+u_n^2\right) \leq 0$.
D'où, $u_{n+1} - u_n \leq 0$, c'est-à-dire $u_{n+1} \leq u_n$.
La suite $(u_n)_{n\in\mathbb{N}}$ est donc décroissante.
Remarque : comme f est croissante sur $\mathbb{R}$, on peut aussi démontrer le résultat par récurrence de manière classique en passant par les variations de f (cf. Méthode 19.2.2).
3. Montrons par récurrence que, pour tout $n \in \mathbb{N}$, $u_n \geq 0$.
Pour tout $n \in \mathbb{N}$, on pose $\mathcal{P}(n) : u_n \geq 0$.
Initialisation
$u_0 = 1 \geq 0$.
Donc $\mathcal{P}(0)$ est vraie.

Hérédité
Soit $n \in \mathbb{N}$.
Supposons $\mathcal{P}(n)$ vraie, c'est-à-dire $u_n \geq 0$.
Et montrons que $\mathcal{P}(n+1)$ est vraie, c'est-à-dire $u_{n+1} \geq 0$.
On a, par hypothèse de récurrence :

$$u_n \geq 0$$

$$\Rightarrow \quad f(u_n) \geq f(0) \quad \text{car } f \text{ est croissante sur } \mathbb{R}$$

$$\Rightarrow \quad u_{n+1} \geq 0$$

Donc $\mathcal{P}(n+1)$ est vraie.
Conclusion
Par le principe de récurrence, on en déduit que, pour tout $n \in \mathbb{N}, u_n \geq 0$.

4. La suite (u_n) est décroissante et minorée par 0.
Par le théorème de convergence monotone, on en déduit qu'elle converge vers une limite $\ell \geq 0$.
Par ailleurs,
   - f est continue sur $\mathbb{R}$
   - Pour tout $n \in \mathbb{N}$, $u_n \in \mathbb{R}$.
   - (u_n) converge vers une limite ℓ.

D'où, par le théorème du point fixe, la limite ℓ de la suite vérifie $f(\ell) = \ell$.
Or $f(\ell) = \ell \Rightarrow \ln(1+\ell^2) = 0 \Rightarrow 1 + \ell^2 = 1 \Rightarrow \ell^2 = 0 \Rightarrow \ell = 0$.
D'où la suite (u_n) converge vers 0.

Chapitre 20

Approfondissement autour des probabilités

Dans ce chapitre nous allons aborder à la fois des notions générales, comme la notion d'ensemble et le calcul du cardinal d'un ensemble, notions utiles notamment pour calculer des probabilités lorsqu'on est en situation d'équiprobabilité, mais aussi les notions de factorielles et de coefficients binomiaux, notions abordées en spécialité maths en terminale dans l'optique d'apporter un éclairage sur la loi binomiale. En ECG vous serez amenés à manipuler ces notions de manière plus théorique.

Sommaire

20.1 Cours

20.1.1 Ensemble et dénombrement

Il est important de savoir dénombrer les éléments d'un ensemble, ne serait-ce que pour calculer le cardinal de l'univers associé à une expérience aléatoire, afin de calculer des probabilités en situation d'équiprobabilité.

Définition (Ensemble)

1. On appelle **ensemble** une collection ou un groupement d'objets distincts. On appelle ces objets les **éléments** de l'ensemble.
2. Un ensemble E qui possède un nombre fini d'éléments est appelé un **ensemble fini**.
   Le nombre d'éléments de E est appelé le cardinal de E et est noté $\text{card}(E)$ ou $|E|$.

Lorsqu'on parle de dénombrer un ensemble fini, il s'agit de compter le nombre d'éléments que contient cet ensemble. Autrement dit il s'agit de déterminer son cardinal.

Proposition (Cardinal d'une union d'ensembles disjoints)

Soient $E_1, E_2, \dots, E_n$, n ensembles finis deux à deux disjoints.
On a :

$$\text{card}(E1 \cup E_2 \cup \cdots \cup E_n) = \text{card}(E_1) + \text{card}(E_2) + \cdots + \text{card}(E_n).$$

Définition (Produit cartésien)

- Étant donnés deux ensembles A et B, le **produit cartésien** $A \times B$ de A et de B est l'ensemble des couples $(x; y)$, où $x \in A$ et $y \in B$.
- On peut définir de même des produits cartésiens contenant davantage de facteurs :
  $E_1 \times E_2 \times \cdots \times E_n = \{(x_1, x_2, \dots, x_n),\ x_i \in E_i \text{ pour tout } i \in [\![1, n]\!]\}$, où $E_1, E_2, \dots, E_n$ sont n ensembles. Les éléments du produit cartésien de n ensembles sont appelés les n-uplet.
- Soit E un ensemble. On note $E \times E = E^2$, $E \times E \times E = E^3$, etc et on parle de couples, de triplets, etc.

Proposition (Cardinal d'un produit cartésien)

Soient $E_1, E_2, \ldots, E_n$, n ensembles finis.
On a :

$$\text{card}(E1 \times E_2 \times \cdots \times E_n) = \text{card}(E_1) \times \text{card}(E_2) \times \cdots \times \text{card}(E_n).$$

En particulier, si E est un ensemble à n éléments, alors $\text{card}(E^p) = n^p$.

20.1.2 Factorielle, arrangement et permutation

Définition (Factorielle)

Pour tout entier $n \geq 1$, on définit le nombre **factorielle** n par la formule :

$$n! = n \times (n-1) \times \cdots \times 2 \times 1.$$

Par convention, on pose $0! = 1$.

Exemple 20.1
$2! = 2 \times 1 = 2$, $3! = 3 \times 2 \times 1 = 6$, $4! = 4 \times 3 \times 2 \times 1 = 24$.

Définition (Arrangement)

Soit E un ensemble à n éléments et $p \leq n$.
Un arrangement de p éléments de E est un p-uplet d'éléments distincts de E.

Remarque

On notera que dans un arrangement l'ordre des éléments compte et les éléments ne se répètent pas.

Exemple 20.2
$(1;2;3)$ est un arrangement à trois éléments de $\{1;2;3;4\}$. $(3;2;1)$ en est un autre.

Proposition (Nombre d'arrangement d'un ensemble fini)

Soit E un ensemble à n éléments.
Le nombre d'arrangements de p éléments de E est égal à

$$\frac{n!}{(n-p)!} = n \times (n-1) \times (n-2) \times (n-p+1).$$

Définition (Cas particulier d'arrangement)

Soit E un ensemble à n éléments.
Une **permutation** de E est un arrangement à n éléments de E.

Exemple 20.3

$(1;2;3)$ et $(1;3;2)$ sont deux permutations de $\{1;2;3\}$ mais pas de $\{1;2;3;4\}$. C'est juste un arrangement à trois éléments de $\{1;2;3;4\}$.
$(5;3;4;2;5)$ n'est pas une permutation de $\{1;2;3;4\}$, car 5 se répète deux fois.

Proposition (Nombre de permutations d'un ensemble fini)

Soit E un ensemble à n éléments.
Le nombre de permutations de E est égal à $n!$.

Exemple 20.4
Le nombre de façons différentes de placer 35 élèves sur 35 chaises est le nombre de façon de permuter les 35 élèves sur les 35 chaises, c'est-à-dire 35! (ce qui est énorme).

20.1.3 Coefficients binomiaux et combinaisons

Définition (Coefficients binomiaux)

Pour tout $n \in \mathbb{N}$ et $k \in \mathbb{N}$, on définit le **coefficient binomial** $\binom{n}{k}$ par

$$\binom{n}{k} = \frac{n!}{k!(n-k)!} \text{ si } n \geq k$$

et 0 si $n < k$.

Comme nous le verrons plus loin, le coefficient binomial $\binom{n}{k}$ représente le nombre de façons de choisir k objets parmi n.

Remarque

$$\binom{n}{k} = \frac{n!}{k!(n-k)!} = \frac{n(n-1)\dots(n-k+1)}{k!}.$$

Propriétes (Valeurs remarquables)

Soit $n \in \mathbb{N}^*$. On a :

1. $\binom{n}{0} = \binom{n}{n} = 1.$
2. $\binom{n}{1} = n.$

Ces propriétés se retrouve facilement lorsque l'on interprète le coefficient binomial $\binom{n}{k}$ comme le nombre de façons de choisir k objets parmi n. En effet :

- *Le nombre de façon de choisir 0 objets parmi n vaut 1 (une seule façon de faire : n'en choisir aucun).*
- *Le nombre de façon de choisir 1 objets parmi n vaut n (on peut choisir le premier, ou le deuxième,... ou le n-ième).*
- *Le nombre de façon de choisir n objets parmi n vaut 1 (une seule façon de faire : les choisir tous).*

Propriétes (Symétrie)

Soit $k \in \{0, \cdots, n\}$. On a :

$$\binom{n}{k} = \binom{n}{n-k} \text{ (Symétrie).}$$

À nouveau, cette propriété se retrouve facilement lorsque l'on interprète le coefficient binomial $\binom{n}{k}$ comme le nombre de façons de choisir k objets parmi n. En effet, le nombre de façons de choisir k objets parmi n égale le nombre de façons de choisir les $n-k$ objets que l'on ne prendra pas parmi les n objets.

Propriétes (Triangle de Pascal)

Soient $n \in \mathbb{N}$ et $k \in \mathbb{N}$ tels que $k < n$. On a :

$$\binom{n+1}{k+1} = \binom{n}{k} + \binom{n}{k+1}.$$

Remarque

Cette formule permet de calculer les coefficients binomiaux $\binom{n}{p}$ pour des petites valeurs de n et p.

$\binom{n}{p}$	$p=0$	$p=1$	$p=2$	$p=3$	$p=4$	$p=5$
$n=0$	1					
$n=1$	1	1				
$n=2$	1	2	1			
$n=3$	1	3	3	1		
$n=4$	1	4	6	4	1	
$n=5$	1	5	10	10	5	1

Définition (p-combinaison)

Soit E un ensemble à n éléments. On appelle p-combinaison de E toute partie de E à p éléments.

Remarques

1. Soit E un ensemble à n éléments.
   Les éléments d'une combinaison de p éléments de E sont deux à deux distincts donc $0 \leq p \leq n$.
2. L'ordre des éléments d'une combinaison n'a pas d'importance.

Exemple 20.5
$\{1;3;5\}$ et $\{2;3;4;5\}$ sont deux combinaisons de $[\![1;5]\!]$.
$\{1;2;3\}$ et $\{1;3;2\}$ sont deux combinaisons identiques.
$\{1;3;1\}$ est une combinaison de $[\![1;5]\!]$. que l'on écrira plutôt $\{1;3\}$ car la répétition du 1 n'a aucune utilité.

Proposition (Nombre de combinaisons d'un ensemble fini)

$\binom{n}{p}$ est le nombre de p-combinaison de E.

Proposition (Interprétation)

Le nombre $\binom{n}{p}$ est aussi égal au nombre de façons de choisir p objets distincts parmi n objets donnés (toujours avec $p \leqslant n$).

Exemple 20.6
Considérons l'expérience aléatoire qui consiste à tirer simultanément et au hasard 2 cartes dans un jeu de 32 cartes. Comme le tirage est simultané, l'ordre des cartes ne compte pas. Le nombre de combinaison de 2 cartes vaut $\binom{32}{2}$ et la probabilité de tirer une combinaison de 2 cartes données vaut donc $\frac{1}{\binom{32}{2}}$, car on est en situation d'équiprobabilité, le tirage se faisant au hasard.

Théorème (Nombre de parties d'un ensemble fini)

Le nombre de parties d'un ensemble à n éléments est égal à 2^n.

Exemple 20.7
Le nombre de parties de $E = \{1; 2; 3\}$ vaut $2^3 = 8$.
On peut vérifier ce résultat en dénombrant les parties de E qui sont :
$\emptyset, \{1\}, \{2\}, \{3\}, \{1; 2\}, \{1; 3\}, \{2; 3\}, E$.

20.1.4 Sommes de variables aléatoires

Proposition (Propriétés de l'espérance)

Soient X et Y deux variables aléatoires qui admettent une espérance.
Soient a et b deux réels.
On a :

1. $E(aX + b) = aE(X) + b$ (linéarité de l'espérance).
2. $E(X + Y) = E(X) + E(Y)$.

Exemple 20.8
Soit X une variable aléatoire d'espérance m.
On a $E(2X + 3) = 2E(X) + 3 = 2m + 3$.

Proposition (Propriétés de la variance)

Soient X et Y deux variables aléatoires qui admettent une variance.
Soient a et b deux réels.
On a :

1. $V(aX + b) = a^2 V(X)$.
2. Si de plus X et Y sont **indépendantes** : $V(X+Y) = V(X)+V(Y)$.

Exemple 20.9
Soit X une variable aléatoire de variance σ^2.
On a $V(2X + 3) = 2^2 V(X) = 4\sigma^2$.

Erreurs à éviter

Attention, la variance n'est pas linéaire.
On a généralement $V(X+Y) \neq V(X)+V(Y)$, sauf si les deux variables aléatoires sont indépendantes.

Proposition (Généralisation)

Soit X une variable aléatoire.
Soit $(X_1, X_2, \ldots, X_n)$ un échantillon de n variables aléatoires indépendantes suivant la même loi que X.
On pose $S = X_1 + X_2 + \cdots + X_n$. On a :

1. $E(S) = E(X_1) + E(X_2) + \cdots + E(X_n) = nE(X)$.
2. $V(S) = V(X_1) + V(X_2) + \cdots + V(X_n) = nV(X)$.

20.1.5 Application à la loi binomiale

On rappelle que la loi binomiale est la loi de probabilité définie sur $[\![0;n]\!]$ qui donne le nombre de succès obtenus lorsqu'on réalise un schéma de Bernoulli de paramètre (n,p).

Dans un arbre binaire (succès-échec), le nombre $\binom{n}{p}$ est égal au nombre de chemins sur lesquels on obtient p succès lors de n répétitions d'une épreuve aléatoire.

D'où, l'expression de la loi binomiale donné dans la proposition ci-dessous.

Proposition (Loi binomiale)

Soient $n \in \mathbb{N}^*$, $p \in [0;1]$ et $X \hookrightarrow \mathcal{B}(n,p)$.
Pour tout $k \in [\![0;n]\!]$, on a :

$$P(X=k) = \binom{n}{k} p^k (1-p)^{n-k}.$$

Nous allons présenter ici une autre description de la loi binomiale.
On lance n fois, de manière identique et indépendante, une pièce truquée dont la probabilité d'obtenir face est p.
Notons X_i la variable aléatoire qui vaut 0 si l'on obtient pile au i^e lancer et 1 si l'on obtient face à ce i^e lancer. Alors $X_i \hookrightarrow \mathcal{B}(p)$.
Et comme les lancers sont indépendants, les variables X_i sont indépendantes.

On pose $X = X_1 + X_2 + \cdots + X_n$.
Alors, on peut montrer que $X \hookrightarrow \mathcal{B}(n, p)$.

Proposition (Lien entre la loi binomiale et la loi de Bernoulli)

Soient $n \in \mathbb{N}^*$, $p \in [0; 1]$ et $X_1, X_2, \ldots, X_n$ une famille de variables aléatoires mutuellement indépendantes suivant une loi de Bernoulli de paramètre p.
Posons $X = X_1 + X_2 + \cdots + X_n$. Alors $X \hookrightarrow \mathcal{B}(n, p)$.

En combinant la proposition précédente avec la linéarité de l'espérance et les propriétés de la variance (cf. Sous-section 20.1.4), on peut en déduire la valeur de l'espérance et de la variance d'une variable aléatoire suivant une loi binomiale.

Proposition (Espérance et variance d'une loi binomiale)

Soient $n \in \mathbb{N}^*$, $p \in [0; 1]$ et $X \hookrightarrow \mathcal{B}(n, p)$. Alors

$$E(X) = np \quad \text{et} \quad V(X) = np(1-p).$$

Exemple 20.10
Soit $X \hookrightarrow \mathcal{B}(6, \frac{1}{3})$. Alors : $E(X) = 6 \times \frac{1}{3} = 2$ et $V(X) = 6 \times \frac{1}{3} \times \left(1 - \frac{1}{3}\right)$.

20.2 Méthodes

20.2.1 Manipuler et simplifier des factorielles

Méthode

Soit $n \in \mathbb{N}^*$.

- Lorsque vous avez à calculer des expressions avec des factorielles, il vous faut revenir à la définition : $n! = n \times (n-1) \times \cdots \times 2 \times 1$.
- Pensez à utiliser le fait que $(n+1)n! = (n+1)!$, $(n+2)(n+1)n! = (n+2)!$, etc.
- Si vous avez à simplifier une fraction avec des factorielles au numérateur et au dénominateur, regroupez deux par deux les factorielles avec les entiers les plus proches et simplifiez les.

Exemple 20.11

Simplifier $26 \times 27 \times 25!$ et $\dfrac{40! \times 3!}{39! \times 5!}$.

On a, par définition des factorielles et commutativité du produit,

$$27 \times 26 \times 25! = 27 \times 26 \times 25 \times 24 \times \cdots \times 2 \times 1 = 27!.$$

Par ailleurs,

$$\frac{40! \times 3!}{39! \times 5!} = \frac{40!}{39!} \times \frac{3!}{5!} = \frac{40 \times 39!}{39!} \times \frac{3!}{5 \times 4 \times 3!} = 40 \times \frac{1}{5 \times 4} = \frac{10}{5} = 2.$$

20.2.2 Calculer des coefficients binomiaux

Méthode

Soient $n \in \mathbb{N}$ et $k \in \mathbb{N}$ tels que $k < n$.

Lorsque vous avez à calculer un coefficient binomial $\dbinom{n}{k}$, deux possibilités s'offrent à vous.

- Soit revenir à la définition $\dbinom{n}{k} = \dfrac{n!}{k!(n-k)!}$ et simplifier les factorielles (cf. méthode précédente).
- Soit utiliser la formule du triangle de Pascal $\dbinom{n+1}{k+1} = \dbinom{n}{k} + \dbinom{n}{k+1}$.

  On pourra retenir cette formule en se représentant le schéma suivant :

$$\begin{array}{c|cc} & k & k+1 \\ \hline & & \\ n & \binom{n}{k} \quad + & \binom{n}{k+1} \\ & & \parallel \\ n+1 & & \binom{n+1}{k+1} \end{array}$$

Exemple 20.12

Calculer $\binom{6}{4}$.

Méthode 1 : en revenant à la définition

On a $\binom{6}{4} = \dfrac{6!}{4!(6-4)!} = \dfrac{6!}{4!2!} = \dfrac{6!}{4!} \times \dfrac{1}{2!} = 6 \times 5 \times \dfrac{1}{2} = 3 \times 5 = 15.$

Méthode 2 : en utilisant le triangle de Pascal

Il faut savoir compléter le tableau des coefficients à l'aide de la formule du triangle de Pascal, afin de calculer rapidement des petits coefficients binomiaux pour $0 \leq k \leq n \leq 6$.

$n \backslash k$	0	1	2	3	**4**	5	6
0	1						
1	1	1					
2	1	2	2				
3	1	3	3	1			
4	1	4	6	4	1		
5	1	5	10	10	5	1	
6	1	6	15	20	**15**	5	1

D'où, on retrouve que $\binom{6}{4} = 15$.

20.3 Pour s'entraîner

20.3.1 Exercices

Exercice 20.1
Simplifier $\dfrac{(n+3)!}{n!}$, $\dbinom{n}{2}$ et $\dbinom{n}{3}$ pour tout $n \in \mathbb{N}$.

Exercice 20.2
Une urne contient 5 boules gagnantes et 7 boules perdantes.
Un joueur mise 2 euros au départ pour jouer, puis tire au hasard 4 fois de suite une boule et la remet dans l'urne. À chaque fois qu'il tire une boule gagnante, il reçoit 1 euro. On appelle X la variable aléatoire qui associe le nombre de tirages gagnants.

1. Prouver que X suit une loi binomiale.
2. Déterminer la loi de probabilité de X.
3. Calculer la probabilité d'obtenir au moins une boule gagnante.
4. Calculer la probabilité d'obtenir trois boules gagnantes.
5. Calculer le gain moyen que peut espérer obtenir le joueur.

Exercice 20.3
On pose pour tout $n \in \mathbb{N}$, $u_n = \binom{2n}{n}$.

1. Écrire pour tout $n \in \mathbb{N}$, u_n sous forme factorielle.
2. Montrer que, pour tout $n \in \mathbb{N}$, $\dfrac{u_{n+1}}{u_n} = \dfrac{2(2n+1)}{n+1}$.
3. En déduire que, pour tout $n \in \mathbb{N}, u_{n+1} \geq 2u_n$.
4. Établir que, pour tout $n \in \mathbb{N}$, $u_n \geq 2^n$.
5. Déterminer la limite de u_n.

20.3.2 Corrigés

Solution 20.1
Soit $n \in \mathbb{N}$.

- $\dfrac{(n+3)!}{n!} = \dfrac{(n+3)(n+2)(n+1)n!}{n!} = (n+3)(n+2)(n+1)$.
- $\dbinom{n}{2} = \dfrac{n!}{2!(n-2)!} = \dfrac{n(n-1)(n-2)!}{2(n-2)!} = \dfrac{n(n-1)}{2}$.
- $\dbinom{n}{3} = \dfrac{n!}{3!(n-3)!} = \dfrac{n(n-1)(n-2)(n-3)!}{6(n-3)!} = \dfrac{n(n-1)(n-2)}{6}$.

Solution 20.2

1. On appelle succès l'événement "tirer une boule gagnante" de probabilité $p = \frac{5}{12}$. On répète 4 fois l'expérience aléatoire qui consiste à tirer une boule au hasard de manière identique et indépendante (car il y a remise). Alors la variable aléatoire X, qui associe le nombre de tirages gagnants, suit une loi binomiale de paramètre $(4, \frac{5}{12})$.
2. D'après le cours, pour tout $k \in [\![0;4]\!]$, on a :
$$P(X=k) = \binom{4}{k}\left(\frac{5}{12}\right)^k\left(1-\frac{5}{12}\right)^{4-k} = \binom{4}{k}\left(\frac{5}{12}\right)^k\left(\frac{7}{12}\right)^{4-k}.$$
3. Notons A l'événement "obtenir au moins une boule gagnante".
Alors $\overline{A}$ est l'événement "obtenir aucune boule gagnante" et
$$P(\overline{A}) = P(X=0) = \binom{4}{0}\left(\frac{5}{12}\right)^0\left(\frac{7}{12}\right)^{4-0} = 1\times 1\times\left(\frac{7}{12}\right)^4 = \left(\frac{7}{12}\right)^4.$$
4. Notons B l'événement "obtenir trois boules gagnantes".
On a $P(B) = P(X=3) = \binom{4}{3}\left(\frac{5}{12}\right)^3\left(\frac{7}{12}\right)^{4-3}$.
Or, d'après le triangle de Pascal

$n\backslash k$	0	1	2	3	**4**
0	1				
1	1	1			
2	1	2	2		
3	1	3	3	1	
4	1	4	6	$\boxed{4}$	1

Donc $\binom{4}{3} = 4$.

D'où, $P(B) = 4\times\left(\frac{5}{12}\right)^3\left(\frac{7}{12}\right)$.
5. Soit G la variable aléatoire qui représente le gain du joueur à l'issue des 4 tirages.

Le gain G égale le nombre de boules gagnantes tirées multiplié par les 1 euro associé moins le prix payé pour jouer.
Ainsi $G = 1 \times X - 2 = X - 2$.
Par linéarité de l'espérance, $E(G) = E(X-2) = E(X) - 2$.
Or, $X \hookrightarrow \mathcal{B}(4, \frac{5}{12})$.
D'où $E(X) = 4 \times \frac{5}{12} = \dfrac{5}{3}$.
Et donc $E(G) = \dfrac{5}{3} - 2 = -\dfrac{1}{3}$.
En moyenne, le joueur perdra donc $\dfrac{1}{3}$ euro.

Solution 20.3

1. Soit $n \in \mathbb{N}$. $u_n = \dfrac{(2n)!}{n!(2n-n)!} = \dfrac{(2n)!}{(n!)^2}$.

2. Montrons que, pour tout $n \in \mathbb{N}$, $\dfrac{u_{n+1}}{u_n} = \dfrac{2(2n+1)}{n+1}$.
   Soit $n \in \mathbb{N}$.
   D'après la question précédente :
   $\dfrac{u_{n+1}}{u_n} = \dfrac{\frac{(2(n+1))!}{((n+1)!)^2}}{\frac{(2n)!}{(n!)^2}} = \dfrac{((2n+2))!}{((n+1)!)^2} \times \dfrac{(n!)^2}{(2n)!} = \dfrac{(2n+2)(2n+1)(2n)!}{(n!)^2(n+1)^2} \times \dfrac{(n!)^2}{(2n)!} =$
   $\dfrac{2(n+1)(2n+1)}{(n+1)^2} = \dfrac{2(2n+1)}{n+1}$.

3. Soit $n \in \mathbb{N}$.
   On a $n \geq 0$, d'où $n + (n+1) \geq n+1$.
   Autrement dit $2n+1 \geq n+1$, donc $\dfrac{u_{n+1}}{u_n} \geq 2$ et donc $\dfrac{2n+1}{n+1} \geq 1$.
   D'où, $\dfrac{u_{n+1}}{u_n} \geq 2$.
   Et, donc $u_{n+1} \geq 2u_n$
   (en multipliant l'inégalité précédente par u_n, on ne change pas le sens des inégalités car $u_n > 0$).

4. Montrons par récurrence que pour tout $n \in \mathbb{N}$, $u_n \geq 2^n$.
   Pour tout $n \in \mathbb{N}$, on pose $\mathcal{P}(n)$: $u_n \geq 2^n$.
   Initialisation
   $u_0 = 1$, et $2^0 = 1$.
   D'où, $\mathcal{P}(0)$ est vraie.
   Hérédité
   Soit $n \in \mathbb{N}$ fixé.
   Supposons $\mathcal{P}(n)$ est vraie, c'est-à-dire $u_n \geq 2^n$.
   Et montrons que $\mathcal{P}(n+1)$ est vraie, c'est-à-dire $u_{n+1} \geq 2^{n+1}$.
   On a $u_{n+1} \geq 2u_n$ d'après la q.3.
   Or, par hypothèse de récurrence, $u_n \geq 2^n$.
   D'où, on en déduit que $u_{n+1} \geq 2 \times 2^n = 2^{n+1}$.
   Donc $\mathcal{P}(n+1)$ est vraie.

Conclusion

Par le principe de récurrence, on en déduit que, pour tout $n \in \mathbb{N}$, $u_n \geq 2^n$.
Or $\lim\limits_{n \to +\infty} 2^n = +\infty$, car $2 > 1$.
Donc d'après le théorème de comparaison des limites, on en déduit que $\lim\limits_{n \to +\infty} u_n = +\infty$.

Chapitre 21

Approfondissement autour des intégrales

Dans ce chapitre, nous introduisons un outil, appelé l'intégration par parties, qui permet de calculer certains type d'intégrale, lorsque le calcul d'une primitive à vue n'est pas possible. En ECG, vous utiliserez notamment cet outil dans le chapitre sur les variables aléatoires à densité, afin de calculer l'espérance de certaines d'entre elles. Nous abordons ensuite l'étude de suites définies par des intégrales. Dans ce cadre, nous verrons que l'intégration par parties peut aussi servir à établir des relations de récurrence pour certaines de ces suites, relations qui permettent ensuite de démontrer des propriétés sur ces dernières par récurrence. Nous montrerons aussi comment étudier la monotonie de telles suites et étudier leur convergence.

Sommaire

21.1 Cours

21.1.1 Intégration par partie

Lorsque l'on souhaite calculer une intégrale, il est parfois impossible de trouver une primitive « à vue ». La méthode d'intégration par partie, que nous allons présenter ici, est basée sur la dérivée d'un produit. Elle ne permet pas de calculer directement une intégrale, mais de plutôt de remplacer un calcul d'intégrale compliqué par un calcul d'intégrale plus simple, pour lequel on pourra trouver une primitive « à vue ».

Théorème (Formule d'intégration par parties (IPP))

Soient u et v deux fonctions dérivables sur un segment $[a;b]$. Alors :

$$\int_a^b u(x)v'(x)\mathrm{d}x = [u(x)v(x)]_a^b - \int_a^b u'(x)v(x)\mathrm{d}x$$

Remarque

Attention, au signe $-$ dans la formule.

21.1.2 Étude de suites définies par une intégrale

Nous nous intéressons ici à une suite (I_n) définie par une intégrale, dont le terme général est de la forme $I_n = \int_a^b f_n(t)dt$, où f_n est une fonction donnée.

Comme expliqué dans la Sous-section 21.2.1, l'intégration par parties peut permettre d'établir des relations de récurrence pour ce type de suites, permettant ensuite d'en déduire des propriétés qui peuvent être démontrée par récurrence.

Qui dit suites, dit aussi étude de la convergence.
Comme pour les suites classiques, on peut montrer la convergence de ces suites de deux manières différentes :

- Soit en encadrant la suite (cf. Sous-section 21.2.3) et en appliquant ensuite le théorème des gendarmes ou celui de comparaison.
- Soit en montrant que la suite est croissante (resp. décroissante) (cf. Méthode 21.2.2), puis en prouvant qu'elle est majorée (resp. minorée) (cf. Sous-section 21.2.3) et en appliquant le théorème de convergence monotone.

Remarque

Dans le cadre de la deuxième méthode, il n'y a généralement pas de théorème de point fixe qui puisse s'appliquer pour trouver la valeur de la limite. En effet, même si on peut établir des relations de récurrence sur les termes de la suite définie par une intégrale, à l'aide d'une intégration par parties, ces relations sont généralement de la forme $u_{n+1} = f_n(u_n)$ avec une fonction f_n qui dépend de n et qui ne rentre donc pas dans le cadre du théorème du point fixe.
Il y aura donc essentiellement que la première méthode qui permettra de trouver la valeur de la limite d'une suite définie par une intégrale.

Quoi qu'il arrive, que l'on applique l'une ou l'autre des méthodes, il faut à un moment donné, encadrer/majorer/minorer l'intégrale définissant la suite. L'encadrement de cette intégrale repose sur le théorème de positivité des intégrales rappelés ici.

Théorème

Soient f et g deux fonctions continues sur un segment $[a;b]$.

1. Si pour tout $t \in [a;b]$ $f(t) \geq 0$ alors $\displaystyle\int_a^b f(t)dt \geq 0$.
2. Si pour tout $t \in [a;b]$ $f(t) \geq g(t)$ alors $\displaystyle\int_a^b f(t)dt \geq \int_a^b g(t)dt$.

Remarque

Attention, lorsqu'on dit qu'on considère un segment $[a;b]$, cela sous-entend que $a \leq b$, c'est-à-dire que les bornes sont dans l'ordre croissant.
Si les bornes sont dans l'ordre décroissant $a \geq b$, il faut changer le sens des inégalités dans le théorème précédent.

21.2 Méthodes

21.2.1 Comment rédiger et mettre en pratique une IPP

Méthode

Quand utiliser une intégration par parties et comment ?

1. **Lorsque l'on ne trouve pas de primitive à vue, on peut penser à faire une intégration par parties.**
   Il faut notamment y penser lorsque l'on a des intégrales du type :
   - $\int P(t)e^t dt$, où P est un polynôme
     (on dérive alors le polynôme $P(t)$ et on primitive $t \mapsto e^t$).
   - $\int P(t)\ln(t)dt$, où P est un polynôme
     (on primitive le polynôme $P(t)$ et on dérive $t \mapsto \ln(t)$).
2. **Pour établir des relations de récurrence pour une suite (I_n) définie par $I_n = \int_a^b f_n(t)dt$, où f_n est de la forme $f_n : x \mapsto g(x)^n \times h(x)$.**
   On procède alors comme suit :
   - On part de I_{n+1}.
   - On dérive alors la fonction g^{n+1} et on primitive la fonction h.

Exemple 21.1
Calculer $I = \displaystyle\int_0^1 (1-t)e^t dt$.

Pour calculer I, on effectue une intégration par parties.
Pour tout $t \in [0,1]$, on pose :

$$\begin{cases} u(t) = (1-t) & \Rightarrow \quad u'(t) = -1 \\ v'(t) = e^t & \Leftarrow \quad v(t) = e^t \end{cases}$$

u et v sont deux fonctions dérivables sur $[0,1]$.
Par intégration par parties, on en déduit :

$$I = \int_0^1 (1-t)e^t dt = \left[(1-t)e^t\right]_0^1 - \int_0^1 -e^t dt = -1 + \left[e^t\right]_0^1 = e - 1 - 1 = e - 2.$$

Exemple 21.2

On définit la suite $(I_n)_{n\in\mathbb{N}}$ par $I_n = \displaystyle\int_0^1 (1-x)^n\, e^x dx$.
Exprimer I_{n+1} en fonction de I_n, pour tout $n \in \mathbb{N}$.

Soit $n \in \mathbb{N}$.
On a $I_{n+1} = \displaystyle\int_0^1 (1-x)^{n+1}\, e^x dx$.

Nous allons effectuer une intégration par parties.
Pour tout $x \in [0,1]$, on pose :

$$\begin{cases} u(x) = (1-x)^{n+1} & \Rightarrow \quad u'(x) = (n+1)\times(-1)\times(1-x)^n \\ \\ v'(x) = e^x & \Leftarrow \quad v(t) = e^x \end{cases}$$

u et v sont deux fonctions dérivables sur $[0,1]$.

Par intégration par parties, on en déduit :

$$\begin{aligned} I_{n+1} &= \Big[(1-x)^{n+1}\, e^x\Big]_0^1 - \int_0^1 (n+1)\times(-1)\times(1-x)^n\, e^x dx \\ &= 0 - 1 + (n+1)\textstyle\int_0^1 (1-x)^n\, e^x dx. \end{aligned}$$

Ainsi, pour tout $n \in \mathbb{N}$, $I_{n+1} = (n+1)I_n - 1$.

21.2.2 Étude de la monotonie d'une suite définie par une intégrale

On considère une suite (I_n), dont le terme général prend une des deux formes suivantes :

1. $I_n = \displaystyle\int_a^b f_n(t)dt$.

2. $I_n = \displaystyle\int_a^{b_n} f(t)dt$.

Méthode

Afin d'étudier la monotonie de la suite, on utilise la méthode usuelle qui consiste à étudier le signe de $I_{n+1} - I_n$ pour tout $n \in \mathbb{N}$.
Pour cela, on exprime $I_{n+1} - I_n$ sous la forme d'une unique intégrale.
Deux cas se présentent alors.

1. Si $I_n = \int_a^b f_n(t)dt$, on a :

$$\begin{aligned} I_{n+1} - I_n &= \int_a^b f_{n+1}(t)dt - \int_a^b f_n(t)dt \\ &= \int_a^b (f_{n+1} - f_n)(t)dt, \end{aligned}$$

en utilisant la linéarité de l'intégrale.

2. Si $I_n = \int_a^{b_n} f(t)dt$, on a :

$$\begin{aligned} I_{n+1} - I_n &= \int_a^{b_{n+1}} f(t)dt - \int_a^{b_n} f(t)dt \\ &= \int_a^{b_{n+1}} f(t)dt + \int_{b_n}^a f(t)dt \\ &= \int_{b_n}^a f(t)dt + \int_a^{b_{n+1}} f(t)dt \\ &= \int_{b_n}^{b_{n+1}} f(t)dt \end{aligned},$$

en utilisant la relation de Chasles.

On en déduit ensuite le signe de l'intégrale obtenue, en utilisant le Théorème 21.1.2 de positivité des intégrales.

Exemple 21.3
Étudier la monotonie des suites de terme général suivant :

1. $a_n = \int_0^1 x^2 e^{nx^3} dx$
2. $b_n = \int_0^n e^{-t^2} dt$

1. Soit $n \in \mathbb{N}$.
   On utilise ici la linéarité pour déduire que :
   $a_{n+1} - a_n = \int_0^1 x^2 e^{(n+1)x^3} dx - \int_0^1 x^2 e^{nx^3} dx = \int_0^1 x^2 e^{(n+1)x^3} - x^2 e^{nx^3} dx = \int_0^1 x^2 e^{nx^3} \left(e^{x^3} - 1\right) dx.$
   Par ailleurs, on a :
   (a) Pour tout $x \in [0;1]$, $e^{x^3} - 1 \geq 0$, d'où $x^2 e^{nx^3} \left(e^{x^3} - 1\right) \geq 0$.
   (b) $0 \leq 1$ (bornes dans l'ordre croissant).

   D'où, $\int_0^1 x^2 e^{nx^3} \left(e^{x^3} - 1\right) dx \geq 0$.
   D'où, $a_{n+1} - a_n \geq 0$.
   La suite (a_n) est donc croissante.
2. Soit $n \in \mathbb{N}$.
   On utilise ici la relation de Chasles pour obtenir que :
   $b_{n+1} - b_n = \int_0^{n+1} e^{-t^3} dt - \int_0^n e^{-t^3} dt = \int_0^{n+1} e^{-t^3} dt + \int_n^0 e^{-t^3} dt = \int_n^{n+1} e^{-t^3} dt.$
   Par ailleurs, on a :
   (a) Pour tout $t \in [n; n+1]\, e^{-t^3} > 0$.
   (b) $n < n+1$ (bornes dans l'ordre croissant).

   D'où, $\int_n^{n+1} e^{-t^3} dt \geq 0$.
   D'où, $b_{n+1} - b_n \geq 0$.
   La suite (b_n) est donc croissante.

21.2.3 Encadrement du terme général d'une suite définie par une intégrale

Méthode

On considère ici une suite (I_n) définie par $I_n = \int_a^b f_n(t)dt$.
Lorsqu'on souhaite encadrer le terme général de la suite (I_n), on commence par encadrer f_n par des fonctions que l'on saura primitiver sur $[a;b]$.
Puis on en déduit un encadrement de I_n, en intégrant l'inégalité précédente, grâce au théorème de positivité des intégrales (cf. Sous-section 21.1.2) en faisant attention à l'ordre des bornes.
Notamment en majorant ou minorant f_n par des termes indépendant de n, on peut montrer que la suite est majorée ou minorée.

Exemple 21.4

On définit, pour tout $n \in \mathbb{N}$, la suite (I_n) par $I_n = \displaystyle\int_0^1 (1-t)^n e^t dt$.

Montrer que, pour tout $n \in \mathbb{N}$, $\quad 0 \leq I_n \leq e$.

Soit $n \in \mathbb{N}$ et $t \in [0,1]$.
On a :

$$0 \leq t \leq 1$$

$$\Rightarrow \quad 0 \leq 1-t \leq 1$$

$$\Rightarrow \quad 0 \leq (1-t)^n \leq 1$$

$$\Rightarrow \quad 0 \leq (1-t)^n e^t \leq e^t$$

$$\Rightarrow \quad \int_0^1 0 dt \leq \int_0^1 (1-t)^n e^t dt \leq \int_0^1 e^t dt \ \text{ car } 0 \leq 1$$

$$\Rightarrow \quad 0 \leq I_n \leq [e^t]_0^1$$

$$\Rightarrow \quad 0 \leq I_n \leq e-1$$

$$\Rightarrow \quad 0 \leq I_n \leq e.$$

Ainsi, pour tout $n \in \mathbb{N}$, $\quad 0 \leq I_n \leq e$.

21.3 Pour s'entraîner

21.3.1 Exercices

Exercice 21.1

Calculer $I = \displaystyle\int_0^1 t\mathrm{e}^t dt$, $J = \displaystyle\int_1^e (u \ln u) du$, $K = \displaystyle\int_0^1 t^2 \mathrm{e}^t dt$.

Exercice 21.2

Étudier la monotonie des suites de termes généraux suivants :

$a_n = \displaystyle\int_0^n \frac{x}{1+x^3} dx$ et $b_n = \displaystyle\int_0^1 \frac{1-t^n}{1+t} dt$.

Exercice 21.3 (Suite définie par une intégrale)

On pose, pour tout $n \in \mathbb{N}$, $I_n = \dfrac{1}{n!}\displaystyle\int_0^1 (1-t)^n e^t dt$.

1. Calculer I_0 et I_1.
2. Montrer que, pour tout $n \in \mathbb{N}$, $0 \leq I_n \leq \dfrac{e}{n!}$. En déduire $\lim\limits_{n\to+\infty} I_n$.
3. Montrer que, pour tout $n \in \mathbb{N}$, $I_{n+1} = I_n - \dfrac{1}{(n+1)!}$.

21.3.2 Corrigés

Solution 21.1

1. Pour calculer I, on effectue une intégration par parties.
   Pour tout $t \in [0,1]$, on pose :
   $$\begin{cases} u(t) = t \quad \Rightarrow \quad u'(t) = 1 \\ v'(t) = e^t \quad \Leftarrow \quad v(t) = e^t \end{cases}$$
   u et v sont deux fonctions dérivables sur $[0,1]$.
   Par intégration par parties, on en déduit :
   $I = \displaystyle\int_0^1 te^t dt = \left[te^t\right]_0^1 - \int_0^1 e^t dt = (e-0) - \left[e^t\right]_0^1 = e-(e-1) = 1.$
2. Pour calculer J, on effectue une intégration par parties, en dérivant le logarithme car on ne sait pas le primitiver.
   Pour tout $t \in [1;e]$, on pose :
   $$\begin{cases} w(u) = \ln u \quad \Rightarrow \quad w'(u) = \dfrac{1}{u} \\ v'(u) = u \quad \Leftarrow \quad v(u) = \dfrac{u^2}{2} \end{cases}$$
   w et v sont deux fonctions dérivables sur $[1;e]$.
   Par intégration par parties, on en déduit :
   $J = \displaystyle\int_1^e (u\ln u)du = \left[\ln u \times \frac{u^2}{2}\right]_1^e - \int_1^e \frac{u}{2}du = \left(\frac{e^2}{2} - 0\right) - \left[\frac{u^2}{4}\right]_1^e.$
   D'où, $J = \dfrac{e^2}{2} - \left(\dfrac{e^2}{4} - \dfrac{1}{4}\right) = \dfrac{e^2}{4} - \dfrac{1}{4}.$

3. Pour calculer K, on effectue deux intégrations par parties.
   Pour tout $t \in [0,1]$, on pose :

$$\begin{cases} u(t) = t^2 & \Rightarrow & u'(t) = 2t \\ \\ v'(t) = e^t & \Leftarrow & v(t) = e^t \end{cases}$$

   u et v sont deux fonctions dérivables sur $[0,1]$.

   Par intégration par parties, on en déduit :
   $K = \int_0^1 t^2 e^t dt = \left[t^2 e^t\right]_0^1 - \int_0^1 2te^t dt = (e-0) - 2\int_0^1 te^t dt.$
   Pour calculer $\int_0^1 te^t dt$, on refait une intégration par partie.
   Cela a déjà été fait lors du calcul de la première intégrale, car $I = \int_0^1 te^t dt$.
   Nous avions trouvé que $I = 1$.
   On en déduit que $K = e - 2$.

Solution 21.2

Soit $n \in \mathbb{N}$.

1. a

$$\begin{aligned} a_{n+1} - a_n &= \int_0^{n+1} \frac{x}{1+x^3} dx - \int_0^{n} \frac{x}{1+x^3} dx \\ &= \int_0^{n+1} \frac{x}{1+x^3} dx + \int_n^{0} \frac{x}{1+x^3} dx \\ &= \int_n^0 \frac{x}{1+x^3} dx + \int_0^{n+1} \frac{x}{1+x^3} dx \\ &= \int_n^{n+1} \frac{x}{1+x^3} dx > 0, \end{aligned},$$

   car $n+1 > n$ (bornes dans l'ordre croissant) et $\frac{x}{1+x^3} \geq 0$ sur $[n; n+1]$.
   La suite (a_n) est donc croissante.

2. a

$$\begin{aligned} b_{n+1} - b_n &= \int_0^1 \frac{1-t^{n+1}}{1+t} dt - \int_0^1 \frac{1-t^n}{1+t} dt \\ &= \int_0^1 \left(\frac{1-t^{n+1}}{1+t} - \frac{1-t^n}{1+t} \right) dt \\ &= \int_0^1 \frac{t^n - t^{n+1}}{1+t} dt \\ &= \int_0^1 \frac{t^n}{1+t} (1-t)\, dt \geq 0 \end{aligned},$$

car les bornes sont dans l'ordre croissant et $\dfrac{t^n(1-t)}{1+t} \geq 0$ sur $[0;1]$.

La suite (b_n) est donc croissante.

Solution 21.3

1. Calculons I_0 et I_1.

$I_0 = \displaystyle\int_0^1 e^t dt = \left[e^t\right]_0^1 = e - 1.$

Pour I_1, on effectue une intégration par parties.
Pour tout $t \in [0;1]$, on pose $v(t) = (1-t), v'(t) = -1, u'(t) = e^t, u(t) = e^t$, où u et v sont deux fonctions dérivable sur $[0,1]$.
Alors, par intégration par partie, il vient :

$$I_1 = \int_0^1 (1-t)e^t dt = \left[(1-t)e^t\right]_0^1 + \int_0^1 e^t dt = I_0 - 1 = e - 2.$$

2. Montrons que, pour tout $n \in \mathbb{N}$, $0 \leq I_n \leq \dfrac{e}{n!}$.
Soit $n \in \mathbb{N}$.
On a que, pour tout $t \in [0,1]$, $(1-t)^n e^t \geq 0$ et $0 \leq 1$ (les bornes étant rangées dans l'ordre croissant).
Donc d'après le théorème de positivité de l'intégrale, $I_n \geq 0$.

Par ailleurs, pour tout $t \in [0,1]$, on a :

$$1 - t \leq 1$$

$$\Rightarrow \quad (1-t)^n \leq 1$$

$$\Rightarrow \quad (1-t)^n e^t \leq e^t$$

$$\Rightarrow \quad \int_0^1 (1-t)^n e^t dt \leq \int_0^1 e^t dt \quad \text{car } 0 \leq 1 \text{ (bornes dans l'ordre croissant)}$$

$$\Rightarrow \quad \frac{1}{n!}\int_0^1 (1-t)^n e^t dt \leq \frac{1}{n!}\int_0^1 e^t dt$$

Or, $\displaystyle\int_0^1 e^t dt = \frac{1}{n!} I_0 = \frac{e-1}{n!} \leq \frac{e}{n!}$.
D'où $I_n \leq \dfrac{e}{n!}$.
De plus, $\displaystyle\lim_{n \to +\infty} \frac{e}{n!} = 0$.
D'après le théorème d'encadrement, on en déduit que (I_n) tend vers 0.

3. Montrons que, pour tout $n \in \mathbb{N}$, $I_{n+1} = I_n - \dfrac{1}{(n+1)!}$.
Pour cela, effectuons une intégration par parties.
Soit $n \in \mathbb{N}$ et $t \in [0,1]$.
On pose $v(t) = (1-t)^{n+1}, v'(t) = -(n+1)(1-t)^n, u'(t) = e^t, u(t) = e^t$, où u et v sont deux fonctions dérivables sur $[0,1]$.

Alors, par intégration par partie, il vient :

$$\begin{aligned} I_{n+1} &= \frac{1}{(n+1)!}\left[(1-t)^{n+1}e^t\right]_0^1 + \frac{n+1}{(n+1)!}\int_0^1 (1-t)^n e^t dt \\ &= \frac{1}{n!}\int_0^1 (1-t)^n e^t dt - \frac{1}{(n+1)!} \\ &= I_n - \frac{1}{(n+1)!}. \end{aligned}$$

Imprimé en Italie par «La Tipografica Varese Srl» Varese